実践の中のジェンダー

法システムの社会学的記述

小宮友根
KOMIYA, Tomone

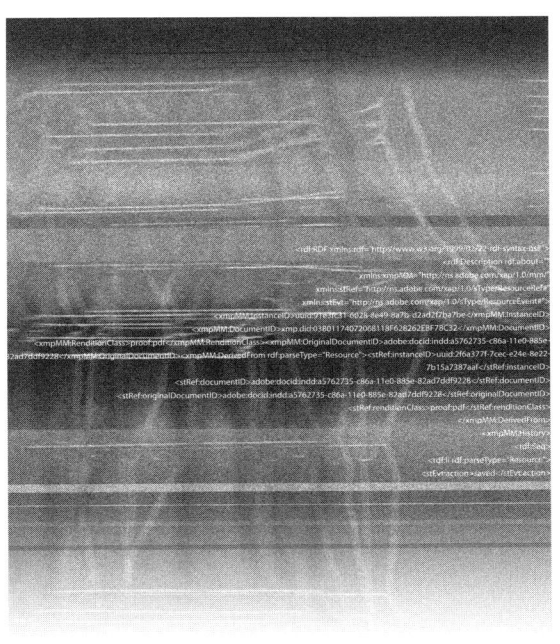

新曜社

両親に

まえがき

　本書の目的は、私たち人間が「性別」という属性を持つことの、社会現象としての側面にアプローチする、ひとつの方法を描きだすことである。私たちが「性別」を持つことにかかわるすべての現象を性現象と呼ぶならば、そのある部分は、紛れもなく「自然現象」である。人間が有性生殖をおこなう生物であるということは、進化の過程の中でかたちづくられてきた生物学的事実である。他方、フェミニズム理論が「ジェンダー」という概念で指し示そうとしてきたのは、性現象の、社会現象としての側面だった。たとえば、「生物学的性差」とは区別される「社会的性差」、という意味での「ジェンダー」概念は、今ではかなり一般的になったと言ってよいだろう。しかし、問題は「社会的」ということの内実である。私は本書で、性現象の「社会性」について、一般的に「社会的性差」と言われるときのそれとは異なった内実を与えたいと考えている。それゆえ、まずは本書の概要を紹介しながら、この主題をめぐって本書が論じようとしていることに大まかな輪郭を与えておこう。

1　「規範」としてのジェンダー

　まず、ジェンダーという概念で指し示されるものの中には、しばしば「性差」とは呼びにくいものが含まれていることに注意をうながしておこう。たとえば、「女らしさ／男らしさ」のようなものが「ジェンダー」と呼ばれる場合がそうである。「性差」とは、統計的事実としてあらわれる男女の特徴の差を指し示す概念であるから、その差が

男女の生物学的な違いに由来しようと、育った文化の中で身につけたものであろうと、それはあくまでどのような差がどの程度あるのかを示す事実的概念である。これまで存在すると考えられていた性差が、新たな調査によって実は存在しないことがあきらかになったら、「しかじかの性差が存在する」という言明はただちに覆されることになる（もちろんその逆も同じである）。

　それに対して、「女らしさ／男らしさ」として一般に語られるようなものは、必ずしも事実として存在する性差を表現しているのではない。身体、衣服、ふるまい、何であれ私たちが事実として持つ何らかの特徴に対して「女／男らしい」という言葉が用いられるとき、そこでは事実が記述されているのではなく、むしろ事実の評価がおこなわれているのである。このとき、その「女／男らしさ」に合致しない特徴を持つ女性／男性がどれだけいても、それによってただちに「らしさ」の中身が覆されることはない。むしろ、「らしくない」女性／男性がたくさんいる、と言われるだろう。事実によってただちには覆されず、むしろ事実を評価する枠組として機能するこの点において、「女／男らしさ」は規範的なものである。したがって「ジェンダー」のこの側面は、「社会的性差」という事実的概念によっては、決して捉えることができない。

　このように、「ジェンダー」という概念は「社会的性差」のことだと言われつつ、同時にそれとは異なった規範的な何かを指し示すための概念としても用いられる。そして、本書が特に展望を与えたいと考えているのは、ジェンダー概念がそうした規範的な何かを指し示していることが、いかなる意味で性現象の「社会性」の表現だと言えるのかということなのである。このことは、ジェンダー概念をめぐる議論の中で、これまで十分に言語化されてこなかった点であるように思う。そのためには、「性差には社会的原因がある」という、性差の原因の説明とは異なったしかたで、「社会的」という言葉の内実を検討して

いかなければならないだろう。本書の第Ⅰ部（特に1章と2章）は、そのための作業にあてられている。

1章では、ジュディス・バトラーの「パフォーマティヴィティ」概念の持つ可能性について検討している。私が思うに、バトラーの理論は、性差の因果説明とは異なった議論平面に「ジェンダー」という言葉を置こうとする試みとして、フェミニズム理論の中でも傑出した存在である。その主張の核心は、私たちが帯びるアイデンティティ[1]の理解可能性が、徹頭徹尾、私たちが何かを「おこなうこと」と結びついている、という点にある。「パフォーマティヴ」とは「行為の遂行」という意味にほかならない。

こんな例がわかりやすいのではないだろうか。1960年代後半、ハーヴィ・サックスという社会学者は、自殺防止センターにかかってくる電話を録音し、会話の内容を文字に書き起こして分析することを試みていた（Sacks 1972a）。その中でサックスは、自殺防止センターに

---

[1]「アイデンティティ」という言葉の使い方については、ひとこと述べておいたほうがいいかもしれない。本書では、「アイデンティティ」という言葉を、社会生活へと参加していくときに私たちが帯びる、さまざまなカテゴリーを指すものとして用いている。たとえば「年齢」という観点からは、誰もが「大人」や「子ども」といったカテゴリーで特徴づけられうる。学校に行けば「教員」「学生」といったカテゴリーを帯びてそこでの活動に参加するだろうし、買い物に行けば「客」になるだろう。そしてもちろん、「女／男」という性別カテゴリーも、この社会の中で私たちが帯びる（ときに帯びさせられる）重要なカテゴリーのひとつである。本書が考察する重要な問いのひとつは、そうしたカテゴリーが、いつどのようなしかたで、私たちに適用されるかということにある。この問いに焦点があたっているがゆえに、本書での「アイデンティティ」という言葉は、みずからが何者であるかについての個人の心的な認識を指すものではない。「ジェンダー・アイデンティティ」という表現も、いわゆる「性自認」の意味では用いていない。むしろ、私たちが「何者」であるかは、つねに社会生活の中にその理解可能性を持つものだということを、繰り返し論じることになるだろう。

電話をかけてくる人たち（自殺してしまおうかと悩む人たち）が、きわめて頻繁にひとつのフレーズを用いることに気がつく。すなわち、多くの人が「誰も頼れる人がいないんです」と言うのである。この言葉は、文字通りに聞けば奇妙に聞こえるかもしれない。なぜなら、電話のかけ手は現にセンターのスタッフを「頼って」いるからである（頼れる人はいるのだ）。けれど、いまこの言葉を目にして、私たちは特に奇妙に思うこともなく、かけ手が端的に「助けを求めている」ことを理解することができるはずだ。ではどうして、私たちは文字通り言われてはいないことを理解できるのだろうか。

　サックスによればそれは、その言葉の上に「困ったときに助けを求めてよい（求めるべき）相手」が誰であるかについての規範が示されているからだ。「親」「配偶者」「恋人」などは「助けを求めてよい（求めるべき）」カテゴリーに属する相手である。反対に「知り合い」くらいではそうではないかもしれないし、まして「他人」であれば「助けを求めるべきではない」相手だろう。だから、私たちは通常困ったことがあれば、後者ではなく前者のカテゴリーに属する人に助けを求めるだろうし、そうすべきなのである。もしこの規範に反するようなかたちで悩み相談をしたりすれば、それは非難されるべきことになりうる。重大な悩み事を配偶者には言わずにちょっとした知り合いなどに相談していたりすれば「なぜ相談してくれなかったのか」と非難される可能性が生まれるだろう。あるいは、それは「配偶者には言えない悩み事に違いない」という含意すら生まれるかもしれない。

　ところで、自殺防止センターに電話をかける人にとって、センターのスタッフはほぼ間違いなく「他人」である。つまり「助けを求めるべきではない」相手である。「誰も頼れる人がいないんです」という発話は、実は電話のかけ手がこのことをきちんと理解していることを示している。自分には配偶者や親や恋人のような「助けを求めてよい」相手がいない。あるいは自分の悩みはそうした人たちには相談できな

い悩みである。それゆえ、いわば最後の手段として、しかたなく「他人」であるあなたたちに助けを求めているのだ、と。つまり、「誰も頼れる人がいないんです」という言葉は、「頼るべき相手がいない」ということの表現となっているのである。この点で、その言葉は、他ならぬ「自殺防止センター」へと電話をかけたことの理由になっており、頼るべきではない相手に頼ることの言い訳にもなっている。そしてまさにそうであるがゆえに、それは「自殺防止センタースタッフへの助けの求め」という行為として理解可能なのである。

　重要なポイントを述べよう。この例の中で、自殺防止センターのスタッフと相談者はまず、特定の社会関係のもとで出会っている。すなわち「他人どうし」として出会っている。そして、この出会いの特徴は、電話のかけ手自身によってまさにそのように理解されている。すなわち、「誰も頼れる人がいないんです」という発言によって、電話のかけ手はいま話している自分たちが「他人どうし」であるという理解を示しているのである。

　それゆえ、次のように言うことができるだろう。一方で、この出会いにおける彼／女らのアイデンティティ（「他人どうし」）は、「助けの求め」という行為の遂行をとおして提示されている。他方で、そのようにみずからのアイデンティティを提示することで初めて、彼／女らは他ならぬ「自殺防止センタースタッフへの助けの求め」をおこなうことができている。この意味で、彼／女らのアイデンティティの理解可能性は、行為の遂行の中に埋め込まれているのである。

　そして、こうしたことは「性別」というアイデンティティにとっても、基本的には変わりのないことである。すなわち、私たちが「男性」としてあるいは「女性」として、特定の出会いの中にあらわれるとき、それはどのような行為の遂行をとおしてのことだろうか、と問うことができる。あるいは逆に、ある行為が他ならぬその行為として理解されているとき、そこには「性別」というアイデンティティがどのよう

にかかわっているだろうか、と問うことができる。こうした問いは、性差の「社会的」原因を問うのとはまったく違った意味で、性現象の「社会性」を捉えることを可能にしてくれることを、本書ではあきらかにしていきたいと思う。1章では、生物学的におこなわれる「因果説明」と対比させながら、バトラーの理論の中にあるその可能性を描き出してみたい。

2章では、がらっと変わって、ニクラス・ルーマンの理論が検討の対象となっている。とはいえ、照準している現象が変わっているわけではない。上で述べたサックスの例から言えるもうひとつの重要なことは、いま自分がいかなるアイデンティティのもとでいかなる行為をしているのかということは、誰よりもまず、その出会いの参加者自身にとっての関心事だということである。自殺防止センターに電話をかける相談者は、「他人に助けを求める」ことをしなければならない。他方センターのスタッフは、「他人どうし」というその関係性を、「相談」という活動が可能なものへと変えていかなければならない（たとえば「助言者」「相談者」というカテゴリーが適切となるように変えていかなければならない）。このように、みずからが帯びるアイデンティティと、みずからがおこなう行為が何であるのかを示すことは、その出会いの状況を適切に作り上げるための、きわめて重要な要素なのである。

このことは、「性現象の社会性」へと接近しようとする本書の試みにとっても、きわめて重要な意味をもつ。というのも、私たちが「女／男」というアイデンティティを持つ存在であるということが、上で述べたような意味で、行為の遂行の中に埋め込まれている様子を捉えようとするならば、ある人がいかなる行為をおこなっていて、いかなるアイデンティティを帯びていて、いかなる状況へと参加しているのかということは、研究者が分析的に定義してよい事柄ではなくなるからである。問われなくてはならないのは、社会生活に参加してい

る社会成員自身にとっての理解可能性である。言いかえれば、みずからがいま「何者」として、いかなる行為をおこなっているかを社会成員自身が提示／理解しあうことで作られている秩序へと接近することができなければならない。そして、私が思うに、ルーマンのいう意味での「社会システム」とは、そうした「秩序」を指し示すための言葉だった。2章では、ルーマン理論のひとつの可能性を、そうした意味での「社会システム」の経験的記述へと向かう点に見いだしたい。

　こうした検討をとおして、本書ではジェンダー概念が含んでいた「社会的」という言葉に、おおむね次のような内実を与えたいと思っている。すなわち、自己や他者の行為やアイデンティティが、いま・どのように理解されるべきかを、行為の遂行をとおして人びとがお互いに示しあっている、その様子を指して「社会的」と呼びたい。そして、私たちが「性別」というアイデンティティを持つことの意味を、その「社会性」の中に位置づけなおして記述していこうと思う。

2　ジェンダー概念と社会批判

　他方で、「ジェンダー」が「社会的性差」という意味で使われてきたことには、それなりにもっともな理由があったこともたしかだろう。その概念で目指されていたのは、性差の存在を理由にした性差別に抵抗することだった。フランス革命のあとで女性に選挙権が与えられなかったとき、そのことは「女性は内気で慎み深いものだ」という理由で正当化された。現在でも、たとえば「脳科学等の最新の学問水準」で男女に違いがあると論じられることを根拠に、「母親の役割」を重視する教育がおこなわれるべきだと言われたりする。このように、典型的には女性が公的領域から排除され、私的領域にその本分があると言われるとき、それを正当化する根拠はずっと、男女が持つ性質のちがい、すなわち「性差」に求められてきた。そしてその性差は生物学

的なものであるがゆえに、それに沿った男女の区別は変えることができないと言われてきたのである。それに対して、「社会的性差」という意味でのジェンダー概念には、そうした差別の根拠とされてきた「性差」が、じつは後天的に獲得されるものであり、それゆえ変えることができるものである、という主張と希望が込められていたと思う。

　だが、そうした希望は、じつはとても危ういものでもある。まず、後天的で変えることができるがゆえに性差を根拠とした差別にはしたがわなくてよいのだという理屈は、先天的で変えることができない性差を根拠にした差別に対してはまったく無力である。そして何より、性差が事実として存在するかどうかから、その性差をもとにした区別（差別）にしたがうべきかどうかを考えるのは、どちらの結論を出すにしても、事実命題から価値命題を導く（一般にヒュームの法則などと呼ばれる）間違った推論であろう。性差が「変えられる」ものであるということは、それをもとにした区別が「悪いものである」ということを意味しないのである。

　いずれにしても、ジェンダー概念が使われてきたのはずっと、こうした政治的文脈の中でのことだった。それゆえ、本書が目指すようなしかたで「ジェンダー」概念の内実を再構成しようとすることが、こうした文脈の中でもつ意味については、あらためて考えておく必要があるだろう。

　この点に関して、フェミニズム理論にはしばしば、性現象の社会性（どのような意味であれ）を描くことと、現実を変革するためのモデルを示すことを、同時におこなおうとする傾向がみられるように思う。1章でみるように、バトラーの「パフォーマティヴィティ」概念も、アイデンティティと行為の関係を描くための概念であると同時に、フェミニズムが採用すべき戦略を提示するための概念にもなっている。それゆえ、あたかも変革へのモデルを提示できているかどうかが、性現象の記述として成功しているかどうかの基準であるかのように考え

られてしまうことがあるように思われる（いま念頭においているのは、D. コーネルによる C. A. マッキノン批判（Cornell 1999=2003）や、バトラーによる P. ブルデュー批判（Butler 1999）などである。）

　それに対して本書では、性現象の社会性を記述する作業を、ただちに変革のためのモデルを作る作業へと接続することには、できるだけ慎重でありたいと思っている。というのも、そうした作業は、本書が照準しようとしているような性現象の社会性を論じることからは、決定的に離れていってしまうからだ。第一に、モデルを作るということは、変化する「現実」の姿を研究者がみずからの関心のもとで分析的に構成するということである。しかし本書が提示したいのは、徹頭徹尾、行為をおこなっている人びと自身にとって関連のある「現実」の中に性現象がある、ということなのである。第二に、そもそも現実をどう変えるべきかを考えるためには、私たちが生きている現実が、どのような意味で「悪い」のかをまず理解できなくてはならないだろう。そしてその「悪さ」は、変革のためのモデルが作られたあとで、そのモデルをとおして初めて理解されるのではないはずだ。むしろ、明確に言葉にはならなくとも、何らかの意味で不当だと感じられる現実を女性たちがすでに生きているからこそ、それを言葉にするためにフェミニズム理論は必要とされてきたのだろう。であるなら、その「現実」のありようへと接近する作業は、変革のためのモデル作りとは独立に、丁寧におこなわれてもよいだろう。

　本書の3章は、E. A. シェグロフの「参与者の指向に即した記述」という研究方針を検討することで、何かあらかじめ「批判」的な視点を取らなければ社会現象の記述をおこなうことはできないのではないかという疑問を払拭する作業にあてられる。と同時に、その方針が「いかなる立場からのものでもない中立で客観的な記述がありうる」という無邪気な表明でもないことも述べる予定である。

3　法的実践の中のジェンダー

　さて、以上のような方針から示唆されていることだとは思うけれど、本書が目指すのは、性現象の社会性について一般的な説明を可能にするような「理論」を作ることではない。むしろ、個々の社会現象から離れたところで「正しい」理論を争うような空中戦は、本書が一番避けたいと願うことである。それよりも、本書で示したいと思っているのは、個々の社会現象の構成にとって、私たちが「性別」という属性を持つことがどのような役割を果たしているのかという、局所的な現象のありかたを描くことの重要性である。本書の第 II 部は、「法」という社会領域に焦点をあてて、その領域を上のような方向性において素描する試みにあてられている。

　4 章では、法的推論が、常識的知識や規範を本質的にその構成要素とする実践であることを述べる。私たちの行為やアイデンティティにどのような記述を与えるかという問いに、実践的に答えていく作業なしには、法的推論はおこないえない。そのうえで、5 章と 6 章では、強姦罪をめぐる議論を素材にして、そうした実践の中で、「貞操観念」という（しばしば「古い」考えとして批判される）考えと、強姦罪の保護法益とされる「性的自由」とが、いかに概念的に結びついてしまっているかを記述していく。強姦という行為をめぐって被害者の意思を理解する実践の中で、性別というアイデンティティが果たしている役割はとても大きい。また 7 章では、ポルノグラフィと表現の自由をめぐる、C. A. マッキノンと R. ドゥウォーキンの論争を素材として、「表現か行為か」という対立軸が、いかにポルノグラフィという現象に対する性別カテゴリーの関連性を失わせるように働いているかを記述していく。「表現か行為か」という問いに答えることには、人びとのアイデンティティをどのようなカテゴリーのもとで理解すべきかと

いう問いへの答えが、同時に含まれてしまっているのである。

　このように、第II部の記述の対象に法という領域が選ばれているのは、これまでも、そして現在も、そこがフェミニズム理論の主戦場であるように思われるからである。一方で法は人びとを自由で平等な個人として取り扱う。他方でフェミニズムは、そこにずっと「女性の抑圧」があることを訴えてきた。それが単なるリベラリズムの不徹底に由来するのでないのだとすれば、どのような意味でそうなのかという問いは、とりわけ第二波以降のフェミニズムにとっては、その存在理由とすら言えるくらいに重要なものだったと思う。本書の議論は、そうした問いに対して一挙に回答を与えるものではないけれど、それでも、フェミニズムが訴えてきた多様な問題について、個々の現象の中にそなわっているその「社会性」をあきらかにすることが、フェミニズム理論にも示唆をあたえうるものであることを示せたら思う。

　と、いろいろ述べてきたけれど、本書の各章は、基本的にそれぞれ独立した内容としても読めるので、別にどこから読んでもらっても構わない（ただ5章と6章だけは一緒に読んでいただいたほうがよいかもしれない）。バトラーの理論に関心のある方は1章だけを、ルーマンの理論に関心のある方は2章だけを、また社会学方法論にも関心のある方はついでに3章を、具体的な法的議論の検討に関心のある方は、4〜7章のうち興味のある章だけを読んでいただくのでも、まったく構わない。どのようにであれ、本書の論述を読んでいただけることが、「性別」という社会現象の考察にとって何らかの意義を持つものとなれば、私としてはそんなに嬉しいことはないし、本書がそうした観点からの批判を受けることができるものであればと願っている。

目　次

まえがき　i
　1　「規範」としてのジェンダー　i
　2　ジェンダー概念と社会批判　vii
　3　法的実践の中のジェンダー　x

I部　社会秩序の記述

第1章　性現象の「社会」性　3
　1　はじめに　3
　2　パフォーマティヴィティ概念の構成　4
　3　パフォーマティヴィティ概念の困難　9
　4　「構築」主義の「思考上の制約」　15
　5　行為の記述と社会生活の編成　21
　6　おわりに　31

第1章補論　行為とコンテクストの相互構成的関係 あるいは間接的言語行為について　33
　1　オースティンの「パフォーマティヴ」　33
　2　デリダのオースティン批判　36
　3　デリダのオースティン批判の問題点　43
　4　コンテクストを作ること　48

第2章　社会システムの経験的記述　59
　1　はじめに　59
　2　社会秩序の概念化をめぐる問題　60

3	ルーマンの「社会システム」	67
4	ルーマンの「相互行為システム」	78
5	「対面状況」の社会システム論的記述	85
6	おわりに	93

第3章 社会秩序の記述と批判 97

1	はじめに	97
2	論争: 会話分析 vs. 批判的談話分析	100
3	ミクロ–マクロ問題	112
4	「価値判断」と記述の身分	121
5	おわりに	135

Ⅱ部　法的実践の中のジェンダー

第4章 法的推論と常識的知識 145

1	はじめに	145
2	「法と社会」という思考法	147
3	実践としての法的推論	155
4	判決文の理解可能性	171
5	おわりに：全体社会のサブシステムとしての法システムの作動	184

第5章 強姦罪における性的自由 189

1	はじめに	189
2	強姦罪の正当性をめぐる争い	190
3	強姦罪の「古い」解釈	199
4	法的実践のなかの「被害者の意思」	207
5	おわりに	212

第6章 被害者の意思を認定する　215

1　はじめに　215
2　「判決文を書く」実践　217
3　「被害者の意思」を推論する方法　223
4　被害者の意思を認定する　229
5　おわりに　241

第7章 ポルノグラフィと「女性の被害」の経験　245

1　はじめに　245
2　反ポルノグラフィ公民権条例　249
3　「行為」か「表現」か　256
4　ポルノグラフィと「女性の被害」　268
5　おわりに：革命的カテゴリー　281

あとがき　285
文献　295
人名索引　311
事項索引　313

装幀＝桂川　潤

I部
社会秩序の記述

第 1 章
性現象の「社会」性

1 はじめに

　この章では、「ジェンダー」概念に含意される性現象の「社会性」をあきらかにすることがどのような作業であるべきかを、ジュディス・バトラーの議論の検討をとおして示したい。バトラーが「セックス／ジェンダー」の二分法に疑問を投げかけ、「セックスはつねにすでにジェンダーなのだ」（Butler［1990］1999=1999: 29）と言うのであれば、そのとき「ジェンダー」という言葉は、生物学的性差（セックス）とは区別されるものとしての「社会的性差」とは異なった意味で、性現象の「社会性」を表現していることになる。それがどのようなものかについて、バトラー理論の中心にある「パフォーマティヴィティ」概念の検討をとおしてひとつの解釈を与えるのがこの章の目的である。

　一般にバトラーのパフォーマティヴィティ概念は、ジャック・デリダによる J. L. オースティン批判に基礎を持つと考えられている（Salih 2003=2005; Lloyd 2007; Jagger 2008）。たしかに、これはある時期以降のバトラー自身による公式見解である。だが、この見解には、ジェンダー概念をめぐるいくつかの問題が集約されてあらわれている。性現象はいかなる意味で「社会的」なのか、またその社会性を論じることと、政治的な価値判断をおこなうことはいかなる関係にあるのか。こうした問題を論じるにあたって、パフォーマティヴィティ概念をデリダの議論に接続するバトラーの議論は十分成功しているとは言えず、実際デリダへの依拠は、バトラー理論がさまざまな批判を呼び込む要

素をもつ主要な原因ともなっている。

　他方でパフォーマティヴ（＝行為の遂行）という考え方それ自体は、デリダに依拠するようになる前からバトラー自身が持っていたものである。それゆえその概念の意義は、デリダの議論の中に求めなくても、バトラーが「行為について考えること」にこだわってきた理由のほうから考えてみることができる。以下では、バトラーによる「社会構築」主義的思考への批判を手がかりに、その意義 ── 行為についての考察が「性現象の社会性」についての考察になるということの内実 ── を提示してみたい。重要なのは、人間の行為が、言語による記述のもとで理解されていることの帰結へと目を向けることである。

2　パフォーマティヴィティ概念の構成

2-1　パフォーマティヴィティ概念の出自

　まず、「パフォーマティヴィティ」概念がバトラー理論の中で持っている位置を確認しておこう。この概念は、その出自という点では、バトラーの著作の中で一貫した基礎を与えられていたわけではない。1988年の著作では、ボーヴォワールの「ひとは女に生まれない、女になる」という言葉を手がかりに、「身体」についてのメルロ＝ポンティの主張を検討することで、物質としての身体（セックス）と、その文化的解釈であると言われるジェンダーの区別を堀りくずすことが試みられていた。

　　女性であることは女性になることであり、身体を「女」の歴史的
　　観念に一致させ、文化的記号にし、その歴史的観念に枠づけられ
　　た可能性のもとで自らを物質化することである。（Butler 1988:
　　522［著者訳[1)] 強調は原文］）

このとき「パフォーマティヴ」という言葉は、この「なる」ことを表現するために使われていた。「女性である」ことと「歴史的観念」とを、行為の遂行（パフォーマティヴ）によって結びつける視点がここにはある。すなわち、単に個人の合理的選択によって選び取られるのでもなく、逆に一方的に文化的コードにしたがうだけなのでもない「ジェンダー」のありかたが、ここでは示唆されていた。

だが1990年の『ジェンダー・トラブル』では、ボーヴォワールの言葉は今度は部分的に批判の対象になっている。「女になる」というとき、そこではジェンダーを身に帯びていく「行為者」がすでに想定されている。そうした想定は、「ジェンダーは自分の意思で選べるものなのか」という、やっかいな問いを招くだろう。それに対してバトラーは、ジェンダー・アイデンティティを帯びた「行為者」という存在は、行為をとおして不断に構成されるものであるという主張を前面に出してくるのである。

> ジェンダーは結局、パフォーマティヴなものである。つまり、そういう風に語られたアイデンティティを構築していくものである。この意味でジェンダーはつねに「おこなうこと」であるが、しかしその行為は、行為のまえに存在すると考えられる主体によっておこなわれるものではない。（Butler［1990］1999: 33＝1999: 58）

そして1993年の著作以降では、こうした主張はデリダによるオースティン批判（Derrida［1972］1990＝2002）によって基礎づけられていくようになる。デリダがおこなったオースティン批判の主要な論点のひとつは、行為は「意図」によっては決して規定され尽くすことは

---

1) 本書における外国語文献の引用文は、邦訳が存在する場合にはそれを参照しつつ、必要に応じて著者の判断で適宜訳し直したものである。

ない、というものだった。デリダによれば、行為は不可避に反覆（変質＝他化）可能性に開かれているものであるのに、オースティンは「意図」を（行為を規定する）コンテクストの本質的要素と考えることで、行為を「コンテクスト」へと閉じこめてしまっている。バトラーはこの主張を援用することで、あらかじめ存在している意図によって制御されない行為のありかたを考え、そこにパフォーマティヴィティという言葉を与えたのだった。

> パフォーマティヴィティとは、演者に先立ち、演者を制約し、演者を超えたものであるところの規範の反覆なのであり、その意味で演者の「意志」[2]や「選択」によって作り出されたものと考えることはできない。そのかぎりで、境界づけられた「行為」としてのパフォーマンスと、パフォーマティヴィティとは区別されるのである。(Butler 1993: 234)

ここでは「パフォーマンス」と「パフォーマティヴィティ」の区別が重要なものとされている。「パフォーマンス」という表現が拒否されるのは、その表現が「演技する主体＝演技以前に存在している主体」を想定させるからだと言われる。そうした行為の前の主体や身体によって行為が制御されると考えるのではなく、反対に行為によってジェンダー化された主体や身体のほうが作られると考えること。このように、バトラーの「パフォーマティヴィティ」概念は、主体・アイデンティティ・身体といったものと行為との関係について、彼女が持ち続けていたヴィジョンに合致するような理論的基盤を求める過程で、次

---

[2] ここでは意図（intention）ではなく意志（will）という言葉が用いられているが、行為を規定する条件としてのそれを否定するという点では、同じことが語られていると考えられる。

第に現在の形をとるようになっていったのである。

 このことは逆に言えば、その理論的基礎がどこにあるにせよ、その概念によってバトラーが述べようとしているアイデアの中心は、最初からあまり変わっていないということでもあるだろう。すなわち、ジェンダーについて考えることは、「行為」について考えることでなければならない、ということである。「身体は、時と共に新たに書き換えられ、強化されていく一連の行為をとおしてジェンダー化されているのである」(Butler 1988: 523)、あるいは「ジェンダーはつねに「おこなう」ことである」(Butler [1990] 1999: 33=1999: 58) というように、身体であれアイデンティティであれ、それらがジェンダー化されてあることは、行為をとおして実現しているという主張が、一貫して為されているのである。

2-2 パフォーマティヴィティ概念の二重の役割

 そしてこの主張は、バトラー理論の中で二重の役割を担わされている。第一に、それはあきらかに、私たちのもつ身体やアイデンティティについての事実的言明である。

> ジェンダーの表出の背後にジェンダー・アイデンティティは存在しない。アイデンティティは、その結果であると言われるところの「表出」そのものによって、パフォーマティヴに構築されるのである。(Butler [1990] 1999: 33=1999: 58-59)

 私たち人間は一貫して性別化されたアイデンティティや身体を持ち、その結果として自らの性別に沿った表出をおこなう、という考えは、アイデンティティや身体の現実についてのひとつの考えである。それを誤りとして退けようとするのであれば、そのかぎりで、パフォーマティヴィティ概念は、私たちのアイデンティティや身体の現実につい

ての主張を含んでいなくてはならない。

 他方でその概念は、フェミニズム理論はどういうものであるべきかという規範的言明とも深くかかわっている。

> フェミニズムにとっての批判的作業とは、構築されたアイデンティティの外部に視点を確立することではない。……批判的作業とはむしろ、アイデンティティの構築のありかたによって可能になる攪乱的反覆という戦略を探ることであり、アイデンティティを構築し、それゆえに内在的抵抗の可能性をも示すものであるその反覆実践へと参入することを通して、介入の局所的な可能性を支持することなのである。(Butler [1990] 1999: 188=1999: 258)

 バトラーにとってフェミニズムの重要な目的のひとつは、ジェンダー・アイデンティティのありかたを変革していくことである。もちろん、これは多くのフェミニストが同意する目的でもあるだろう。だが、バトラーによれば、「女」というアイデンティティの同一性を批判的作業の根拠とするようなフェミニズムの運動や理論(いわゆる「アイデンティティの政治」)は、そのアイデンティティが行為によって不断に構築されていることを見落とし、「おこなうこと」の外部に「女」という存在を成立させることで、かえって批判対象の永続に力を貸してしまうものである。ジェンダー・アイデンティティが行為をとおして構築されているものであり、かつジェンダー・アイデンティティのありかたの変革をフェミニズムが目指すならば、採用されるべき運動や理論は、その構築の中に入りこみ、その構築のただ中で「女」というアイデンティティを攪乱していくものでなければならない。これがバトラーの考えである。このときパフォーマティヴィティ概念は、特定の目的を最もよく達成しうる手段を判断するための基準を提供していることになる。

パフォーマティヴィティ概念が持つこの両方の側面において、デリダの議論が一見援用しやすいものに見えることは確かだろう。「行為によってジェンダー・アイデンティティが構築される」という主張は、記号の意味とその反覆的使用との関係についてのデリダの考察を、ジェンダー・アイデンティティと行為との関係へと重ねたものである。他方、「攪乱」という戦略の可能性のほうも、「反復」が不可避に「他化＝変質」であるというデリダの議論に見いだすことができる。バトラーの「パフォーマティヴィティ」概念は、最終的にデリダの議論へといわば接ぎ木されることで、完成したのである。

3　パフォーマティヴィティ概念の困難

3-1　デリダのオースティン批判

　だが、その「接ぎ木」は十分成功しているとは言いがたい。そのことを確認するためにデリダがオースティンの何を批判していたのかを簡単に確認しておこう。

　オースティンが言語行為論を組み立てていくにあたってまず注意を促していたのは、私たちが日常的におこなっている発言を、つねに何らかの事実についての言明——それゆえ真か偽かのいずれかの値をもつ言明——であると考えてしまうことの奇妙さだった。価値判断を含むような表現や仮定法などを含んでいない、ごく普通の単純な発言が、しかしいかなる「記述」をしているのでもなく「事実確認」をしているのでもなく、それゆえ真偽のいずれでもなく、かつナンセンスでもない、そういうことがいくらでもある。「私はこの女性を妻とし生涯愛することを誓います」「私は明日君の家に行くことを約束する」「私はジャイアンツの優勝に5000円賭ける」、こうした発言は、私の行為を記述しているわけではないし、またそれゆえに真であったり偽であったりするわけでもない。むしろそれらは、その発言それ自体におい

て、「誓う」「約束する」「賭ける」といった当の行為を実際におこなっているのである。オースティンが「行為遂行的発言（performative utterance）」と呼んだのは、まさにそうした発言のことだった（Austin 1960）。

　ところで、行為遂行的発言は真であったり偽であったりすることはないが、なんらかの理由で行為が適切に遂行されないということはありうる。「この女性を妻とし生涯愛することを誓います」と述べたのが「新郎」でなかったならばその言葉は結婚の誓いにならないだろうし、ペナントレースが終わってから「ジャイアンツの優勝に5000円賭ける」と言っても賭けは成立しないだろう。ここから、行為遂行的発言が首尾よく成立しない（不発に終わる）ような状況を考察していくことで、その成立の条件（適切性条件）をあきらかにしようとオースティンは試みたのだった。オースティンの言語行為論が「不適切性の理論」と呼ばれるゆえんである。

　それに対してデリダが批判したのは、オースティンの挙げた適切性条件の中に、「発話者の意図」が含まれていたことだった。すなわち、「発話者が実際に特定の行為をおこなうつもりで発話するのでなければ、その行為は不適切なものとなる」という考えのうちに、デリダは実際の言語使用とは無関係に持ち込まれた形而上学的前提を嗅ぎとったのである。

　　この［オースティンによる適切性条件の］定義に介入してくる「慣習性」、「正しさ」、「完全性」といった諸価値を通してわれわれが改めて見出さざるをえないのは、隅々まで定義可能なコンテクスト、パフォーマティヴの操作全体に現前する自由な意識、自己自身を支配できる絶対的に充実した〈言わんと欲すること〉といった諸価値であり、要するに、意図＝志向が依然として組織化の中心であり続けている全領野での目的論的な統括権である。

(Derrida［1972］1990=2002: 38)

　デリダによれば、オースティンの言語行為論は、せっかく日常的な言語使用に目を向けることで、「真理」という価値およびそれに支えられたコミュニケーション概念を覆したにもかかわらず、「意図によって行為の力が決まる」という目的論的規定、および「意図が遂行動詞の形で明示された発話こそが完全な発話である」という倫理的規定を持ち込むことで、再び発話を（「意図」という）「コンテクスト」の中に閉じ込めてしまっているのである。

3-2　バトラーによるデリダ援用の問題点

　デリダのオースティン批判がどこまで当たっているかは置いておこう[3]。今述べておきたいのは、最終的にこうしたデリダの議論に依拠するようになったバトラーの理論 —— とりわけ「パフォーマティヴィティ」概念 —— は、以下の二点において、デリダが批判していたような形而上学的前提の導入になってしまっているように思われるということである。

　第一の点は、「パフォーマティヴィティ」概念の事実的言明としての側面にかかわる問題である。デリダのオースティン批判は、行為の力を規定する条件として「発話者の意図」を特権的な位置に置くことへと向けられていたのであった。しかしながらこの批判は、必ずしも行為の力と意図が何らかの関係を持つこと自体を否定しているわけではない。実際、デリダは現実の行為理解において、意図の理解が重要な位置を占めること自体は認めている（Derrida［1972］1990=2002: 38）。

---

3) 実は、デリダのオースティン批判にはいくつかの問題点があり、そのことはオースティンの「パフォーマティヴ（行為の遂行）」という考えの意義を見えにくくさせてしまっているように思う。この点については1章の補論を参照のこと。

であるなら、実際に行為の力と意図がどのような関係を持っているのかという問いは、あらためて問われてよいということになるはずだ。問題は、私たちが実際にどのように言語を使っているかというところへと投げ返されるのである。

したがって、デリダのこの主張を、アイデンティティや身体と行為との関係へと敷衍するのであれば、その関係がどのようなものであるかという問いも、やはり私たちが実際にどのように行為しているのかというところへ投げ返されることになるはずだ。だがバトラーは、「行為をとおしてアイデンティティや身体が構築される」という両者の関係の積極的規定を、行為（あるいは行為の概念）の記述や分析をおこなうことなしに与えている。つまり、現実に照らしてあきらかにされるべきであるはずの主張が、すでにあきらかになった主張であるかのように扱われてしまっているのである[4]。

第二に、「パフォーマティヴィティ」概念の規範的言明としての側面にかかわる問題がある。かりに「行為をとおした構築」という主張を認めたとしても、その根拠をデリダの議論に求めるなら、「攪乱という戦略が採られるべきである」という主張を導くことはできないはずだ。なぜなら、デリダのいう記号の本質的特徴としての「反覆（変質＝他化）可能性」は、あらゆる言語使用が不可避にもつ特徴だとされているものだからである。したがってデリダに忠実であろうとするなら、あらゆる言葉（バトラーが批判するタイプのフェミニズム運動や理論はもちろん、フェミニズムの敵の言葉にさえ）に「攪乱」の可能性を認めなければならない[5]。したがってデリダの議論は、「攪乱」という戦略が他の戦略よりもすぐれていることを示す論拠にはまったくならないのである[6]。

にもかかわらず、アイデンティティの政治ではなく「攪乱」こそフェミニズムが採用すべき戦略であると主張するとき、バトラーは「反覆可能性」を「変化への意図的な介入可能性」へと飛躍させているこ

とになる。だが、望ましい結果をもたらすよう意図によって行為を制御できるという考えは、デリダが「目的論的規定」と呼んで批判していた形而上学的前提（発語内効力ではなく行為の結果を制御するという点では、そのより強いヴァージョン）にほかならないだろう。

上記のふたつの問題は密接にかかわっている。すなわち、「行為をとおしたジェンダー・アイデンティティの構築」という主張の内実を

---

4) そうした態度は、たとえばオースティンに対する次のような言及に典型的にあらわれていると思う。

> 発話はつねに、ある点で制御できないものであると思う。……オースティンは「（すべてではないにせよ）一般的に、行為がたとえば強制のもとでおこなわれたり、偶然におこなわれたり、あるいは、さまざまな種類の錯誤によりおこなわれたり、あるいは意図することなくおこなわれたりしがちである」と述べている。つまり、オースティンは、ある場合には発話を主体から切り離しているのである。「このようなとき、多くの場合、われわれは、その行為について単に、それがなされたとか、彼がそれをしたとか言ってすませることは望まないであろう」。発話行為を、それを統治する主体から解き放つことで、エイジェンシー、あるいは究極的には応答責任という代替概念が打ち立てられる。それらは、主体が言語によって構築される仕方、そして主体が創造するものが同時によそから引いてきたものでもあることを、より十全に理解させてくれるのである。（Butler 1997: 15=2004: 25）

発話と意図が切り離される場合があることは確かである。しかしオースティンが述べているのは、当然ながら、つねにそうだということでもなければ、それが言語使用の本質だということでもない。オースティンが提示した言語使用の一例から、「主体が言語によって構築される」というような普遍的主張を導いてしまうことは、現実の言語使用というオースティンの最大の関心を無視することにほかならない。

このことは、「構築」という言葉の内実が不明確であるという批判がバトラーに向けられる最大の理由になっているとも思われる。J. S. ミル以来繰り返されてきた「性別の社会性」の主張（性差の後天性の主張）といったいどこが違うのか、という M. ヌスバウムの挑発を見よ（Nussbaum 1999）。

十分にあきらかにしないまま、それを規範的主張の根拠としようとしたとき、デリダの「反覆可能性」概念が不足を埋めるための資源にされているのである。だがこのことは、事実的主張と規範的主張の双方において、バトラー理論の根拠をあやうくさせてしまっているように思われる。バトラーに対してなされてきた種々の批判は、そのあらわれだと考えることができる[7]。であるならば、性急に規範的主張をおこなう前に、バトラーがずっとこだわってきた「パフォーマティヴ（＝行為の遂行）」という考えが、「性現象の社会性」を論じることに対してどのような貢献をなしうるのかということのほうが、あらため

---

5) バトラー理論が、フェミニズム理論であるにもかかわらず規範理論ではないとしばしば批判されるのも、このためだろう。「女」というアイデンティティを強調することが、女性間の差異という重要な要素を見落とす危険性をもっていることは確かである。だがそうしたことは、たとえば非白人フェミニストによって以前から強く主張されていたことなのであって（hooks 1984=1997）、かりにバトラーの主張がそうした危険性の指摘に尽きるならば、とりたてて新しいことはない。むしろ、S. ベンハビブが言うように、アイデンティティ概念と深く結びついた自己や自律といった概念をすべて捨て去ることによってしかそうした危険性は取り除れないという考えのほうが、正当化を必要とする主張であるだろう（Benhabib 1995）。N. フレイザーが指摘するように、バトラーは「今あるアイデンティティからの解放」については語っても、どのようなオルタナティヴが「よりよい」のかについては語らない（Fraser 1997: 218-219=2003: 332）。解放の政治のための理論には最低限「よりよい」構築を判断するための基準が必要だ、という考えはもっともであるように思われる。

6) 念のために述べておけば、このことはもちろん、バトラー理論が運動にとって利用可能な資源でありうることを否定するものではない。実際、彼女の理論がさまざまな運動 ―― とりわけいわゆるセクシュアル・マイノリティの運動 ―― の中で果たしてきた役割は過小評価されるべきではない。ただ、その根拠になっていたはずの「行為をとおしたジェンダー・アイデンティティの構築」についての十分な考察を欠いたまま規範的主張のほうだけが一人歩きしてしまうことは、運動にとっても望ましいことではないだろう。

て検討されるべきだろう。

4 「構築」主義の「思考上の制約」

4-1 「構築」主義の議論形式

　そもそも、バトラーはいったい何のために「行為」へと注目することに（すなわちパフォーマティヴという概念に）こだわっていたのだろうか。ひとつの解釈は、やはり「ジェンダー」概念に対するバトラーの態度に求められるように思われる。『ジェンダー・トラブル』のごく始めのほうで、バトラーは次のように述べていた。

> 構築の意味をめぐる論争は、自由意志と決定論の間での伝統的な哲学上の対立のうえで躓いている。それゆえ、思考に課されるいくつかの制約が、その討論の条件を形成し、また限界づけてしまっているように思われるのである。(Butler [1990] 1999: 12=1999: 31)

　ここでバトラーがおこなっているのは、「社会的に構築された性差」という（今では一般的になった）意味でのジェンダー概念への批判で

7）ここで、しばしばそうされるように、バトラーの主張を「言説決定論」（上野 2002: 26）と要約してみても、あまり事態は改善されない。「決定」という表現の中身が「構築」と同様に曖昧であるからだ。「構築」という表現の経験的な内実が検討されないまま、それが認識論的主張として流通するなら、それはさまざまなタイプの構築主義者に対して I. ハッキングが皮肉たっぷりに述べた、この言葉があてはまってしまうものになるだろう。

　驚くべきことに！　すべての構築主義者は、プラトンによって設定されカントによって明確な形式を与えられた、現象と実在の二元論のうちに居るのである。構築主義者はポストモダニズムと自身が呼ぶものの恩恵を受けながら、本当はものすごく古めかしい人々なのだ。(Hacking 1999: 49=2006: 116)

ある。その概念は、ごくおおざっぱに言って、次のような二つの含意を持って用いられてきた。すなわち、一方で統計的に見ればたしかに男女のあいだには性差があり、その性差はしばしば差別的取り扱いを正当化するための根拠として用いられてきた。しかしながら、その性差が生物学的宿命ではなく、私たちの意志によって変えてゆくことができるものであるならば、差別的取り扱いの根拠もいずれはなくなるかもしれない。この希望が込められていた点で、ジェンダー概念は自由意志にかかわる概念であった。

　他方で、なぜ性差が存在するのかを説明するための概念として用いられるとき、それは決定論にかかわる概念にもなる。性差を生み出す原因は、生物学的なものではなく社会的なものだ、と述べたところで、同じ結果が生じるという点に変わりはないからだ。つまり、「社会的原因」によって性差を説明する試みは、因果説明という議論の形式を生物学的説明と完全に共有している。「セックス／ジェンダー」という区別は、ひとつの同じ議論平面の上で成立しているのである。

　このように、「社会的に構築された性差」という意味でのジェンダー概念は、容易に「私たちは自由なのか否か」という問いを呼び込むものである。そして、バトラーがこのことを「思考に課される制約」と呼んでいるのなら、その「制約」の内実と関連づけてバトラーのパフォーマティヴィティ概念を検討することには、もっともな理由があることになるだろう。パフォーマティヴィティ概念がその「制約」を超えるためのものであるとすれば、その概念は、「セックス／ジェンダー」の区別を成立させているのとは異なった議論平面において、「性現象の社会性」を論じることを可能にする（少なくともその方向性を示す）概念として解釈されなくてはならないはずだ。

　以下では、行為の因果説明をめぐる生物学的議論と「社会構築」的議論を例にとって、そこにどのような「制約」があるのか、また「パフォーマティヴ」という考えのもとではどのような議論が可能になる

のかを検討しよう。ポイントは、その考えが、行為の因果説明から行為の理解可能性へと、議論の平面を変えていることにある。

4-2 行為の因果説明

因果説明の例としてとりあげるのは、進化心理学者の R. ソーンヒルらによる「レイプ」という人間行為の説明である (Thornhill and Palmer 2000=2006)。「レイプ」という行為はフェミニズムが議論を積み重ねてきた行為であり、しばしばその「社会構築」的説明もなされる。そうした「社会構築」的説明の抱える「制約」は、生物学的説明の中でもとりわけ進化的説明と対照させることで、はっきりするだろう。

進化心理学による人間行為の説明には、ふたつの前提がある。ひとつは、生物がもつさまざまな形質は、基本的に環境に対する適応によって、淘汰という過程をとおして形づくられてきたものだと考えること、すなわち適応主義である。もうひとつは、人間の行為は何らかの心理メカニズムによって引き起こされていると考えること、すなわち（心理メカニズムを説明項とした）行為の因果説である[8]。こうした前提のもとで、性にかかわる人間の行為も、それを引き起こす心理メカニズムの存在が淘汰上有利であったがゆえに現存している、という仮説が立てられることになる。

「性差」について上記の前提のもとで考察する際のポイントは、「性差」は両性に働く性淘汰の圧力のちがいによって説明されると考える点である。R. トリヴァースによれば、両性それぞれにどのような性淘汰の圧力が働くかは、子育てへの「投資」の程度の差によって決まる (Trivers 1972)。親が子の生存率を高めるために子の世話をするこ

---

[8] 加えて「心理メカニズム」は、最終的には、神経生理学的メカニズムによって基礎づけられると考えられているので、ここには心についての（身体の物理的状態への）還元主義も存在していることになる。このことの問題点については注 17 を参照のこと。

と(投資)は、親の繁殖機会を犠牲にすることでもある。それゆえ、投資の小さい(繁殖機会が大きい)ほうの性が、投資の大きい(繁殖機会が小さい)ほうの性を配偶相手として獲得するための、同性間競争にさらされることになる。

こうした考えは、繁殖速度(Reproductive Rates)という考えへと一般化される(Clutton-Brock & Vincent 1991; 長谷川・長谷川 2000)。すなわち、卵子や精子を作るのにかかる時間、妊娠や子育てにかかる時間をあわせたとき、繁殖を終えてから次の繁殖に取りかかれるようになるまでの時間が、性によって異なってくることがある。このとき、ある時点を取ってみれば、繁殖速度の速い性のほうが、遅いほうの性よりも繁殖可能な個体数が多くなる。それゆえ、配偶相手をめぐる同性間の競争という圧力にさらされると考えられるのである。雄のほうが繁殖速度が速い生物において、雄のほうが体が大きかったり派手な体色をもっていたりすることは、同性間競争にさらされる雄の繁殖戦略として説明することができる。人間の場合も、上記の枠組のもとでは男性のほうが繁殖速度が速いことになる。それゆえ、男性の個体は配偶相手となる女性をめぐる同性間の競争という圧力にさらされてきたと考えられるのである。

そして、レイプという行為も、配偶相手を獲得するための男性の繁殖戦略というこの観点から説明されることになる[9]。ソーンヒルらによれば、人間のレイプに対しては進化論的観点から次のふたつの仮説が提出しうる。ひとつは、レイプが直接に男性個体の繁殖成功度を高めるがゆえに、一定の条件(たとえば経済的資源や身体的魅力によって異性を獲得できなかったときや、罰せられたり報復されたりする可

---

9) ここで紹介している Thornhill and Palmer (2000=2006) のほか、Symons (1979)、Palmer (1988, 1989)、Thornhill and Thornhill (1992)、Ghiglieri (1999=2002) などを参照のこと。とくに Thornhill and Thornhill (1992) には、多くの心理学者や哲学者からの批判が同時掲載されており、読みごたえがある。

能性の低いときなど）のもとでレイプをおこなうようデザインされた特定の心理メカニズムが存在するという仮説。もうひとつは、レイプがおこなわれるのは、繁殖戦略上形成されてきたと考えられる他の身体的・心理的形質（たとえば一般に男性は女性よりも体が大きく力が強い、配偶相手を選り好みしない、多くの相手と性的関係をもちたがるなど）の副産物としてであるという仮説である。どちらの仮説が正しいかを決めるだけの証拠は今のところない、とソーンヒルらは述べているが、いずれにせよ、ここでは人間の行為についての生物学的因果説明が提出されている。

問題は、こうした説明に対して「社会構築」的説明が立つことになる論理的な位置である。レイプという行為については、たとえば「男性は支配的であれと教育される」ことがレイプという行為の原因である、という説明がありうる（Stock 1991）。女性を性的対象としてのみ眺めるような男性的文化や、性経験の豊富さに対する評価の二重基準などの「学習」によって、レイプという行為の説明を試みることができるだろう。だが、そうした「社会構築」的説明は、二重の意味で、もはや生物学的説明に対置されることができなくなっている。

第一に、進化的説明において繁殖成功度が帰属されるのは、個体の（遺伝子型ではなく）表現型だとされる。つまり、ある個体が遺伝的にもっている（と考えられる）形質それ自体ではなく、環境との相互作用の結果として現れてくる行為パターンの、繁殖成功度に対する影響が考えられている。それゆえ、文化的ないし社会的「学習」も十分に生物学的説明の範囲内にあることになる。

第二に、進化的説明は、行為の至近要因だけでなく、その究極要因にも照準している。つまり、ある行為がなぜ生じるのかだけでなく、そもそもある行為に対する傾向性が体系的に人間に備わっている（ように見える）のはなぜかについても考えている。「学習によって」というのは至近要因による説明のひとつであるが、そもそも学習の対象

であるとされる「文化」なるものも、自らの繁殖成功度を高めようとする個体どうしの相互作用の産物にほかならないと考えるなら、特定の価値観をもった文化が存在すること自体が生物学的説明の対象になるのである（Tooby and Cosmides 1992）。

　こうして、生物学的説明に対して人間の可塑性を対置しようとする「社会構築」的説明は、因果説明という議論形式を対抗する議論と共有するがゆえに、「学習」や「文化」をも説明対象とする生物学的説明には包摂されうることになる。そうなれば当然、可変／不変の境界線がどこにあるのかという問いへの答もまた、生物学的な専門的知識へと回収されていくことになるだろう[10]。実際、進化心理学的視点からレイプを説明しようとする論者の多くは、フェミニストによるレイプの「説明」が誤っていることの論証に多くの努力を費やしている。すなわち、「社会構築」的説明が想定している人間の可塑性に対して、生物学的根拠による限定がかけられているのである（Palmer 1988; Buss 1994=2000; Ghiglieri 1999=2002）。

　バトラーの主張に即して言えば、「社会的構築」という思考が「自由意志／決定論」という土俵を呼び込むものである限り、その思考は、「どこまで自由なのか」あるいは「どこまで（生物学的ないし社会的原因によって）決定されているのか」という問いのもとで、因果説明という議論領域へとコミットせざるをえない。その結果、生物学的説明に包摂されてしまうのであれば、「構築」という言葉で「性現象の

10）もちろん、このこと自体がフェミニズムにとって必ずしも「悪い」ことであるわけではないかもしれない。実際、性に関わる人間の行為の原因を正しく特定することはフェミニズムの目的にもかなうと考えている「フェミニスト進化生物学者」もいる（Gowaty 1997）。しかし、いずれにせよ因果説明の議論の中で、「社会構築」的説明が居場所を失っていくことは確かなことであり、そのときフェミニズムが訴えてきた「性別の社会性」の主張もまた「社会構築」的説明とともに失われていくだけのものであるのかどうかは大きな問題となるだろう。

社会性」を思考することには、たしかに「制約」があると言えるだろう。そこでは結局、「社会性」と呼びうるものは何も残らないかもしれないのである。

5 行為の記述と社会生活の編成

5-1 行為の記述と行為の同定

だが、「性現象の社会性」について考えることは、性差を社会的原因によって説明することにつきるのだろうか。もしバトラーが上述したような思考上の「制約」を超えるために「パフォーマティヴ（行為の遂行）」という考えを必要としたのなら、そこには性差の原因を問うのとは異なった水準で「性現象の社会性」に着目する視点があったはずだ。『ジェンダー・トラブル』の中で、バトラーは次のような問いを掲げている。

> ジェンダーを支配する規制的実践は、いかにして文化的に理解可能なアイデンティティの概念をも同時に支配しているのだろうか。言いかえれば、「ひと」の「一貫性」や「連続性」とは、ひとであることの論理的ないし分析的な特徴というよりもむしろ、社会的に制度化され維持されている理解可能性の規範なのである。(Butler [1990] 1999: 23=1999: 46)

ここには、「行為をとおしたアイデンティティの構築」という主張を、もう一歩あきらかにするための視点が含まれているように思われる。すなわち、アイデンティティを理解可能にしている実践のありよう（「いかにして」）への注目がある。そして、アイデンティティの「理解可能性」と実践との関係を問うことは、因果説明とは異なった人間行為の研究となりうると私は考える。以下ではそうした方向性の

もとで（デリダの議論に接続するのとは違った形で）、「パフォーマティヴ」というバトラーのアイデアに形を与えたい。

　「レイプ」という行為の例に戻って考えよう。私が思うに、その原因を問う議論では、人間行為について考える際に注意されるべき、きわめて重要な問題が脇に置かれている。それは、被説明項であるところの行為をいかにして同定するのかという問題である。

　もちろん、進化心理学者たちはレイプの定義に少なくない関心を払っている。けれど、それはあくまで操作的な問題としてである。そこで求められているのは、人間の行為と他の生物の行動を、繁殖戦略という観点から比較できるようにするために、さまざまな生物の行動に対して適用することができる定義を作ることである。たとえば C. T. パルマーは、「被害者が精一杯の抵抗（resistance to the best of his/her ability）をしたうえでの、もしくはそうした抵抗が被害者ないし被害者が保護する者に死または身体的傷害を帰結する十分な見込みのもとでの性交」（Palmer 1989）といった定義を提案している。どのような定義を用いるかは、当然のことながら研究者の関心に依存する。

　しかしながら人間の行為には、研究者が定義を与える以前に、すでに人間社会の成員自身によって、言語による記述のもとで理解されているという重要な特徴がある。この特徴が重要なのは、まさにその特徴において、一方で行為の同定（ある人が「何をしたのか」の理解）が社会成員自身によっておこなわれているからであり、他方で同時に、ある行為の主体、意図や動機、理由や原因、目的や価値、義務や責任などの理解可能性が、当の行為の記述それ自身と密接に結びついているからである。（Anscombe 1963=1984; 前田 2005）。たとえば、私が振り回した手が目の前の相手に当たり、相手が倒れて頭を打って死んだとき、私はいかなる行為をしたのだろうか。死んでしまった相手の遺族からは「お前が殺したのだ」と言われるかもしれない。それに対して「手が当たってしまっただけだ」と言ったり、「殴ろうとしただけ

で殺すつもりはなかった」と言ったりするならば、それは自分の行為がいかなる記述のもとで理解されるべきかを争うことになるだろう。私は「殺す」という記述のもとで自分の行為を理解してはいなかったのだ、と。このようにして、いかなる記述のもとでその行為を理解しているかを示すことは、行為者がどのような意図を持って行為したのかという理解を他者に対して示すことになるはずだ。と同時に、行為者の責任がいかなる行為に対して存在しているかについての理解を示すことにもなるだろう。したがって、「手を振り回す」「殴る」「殺す」といった行為記述を用いることは、それ自体「言い訳」や「非難」といった行為をおこなうことになる。この点において、行為の記述は、学問的な説明関心とは独立に、人間の社会生活に埋め込まれているのである[11]。

　人間行為がこうした特徴をもつことは、それを研究しようと思う研究者に対して、ひとつの課題を与える。すなわち、みずからが観察したいと考える行為をいかに同定すべきか、またみずからが同定する行為と日常的な行為理解とをいかに関係づけるべきか、という問いを、研究者は避けて通ることができないのである。少なくとも私たちの社会生活においては、行為を理解するということは、物理的に観察可能

---

11) このことは、単に個々人が自分の行為の意図を他人に報告しあっている、というよりもさらに強い意味においてそうである。すなわち、そもそもある個人が特定の意図を持つと理解できるかどうかが、行為の記述にかかっている。それゆえ、その行為記述に対しては、必ずしも行為者自身が独占的な権利をもっているわけではない。私が相手を憎んでいたとか、わざわざ地面の固い場所に相手を呼び出したとかいったことがあきらかになるならば、「手を振り回しただけだ」という私の自己記述は受け入れられないだろう。いかなる記述が妥当なものとされるのかは、他の行為や出来事に与えられるさまざまな記述との連関の中で決まるのであり、それゆえそこには公的な基準が存在するのである。このことは、行為の記述を課題のひとつとしてきた社会学の方法論にとって、とても大きな意味をもつ。本書1章補論および3章の議論も参照のこと。

な人間行動に対してラベルを貼るような営みではありえない。上で述べたように、それはむしろ、記述のもとでの行為理解をとおして、理解の対象となる行為それ自体を個別化して同定する営みである。また、そこで特定の行為を同定するにあたって、必ずしも一義的な基準が存在するわけでもない。それゆえ、人間の行為に定義を与えることには、かえってその行為の理解から遠ざかる可能性がつねに存在している[12]。「殺人」に「Aを死に至らしめたBの行為」のような定義を与えてその「原因」をどれだけ丁寧にあきらかにしても、「殺人」と

---

12) これは社会学では古くから論じられてきた問題である。H. サックスは「社会学的記述」という短い論文の中に、デュルケームの『自殺論』に対する批判を書きとめている（Sacks 1964）。よく知られているように、デュルケームは「自殺」という行為の研究をするにあたって、そこに厳密な定義を与えることから出発した。だが、「自殺」は自然言語の行為カテゴリーでもある。言いかえるならば、「死」の分類をおこなうのは、研究者であるよりもまず、社会の成員である。そこには必ずしも一義的な基準があるわけではないし、場合によっては「曖昧にしておく」ことすらひとつの分類方法であるだろう。それゆえ、デュルケームの研究は二重の意味で問題を抱えていることになる。第一に、「自殺」の公式統計を用いて研究をしても、そもそもその統計自体、デュルケームの定義にしたがって作成されたものではないということ。そして第二に、こちらのほうがより本質的だが、かりに「自殺」をデュルケームの定義にしたがって数えたとしても、その対象はすでにこの社会で「自殺」と呼ばれる死とは異なったものとなっているだろう、ということである。それゆえ、サックスによれば、まずもって社会学的な探求の対象となるべきなのは、「自殺」というカテゴリーの用いられる手続きなのである。

> 我々があるカテゴリー（たとえば「自殺」）そのものを記述する —— すなわち、複数の事例がそのクラスのもとに集められる手続きを記述する —— までは、そのカテゴリーは、潜在的にすら、社会学の装置の一部ではありえない。（Sacks 1963: 8）

この問題については、西阪（1997）や前田（2005）も参照のこと。

「致死」が区別されて理解されている社会における「殺人」という行為の説明には必ずしも至らないだろう。説明の対象とする行為をいかに同定すべきか、という問題は、行為の因果説明をおこなうことに対して論理的に先行する問題なのである。

5-2 フェミニズムの言説と行為の理解可能性の変化

そして、人間行為の上記の特徴を考慮に入れるならば、「レイプ」という行為を説明しようとする営みも、あらためて検討される必要がある。とりわけ、ソーンヒルたちが述べているような、「進化心理学的説明はフェミニストが提出している説明を覆す」という主張は検討を必要とする。S. ブラウンミラー以降フェミニズムがおこなってきた「男性の女性に対する権力や支配こそがレイプという現象の問題だ」という主張（Brownmiller 1975=2000）について考えておこう。

J. ヴィガレロは、主としてフランスにおける強姦罪の歴史をたどりながら、旧体制下での「女性の所有者に対する犯罪」としてのレイプという概念が、市民革命を経て近代法が成立しても残っていく様子を記述している（Vigarello 1998=1999）。レイプの概念は、被害者の女性が誰のものか（結婚しているか否か）、あるいはどのような女性であるか（性経験の多寡）といったことと密接に結びついていた。それゆえ、裁判で「被害者の意思」が問題になるとき、それはしばしば被害者に与えられるアイデンティティ・カテゴリーとの結びつきのもとで理解されてきたのである。「少女はおそらく同意しないだろう。妻であれば同意するに違いない、というように」（MacKinnon 1983: 648）。

それに対して、被害者の非同意によってではなく加害者の暴力によってレイプを定義しようという、1970年代以降の欧米での強姦法改正の試みや、あるいは夫婦間にもレイプがあるとして婚姻免責規定を問題化することは、「レイプ」の概念を再定義する試みだったと言うことができるだろう。「被害者の意思」が過去の性経験や加害者との

関係によって理解されるのでなくなれば、ほかならぬ「レイプ」として同定される行為の外延は変わるし、実際に変わってきたのである。フェミニズムがおこなってきたのは、レイプの概念を争うことであり、それによってレイプという行為をいわば記述しなおすことだったと考えられるのである。

であるならば、フェミニストの主張を、レイプという行為に対する単なる「社会構築的」因果説明だと理解するわけにはいかないだろう。レイプという行為をいかなる行為として同定するかは、どのような記述の連関のもとでその行為を理解するかに決定的に依存している。他方、レイプの原因を説明しようとする試みは、被説明項であるその行為をあらかじめ同定しておかなくてはならない。この論理的順序を軽視するならば、行為記述自体が争われうるという人間行為の特徴は、研究の中で棚上げにされてしまうことになる。ソーンヒルたちがどのような操作的定義を作ろうとも、実際にデータを扱う際にこの点は大きな問題となりうる。ソーンヒルたちはしばしば刑事事件の統計データを参照するが、そもそも刑事事件において「レイプ」に数えられる行為は進化心理学者の定義にもとづいて数えられたものではない。また、夫婦間や恋人間、知人間などでその定義に合致する行為が生じた場合は、被害の性質は異なってくるだろうし、また見知らぬ相手からの被害にくらべて警察に訴えられることもはるかに少ないだろう。こうした事情のもとでは、進化心理学の定義のもとで「母集団」とすべき行為の外延に対して、実際に参照されているデータが果たして「標本」と呼べる関係にあるかどうかには、大きな疑問がある。あるいは、みずからが定義する行為が、フェミニストたちがその問題を訴えてきた行為と外延を異にするというのであれば、やはりフェミニストの議論を単純に「誤った説明」として批判することもできないはずである。この点で、進化心理学者はしばしば、フェミニストの議論をゆがめて理解してしまっているといわざるを得ないと思われる[13]。ソーンヒ

ルたちの別の論文（Thornhill & Thornhill 1992）に対する批判のなかで、ブラウンミラーはこう述べている。

> レイプに対するフェミニスト理論の中心的洞察は、男性による支配と権力が示された、女性に対する暴力犯罪としてそれを同定することにある。性的動機やオーガズムの有無は二次的な問題である。ソーンヒルたちは、フェミニスト理論を誤解している。ブラウンミラー（1975）は、レイプの原因が、「主として、あるいはもっぱら」、男性と女性が異性愛行動に関して社会化されるしかたの恣意的な違いにある、などと述べてはいないのである。（Brownmiller and Mehreof 1992）

5-3 社会領域の構成要素としての行為記述

それに対して、人間行為の上記の特徴を真剣に受けとめるなら、原因を説明するのとはまったく異なった水準で行為について語ることができる。すなわち、私たちが社会の多様な領域で多様なアイデンティ

---

13) ソーンヒルたちは、「レイプ」を予防し、その数を減らすためにはその科学的な理解が必要だと言う（Thornhill and Palmer 2000=2006）。それゆえ、自分たちこそがフェミニズムにとっても重要な認識を提供していると考えているのだろう。だがフェミニズムの主張にとって、統計にあらわれる「レイプ」の数（まして進化心理学者が定義するところの「レイプ」の数）は二次的な問題だろう。なぜなら、問題はそもそも「数える対象は何か」という点にこそあるからだ。実際、フェミニストが訴えてきたように、夫婦間や恋人間でもレイプが認められるようになるなら、おそらく犯罪統計にあらわれるレイプの数は増えるだろう。ちょうど、「DV」概念が登場することで「夫から妻への暴力」の統計上の数が増えたように。それでも（というよりもだからこそ）フェミニストたちは、そのような社会は今より良い社会だと考えるに違いない。そしてそれは、「レイプ」の原因を調べることによっては決して実現できない社会であることも、あきらかである。

ティを帯びる（ときに帯びさせられる）のは、どのような行為理解の実践をとおしてだろうか、と問うことができる。バトラーが言うように、アイデンティティの理解可能性が実践とともに与えられているのはいかにしてか、と問うことができるようになるのである。

そして、「レイプ」についてのフェミニズムの主張をこの問いのもとに置いてみるならば、そこで問題になってきたことは、その行為の原因ではなく、その行為の理解可能性と、人びと（とりわけ女性）が帯びるアイデンティティとの結びつきであることがわかるだろう。「レイプ」という行為の理解は、「被害者の意思」の理解と密接に結びついている。パルマーの行動主義的定義にさえ、「精一杯の抵抗（the best of his/her ability)」や、抵抗したときに生じる被害の「見込み」といった主観的要素が入っていることを考えてみればよい。「合意のある」性交を「レイプ」とは呼ばない以上、この要素をこの行為の理解から取り除くことは、おそらく論理的に不可能である[14]。

他方で、どのようにして「被害者の意思」を理解するのか、というその方法と、女性が帯びるアイデンティティとは、密接に結びつけられてきた。被害者が「少女」であるのか「妻」であるのか、性経験が多いのか少ないのか、どういう職業についているのかといったことが、被害者の意思を理解するために用いられてきたのである[15]。それに対して、フェミニズムによってその行為が記述しなおされたとき、

---

[14] もちろん実際には、「抵抗の有無」のような「客観的」基準で「レイプ」の成否が理解されてしまうことがあり、そのことが引き起こすさまざまな問題に対してフェミニズムが異議を唱えてきたことも確かである。ただ、そこでの争いにおいても、この行為の理解にとって「被害者の意思」の理解が決定的な要素であることは、じつは共通の前提だったと考えられる。本書5章の議論を参照のこと。

[15] この「方法」については、本書5章と6章でやや詳しく検討している。

「被害者の意思」は、「少女」や「妻」の意思ではなく被害者個人の意思として、行為とアイデンティティとの新たな連関のもとに置かれたのだと言える。つまり、行為記述とアイデンティティ・カテゴリーとの関係が刷新されたのである。

このことの含意は重大である。なぜなら、そうした行為理解の実践は、行為それ自体を個別化すると同時に、行為者や行為相手のアイデンティティ[16]を指定し、そこに意図や責任を帰属する実践でもあるがゆえに、本質的に道徳や法や政治といった社会領域の構成要素になっているからだ。言いかえれば、行為の記述とアイデンティティ・カテゴリーへの権利や義務の帰属実践こそが、法的・政治的・道徳的領域において私たちが何者であるかを決めているのである。

この含意を考えるならば、バトラーがなぜ「社会構築」的思考に疑問をなげかけ、パフォーマティヴ（＝行為の遂行）という考えにこだわっていたのかについて、ひとつの理解が得られるだろう。社会成員自身による行為記述との関係に十分注意が払われないまま被説明項としての行為を研究者が定義した上でその因果説明を与えるような議論は、社会成員自身による行為記述こそが人間社会の本質的な構成要素であるという重大な問題の上を、いわば論理的に素通りしてしまう[17]。

他方で、私たちが実際に多様な言語カテゴリーを用いて社会生活を編成している以上、行為記述とアイデンティティや身体にかかわる概念との論理的連関（バトラーの言葉で言えば「理解可能性のマトリク

---

[16]「レイプ」という行為記述の場合も、関連するのは被害者のアイデンティティばかりではない。19世紀末は解剖学、遺伝学、精神医学などにおいて「強姦者」という存在が「発明」された時期だった（Vigarello 1998=1999）。犯罪行為をいわば「異常な行為者」と結びつけることは、現在でもありふれた「理解可能性のマトリクス」のひとつだろう。そしてそうした理解は、道徳的・政治的・法的領域の編成にどう組みこまれているだろうか、という問いを立てることができるはずだ。

ス」)は、それ自体、経験的にたどってゆくことができるものである。言語カテゴリーが行為を遂行するための資源であること[18]に目を向ければ、パフォーマティヴィティ概念は研究の指針として十分な内実をもった概念として理解することができる。私たちが「性別」を持つ存在であるという経験が、上のような意味での概念的かつ経験的な「理解可能性のマトリクス」に支えられている様子は、「性現象の社会性」の名のもとに探究される資格を備えているのである。

　なにより、私たちが性別にかかわる多様なアイデンティティを帯びるのは、そうした社会生活の中でのことにほかならない。その意味で、人間社会の中で性別という属性がもつ意味は、たしかに「行為をお

---

17) むしろ、進化心理学者が作るレイプの操作的定義自体、そこに被害者の意思の帰属が含まれる以上、この社会で何が「レイプ」と呼ばれるべきかという社会成員の行為同定実践(そこにはもちろんフェミニズムの議論も含まれる)にさまざまな水準で依存しているはずである。ここで詳述することはできないが、このことは進化心理学の説明に対して論理的な疑問を投げかけるように思われる。その説明には、行為の原因となる心理メカニズムが個別的行為に対応してモジュール化されている(そしてそこに神経生理学的基盤がある)という前提がある。だが、意図の理解のような複雑な実践に対してモジュールを想定することができるかどうかは議論がある(Foder 1983=1985; Sober [1993] 2000=2009)。また、モジュールを想定する個別的行為の同定が日常的語彙に依存してしか可能でないなら、それはそもそも説明項と被説明項を論理的に別個に同定できないということにほかならない。個別化された「心理メカニズム」が、個別化された行為と因果的関係を持ちうる身分にあるものであるかどうかは、検討が必要である。この点で、心に物理的記述を与えることが心の科学的説明としての資格を備えるかについても、さまざまな議論がありうるだろう。一般的議論として土屋(1986)、進化心理学批判としてHamilton(2008)などを参照。

18) こうした考え方は、デリダの議論よりもむしろ、「言語を用いて行為する」ことについて愚直に考えていたオースティンの考えに近い。この点については1章の補論を参照のこと。

して構築」されている。であるなら、さまざまな概念の連関をたどり、その連関に規制された実践の中で、私たちがどのようなアイデンティティを帯びるのかをあかるみに出していく作業は、性差の原因をめぐる語りとは異なった平面で、「性現象の社会性」について語る方法となるはずだろう。バトラーのパフォーマティヴィティ概念がこうした示唆をもつものであるなら、それは人間行為の経験的記述を課題のひとつとしてきた社会学という学問にとってこそ、とりわけ重要であるにちがいない。

6 おわりに

　本章の議論をまとめておこう。バトラーのパフォーマティヴィティ概念は、根拠が不十分なまま規範理論化されたり、あるいは認識論的主張として理解されたりしてしまえば、ジェンダー概念に対するそのインパクトが見えなくなってしまう。それに対して、アイデンティティや身体について、私たちが言語カテゴリーを用いた行為記述とともにそれらを理解し、多様な社会生活を営んでいる様子へと注目する概念だと理解されるなら、その社会生活の実際を記述することで「性現象の社会性」をあきらかにする道筋が開ける。このことは、社会学という経験的学問にとって、とりわけ大きな意味を持つ。

　もちろん、パフォーマティヴィティ概念のこうした解釈が、フェミニズム理論にとって意義をもちうるかどうかは、さしあたりオープンな問題だと言わざるをえない。たしかに、それはただちに運動の戦略を与えてくれるものではない。けれどバトラーが求めていたのも、一挙に変革のビジョンを与えるような理論ではなかったのではないだろうか。

　　ジェンダーの諸存在論（ontologies）についての政治的系譜学は、

それが成功するなら、ジェンダーの実体的なあらわれを、それを構成している諸行為へと脱構築し、ジェンダーの社会的あらわれを規制している種々の力によって設えられた強制的枠組のもとにそうした行為を位置づけ、説明するだろう。(Butler [1990] 1999: 44=1999: 72)

　複数の「存在論」があることに注意しておこう。ジェンダー・アイデンティティの「行為をとおした構築」という表現が、無数の行為によって多様な社会領域が編成され、その中で私たちが多様なアイデンティティを帯びていることを指すなら、「ジェンダーとは何か」という問いも、単一の答えを許すようなものではないだろう。フェミニズムにはたしかに規範的な理論が必要だが、他方バトラーが懸念していたように、実践の場から離れた理論構築には、単一の存在論を構築することで単一のアイデンティティの押しつけとなってしまう危険性がつねにある。であるなら、多様な実践ひとつひとつの場にとどまり、そこにある行為記述とアイデンティティ・カテゴリーとの連関をたどりながら、それぞれの領域の家族的類似の中に「性現象の社会性」を描く作業を試みることにも、もっともな理由があるということができるのではないだろうか。そして、本書で私が試みたいのは、そうした示唆のもとで為しうる社会学の仕事に形を与えることなのである[19]。

---

19) 本書全体であきらかにしていくつもりだが、その際、H. サックスが、人間が「自己記述をおこなう能力をもった動物」(Sacks 1972a=1989) であることの帰結を真剣に受けとめながら模索していた方法論は、直接に有用である。そうした方向性をもった研究として、人間が女／男の外見をもつということについて鶴田 (2009)、女性が「素肌」をもつことと化粧の相互構成関係について上谷 (2009) なども参照のこと。また、女性医療を対象とした西阪・高木・川島 (2008)、西阪 (2008) の研究は、「身体」についての考察としても、行為記述のための方法論としても、大変示唆に富んでいる。

第 1 章 補 論

行為とコンテクストの相互構成的関係あるいは間接的言語行為について

1 オースティンの「パフォーマティヴ」

1章では、バトラーの「パフォーマティヴィティ」概念が最終的にデリダのオースティン批判へと接続されることで、いくつかの問題を抱え込むことになる事情を確認した。そして、その概念を、行為やアイデンティティの理解可能性をたどるための指針として解釈する方向性を示した。この方向性は、言語と行為についての、よりオースティンに近い考えを発展させていくものであると思う。この補論では、デリダによるオースティン批判の問題点を考察することで、「パフォーマティヴ」概念を本書でどのように展開しようとしているのか —— なぜ行為理解の実践の記述へと向かうのか —— を、もう少し明確にしておきたいと思う。

よく知られているとおり、通常「行為遂行的」と訳される「パフォーマティヴ（performative）」という語[1]は、オースティンの言語行為論の出発点となった語であり、「事実確認的（constative）」という

---

1) バトラーの用語としての「パフォーマティヴィティ」は、慣例にならって訳さずにカタカナ表記したが、オースティンの用語としてのそれは、やはり慣例にならって「行為遂行的」と訳しておくことにする。バトラーの言葉が翻訳されずにテクニカルタームとして流通していることは、それ自体考察に値する問題であるように思われる。バトラーの概念は、オースティンのそれと比べてはるかに、その内実がわかりにくいのである。

語と対をなすものであった。1章で述べたように、その語は、私たちが日常的におこなう発言には「適切／不適切」という（「真／偽」とは決定的に異なった）評価軸がある、ということに目を向けるためのものだった。

ここで注意しておくべきなのは、行為が適切に遂行される条件についての考察が進められる中で、当初の「行為遂行的／事実確認的」という区別は、最終的には捨てられるということだ。一方で行為遂行的発言の適切性も、事実の真偽と何らかのしかたで関わっている。野球で一塁塁審が「アウト」と発言するのは「判定する」という行為の遂行であるが、その行為が適切であると言われるためには、「打者の身体がファーストベースに着くよりも早くボールが一塁手のミットに収まった」ことが真でなければならない（そうでない場合にただちに行為が成立しなくなるわけではないにしても）。他方で、事実確認的発言も、何らかのしかたで不適切になる場合がある。「雨が降っている。だが私はそれを信じない」という（「ムーアの逆説」と呼ばれる）ような発言が奇妙なのは、雨が降っていることの真偽よりもむしろ、その発言の一貫性あるいは誠実性が問題になるからだろう。この点でそれは、「行くつもりはないけど行くことを約束するよ」という行為遂行的発言が不適切であるのと同じように不適切なのだと考えることができる（Austin 1960: 第七講）。行為遂行的発言と事実確認的発言の境界は、実はそれほど明瞭なものではないのである。

> したがって、何事かを言明することは、命令を下したりあるいは警告を与えたりすることとまったく同じだけ行為を遂行することである、ということが分かる。そして、他方において、次のことも分かる。すなわち、命令または警告あるいは勧告を与える場合、これが事実とどのように関係しているのかについての問いが存在し、その問いは、言明が事実とどのように関係しているのかをわ

れわれが論じる場合に生じる種類の問いとたぶんそれほど違わない
であろう、ということである。(Austin [1961] 1970: 251=1991: 407)

　ここからオースティンは、発話がもつ行為としての力を考察するにあたって、「行為遂行的／事実確認的」という区別から「発語行為／発語内行為／発語媒介行為」というより一般的な区別へと足場を移していくことになる。私たちは何かしら意味のあることを言うこと（発語行為）で、何らかの行為を遂行し（発語内行為）、またしばしばその結果として他者に影響を及ぼしている（発語媒介行為）。「待て！」と言うことで「命令」という行為を遂行し、「他者の足を止める」という結果を生じさせるように。こう考えるなら、行為遂行的発言であれ、事実確認的発言であれ、そこには発語内行為として、あるいは発語媒介行為として、いかなる力が働いているだろうか、と問うことができるようになる。「行為遂行的／事実確認的」という区別で考えられていたことは、発話のもつ多様な力の類型論へと解消されていくことになるのである（Austin 1960: 第十二講）。「陳述する」「記述する」といった行為も、「約束する」「賭ける」「判決を下す」といった他の多くの行為と同様に、発語内行為のひとつである、というわけだ。オースティンの言語行為論はこうして、いわばより純粋なかたちで、（発話の意味の理論ではない）発話の力の理論となっていったのである[2]。

　このように、「行為遂行的」という概念は、オースティンが発話の

---

2) ここで立ち入る余裕はないが、「発語行為／発語内行為／発語媒介行為」という区別が、発話のもつ行為としての力を考える上でどこまで妥当なものなのかということについては、オースティンに対する多くの批判的見解が存在する。簡潔なまとめとして土屋（1980）や芦川（1995）を参照のこと。以下の議論は、オースティン以後の主要な流れである、発話者の意図（の伝達）によって発話の力を説明しようとする試みに対して、違った視点を与えるものにはなるだろう。

もつ行為としての力へと着目していく上での、最初の道しるべのようなものであり、その程度のものでしかなかった。彼にとって重要だったのは、その概念そのものでも、「事実確認的」との区別でもなく、私たちが日常的におこなっている発言が、何よりもまず行為としての力を備えていること、このことへといかに照準するかということだったのである。

2 デリダのオースティン批判

デリダがオースティンに対する批判をおこなったのは、1971 年のフランス語圏哲学国際会議のために書かれた「署名、出来事、コンテクスト」論文においてであった（この論文は翌年『余白 —— 哲学について』に収められた）。1976 年にこの論文が英訳された際、J. サールからの激烈な反論を呼び起こし、それに対して再びデリダが応答するという、いわゆるデリダ vs. サール論争の出発点となった論文でもある。ここでは、バトラーによってデリダのオースティン批判が継承されていることを確認するために必要な範囲で、その批判の内容を確認しておこう。

デリダがオースティンを批判することによって為そうとしたことの最大の要点は、「コンテクスト」という概念のひとつの用法、すなわち、語の意味であれ発話の力であれ、それらが「コンテクストから独立には決まらない」という考えかたに疑問を投げかけることだった。この考え方はしばしば、「（語の意味や発話の力は）コンテクストによって決まる」という考え方、そして「そのコンテクストを必要十分条件の形で記述する」という試みへと拡張される。デリダが異を唱えようとしたのは、すべてのそうした試みに対してであった。

　　ある一つのコンテクストの諸要件は、果たして絶対的に規定可能

であるものなのだろうか。これこそは、結局のところ、以下で私が練り上げてみたいと思っている最も一般的な問いである。コンテクストの厳密な学的概念は存在するのか。コンテクストという概念は、ある種の混同の背後で、あらかじめまったく規定された哲学的な諸前-提をかくまっているのではないのだろうか。そのことを今すぐかいつまんで言うなら、私が論証したいと思っているのは、なぜ一つのコンテクストは決して絶対的に規定可能ではないのか、あるいはむしろ、いかなる点においてコンテクストの規定は決して確証されることも飽和することもないのか、ということである。(Derrida [1972] 1990=2002: 12-13)

デリダの議論は、まず「書かれた記号」について、その読解可能性がある種の「不在」にあることを論じ、その後にその論点を「話された記号」すなわち発話にも当てはまるものとして一般化する、という筋道をたどる。

「不在」とは、まずは「受け手の不在」である。書かれた記号は、目の前にいない相手に向けて書かれることができる、という点において受け手の不在においても読解可能性を持つ。それだけでなく、単に「特定の相手が目の前にいない」という場合にとどまらず、そもそも「特定の相手」そのものの不在においても同様である。特定の相手にではなく、それを読むかもしれないすべての人びとに向けて、あるいは人びと一般に向けて、私たちはものを書くことができる。この意味で、書かれたものの受け手は、経験的に特定可能な対象としての個人や集団を超えている。しかもデリダによれば、このことは単に「そういう場合がある」ということではなく、書かれた記号の本質的な特徴なのである。

こう言ってよければ、私の「書かれたコミュニケーション」がエ

> クリチュールという自身の機能をもつ、つまり自身の読解可能性をもつためには、それは、所定のあらゆる受け手一般が絶対的に消滅してもなお、読解可能にとどまらなければならない。私の「書かれたコミュニケーション」は、受け手の絶対的な不在、ないしは経験的に規定可能な受け手の集団の絶対的な不在において反復可能 —— 反覆可能 —— でなければならないのである。(Derrida [1972] 1990=2002: 22)

　書かれた記号は、たとえそれが特定の相手に向けて書かれたものであっても、それを読むすべての人びとにとって（少なくとも原理的には）読解可能でなくてはならない。それは、可能的な受け手がそれを読むそのたびごとに読まれることができる（＝反覆可能な）ものでなくてはならないというわけである。

　同様の理由によって、デリダの言う「不在」は「送り手の不在」でもある。書かれた記号は、それを書いた者が目の前にいなくても読解可能であるし、デリダが言うにはむしろ、そういうものでなくてはならない。

> 私は、マークを発信したり産み出したりする際の、私自身の端的な消滅、と言うことができなければならない。つまり、自らの非－現前一般を言うことができなければならないのであり、たとえばそれは、私の〈言わんと欲すること〉の非－現前、私の〈意味－志向〉の非－現前、私の〈これを伝達したい〉の非－現前である。書かれたものが書かれたものであるためには、それは依然として「働きかけ」続け、読解可能であり続けるものでなければならない —— たとえ書かれたものの著者と呼ばれる者が自らの書いたものに、自らが署名したと思われるものに責任をもつことがもはやなくなったとしても。(Derrida [1972] 1990=2002: 24)

第1章補論　行為とコンテクストの相互構成的関係あるいは間接的言語行為について

　こうして、いつどこで誰がどのような意図をもって誰に向けて書いたのか、といった（通常コンテクストと呼ばれうる）ものこそが、書かれた記号の読解可能性を支えているはずだ、という想定が退けられる。書かれた記号は、そうしたものから切り離されたところですら読解可能性が与えられうる（＝反覆可能な）のであり、その反覆可能性の方が、当の記号に読解可能性を与えているものであることが示唆されるのである。

　続いてデリダは、こうした論点が、話された記号すなわち発話へと一般化可能なものであることを示そうとする。そのおおよその道筋は次のようなものである。

　発話であれば、書かれた記号とは違って、誰が誰に向かってどういう状況でそれを述べたのかが明確に思えるがゆえに、そうしたコンテクストこそが発話の意味を決定すると言えるように思えるかもしれない。だが、厳密に言うならば、いかなる発話とてまったく同じ人物によってまったく同じ人物に対してまったく同じ時間や場所、状況、口調、アクセント等々で述べられることはありえない。コンテクストというのが発話にともなうそうした諸特徴のことであるならば、まったく同じコンテクストなどというものはありえないことになる。それでも私たちは、そうした現実の非同一性を超えて、同じコンテクストのもとで同じ意味をもつ発話、という同一性を理解することができる。そしてそれは、指示対象の同一性に支えられているのでもなければ（指示対象がない言語使用もある）、シニフィエの同一性によって支えられているのでもない（シニフィエのない言語使用もある）。「同一の意味をもつ発話」の同一性はそうした諸々のものの同一性によってではなく、ただ自身の反覆可能性によってのみ構成されるのだ、というのがデリダの主張である。この点で、デリダにとって、発話の意味は書かれた記号と同じく、必要十分条件の形で書き出しうるような「コ

ンテクスト」なるものによって規定されることはありえない。

> 言語的であれ非言語的であれ、話されたにせよ書かれたにせよ、またユニットの大小にかかわらず、いかなる記号も、引用されうるし引用符で括られうる。まさにそのことによって、すべての記号は、所与のいかなるコンテクストとも手を切り、絶対的に飽和不可能な仕方で、無限に新たなコンテクストを発生させることができる。このことが前提としているのは、マークがコンテクストの外でも有効だということではなく、逆にいかなる絶対的な投錨中心もない諸々のコンテクストしかないということなのである。（Derrida［1972］1990=2002: 33）

　デリダがオースティンの批判にとりかかるのは、まさにこの視座からである。1章でも触れたように、デリダはオースティンの言語行為論が「真理」という価値およびそれに支えられたコミュニケーション概念を覆したことは高く評価する。だがその一方で、不適切性の理論のような、発話が適切に行為としての力をもちうるための条件を考えようとする試みに対しては厳しくそれを批判する。そうした試みはデリダにとっては、コミュニケーションをふたたび「コンテクスト」という価値へと閉じこめてしまうものなのである。

> こうしたこと［オースティンの失敗］を示すには、私は次のことを自明で既知のものとみなさなければならない。すなわち、オースティンの諸分析が、権利上ないし目的論的に、コンテクストという価値、それも隈なく規定可能であるようなコンテクストの価値を恒常的に必要としている、ということである。（Derrida［1972］1990=2002: 36）

デリダが最も問題視するのは、オースティンがその考察の初発の段階で、行為遂行的発言が適切に遂行されるための「条件」を掲げていたことである。オースティンが掲げていたのは次のような「条件」だった。

(A・1) ある一定の慣習的な効果をもつ、一般に受け入れられた慣習的な手続きが存在しなければならない。そして、その手続きはある一定の状況のもとにおける、ある一定の人々による、ある一定の言葉の発言を含んでいなければならない。

(A・2) 発動された特定の手続きに関して、ある与えられた場合における人物および状況がその発動に対して適当でなければならない。

(B・1) その手続きは、すべての参与者によって正しく実行されなくてはならない。

　　　かつ、また

(B・2) 完全に実行されなくてはならない。

(Γ・1) その手続きが、しばしば見受けられるように、ある一定の考え、あるいは感情をもつ人物によって使用されるように構成されている場合、あるいは、参与者のいずれかに対して一連の行為を引き起こすように構成されている場合には、その手続きに参与し、その手続きをそのように発動する人物は、事実、これらの考え、あるいは感情をもっていなければならない。また、それらの参与者は自らそのように行動することを意図していなければならない。そしてさらに

(Γ・2) これら参与者は、その後も引き続き、実際にそのように行動しなければならない。（Austin 1960: 14-15=1978:

26-27)

　とりわけデリダが問題だと考えるのは、(Γ・1) の条件、すなわち発言者の意図＝志向 (intention) という条件が掲げられていることである。

> この全面的コンテクストの本質的要素の一つは —— だがこれは他に数あるうちの一要素などではない —— 古典的な仕方で、依然として意識にとどまっている。つまり自らの発語行為の全体に対して、語る主体の志向が、意識的に現前するものとされるのである。結果、パフォーマティヴなコミュニケーションは、またしても志向的意味のコミュニケーションになってしまう。(Derrida［1972］1990=2002: 37)

> この［オースティンによる適切性条件の］定義に介入してくる「慣習性」、「正しさ」、「完全性」といった諸価値を通してわれわれが改めて見出さざるをえないのは、隅々まで定義可能なコンテクスト、パフォーマティヴの操作全体に現前する自由な意識、自己自身を支配できる絶対的に充実した〈言わんと欲すること〉といった諸価値であり、要するに、意図＝志向が依然として組織化の中心であり続けている全領野での目的論的な統括権である。(Derrida［1972］1990=2002: 38)

　オースティン読解としての妥当性はともかく、少なくとも上で見たようなデリダの言語観のほうから見れば、意図を言語行為の適切な遂行の必要条件に数えるような理論が、次のようなものとして映ることは理解可能だろう。すなわち、私たちの日常的な言語使用へと目を向けていると言いながらその実、意図の現前による、曖昧でない、一義

的な発話理解こそ理想的な発話理解のあり方であるという、目的論的かつ倫理的な規定として、である。デリダによれば、発話がひとつの行為として理解可能であるということもまた、なんであれ条件の形で書き出される「コンテクスト」に支えられているがゆえではなく、発話行為そのもののもつ反覆可能性ゆえなのである。

> あるパフォーマティヴな発言は、もしもそれを決まり文句として言う行為が一つの「コード化された」ないしは反覆可能な発言を反復するのでなかったら、成功しうるであろうか。言い換えれば、会議を開いたり、船を進水させたり、あるいは結婚式を挙げたりするために私が発する決まり文句が、もしも一つの反覆可能なモデルに合致しているものとして同定可能でなかったならば、したがってそうした決まり文句がいわば「引用」として同定可能でなかったならば、パフォーマティヴは成功しうるであろうか。（Derrida［1972］1990=2002: 44）

　ここからデリダは、「真面目な発言／不真面目な発言」、「発話の主体／文書の署名」といった、オースティンの議論のなかに登場するいくつかの区別を取り上げて批判していくのだが、その個別の論点はここでは追う必要はないだろう。行為遂行的発言の適切性に対して、そのコンテクスト、とりわけ発話者の意図の持つ関係にデリダが批判を差し向けたこと、そしてその批判が「反覆可能性」というデリダ特有の言語観から為されていたこと、このふたつのことが確認されればさしあたり十分である。

3　デリダのオースティン批判の問題点

　1章で確認したとおり、バトラーの「パフォーマティヴィティ」概

念は、以下のふたつの点で、デリダによるオースティン批判を援用したものだった。ひとつは、オースティンの議論の中に「意図＝志向の現前というテロス」と呼ばれる誤りを見出すこと。もうひとつは、その誤りを避けるために、行為を意図によっては統御されないものだと考えることである。以下では、このいずれの点についても、別様の考え方が可能であることを論じよう。

　第一に、オースティン自身が掲げていた「条件」において、条件の質が区別されていたことを思い出す必要がある。あらためて引用しておこう。

（A・1）ある一定の慣習的な効果をもつ、一般に受け入れられた慣習的な手続きが存在しなければならない。そして、その手続きはある一定の状況のもとにおける、ある一定の人々による、ある一定の言葉の発言を含んでいなければならない。
（A・2）発動された特定の手続きに関して、ある与えられた場合における人物および状況がその発動に対して適当でなければならない。
（B・1）その手続きは、すべての参与者によって正しく実行されなくてはならない。
　　　　かつ、また
（B・2）完全に実行されなくてはならない。
（Γ・1）その手続きが、しばしば見受けられるように、ある一定の考え、あるいは感情をもつ人物によって使用されるように構成されている場合、あるいは、参与者のいずれかに対して一連の行為を引き起こすように構成されている場合には、その手続きに参与し、その手続きをそのように発動する人物は、事実、これらの考え、

　　　　　　　あるいは感情をもっていなければならない。また、そ
　　　　　　　れらの参与者は自らそのように行動することを意図し
　　　　　　　ていなければならない。そしてさらに
（Γ・2）これら参与者は、その後も引き続き、実際にそのよう
　　　　　　　に行動しなければならない。(Austin 1960: 14-15=1978:
　　　　　　　26-27)

　デリダが「意図＝志向の現前というテロス」の表現として批判の的にしたのは（Γ・1）の「意図」に関する条件である。だが、この条件にギリシャ文字（Γ）が振られているのは、ローマ文字（AおよびB）の条件とはその質が異なるからである。ローマ文字のほうの条件は、それが満たされなければ行為そのものが成立しないような条件である。審判ではなく一塁コーチが「セーフ！」と言っても、それは（A・2）の条件を満たさないがゆえに、そもそも「判定を下す」ことになりえない。他方、ギリシャ文字のほうの条件は、仮にそれらが満たされなくても行為そのものは遂行される。約束を守るつもりがないのに「約束するよ」と言ったり、約束した後で気が変わったりした場合でも、ともかく約束そのものは為されたのである。オースティンは前者の不適切性を「不発」、後者の不適切性を「濫用」と呼んでいる。

　さて、この区別を見るかぎり、オースティンの議論における「全面的コンテクストの本質的要素の一つは古典的な仕方で、依然として意識にとどまっている」というデリダの評価は、あたっていないように思われる。オースティンにおいて発話者の意図という条件は、言語行為の適切性条件としてはむしろ弱い条件（満たされなくても行為自体は成立してしまう条件）であるからだ。逆に言えば、発話者の意図にかかわらず、一定の慣習に沿って発話が為されれば、行為は成立してしまうというのがオースティンの挙げる条件から導かれる帰結であ

る。その点では、オースティンはむしろ意図を慣習に従属させているのである[3]。

　第二に、かりに「意図＝志向の現前というテロス」に支えられた理論が避けるべきものであるとしても、そのことが直ちに、意図と行為を切り離して考えるべきであることを意味するのかどうか ── 行為とは意図によって制御されないものであると考えるべきかどうか ── については大きな疑問がある。そもそも、オースティンの議論の中には「意図と行為の関係をどう考えるべきか」と問う作業はない。あるのは、行為が不誠実におこなわれたり、意図せずにおこなわれたりすることがあるという自明な事実を並べていって、そこから、行為が適切に遂行されるとはどういうことなのかを炙り出す作業だけである。この点でいえば、オースティンが示そうとしているのは、いわば、私たちは行為者の意図と行為の適切性とを何らかのしかたで結びつけて理

---

[3] 同様の態度は次のような文にも見ることができるだろう。

> しかし、一つわれわれが想定してはならぬことは次のようなことである。すなわち、言葉を口にすることに加えてそのような［行為をおこなう］場合に必要なことはある内的な精神の働きの遂行であり、したがって言葉はその遂行の報告たるべきだ、と。……この見解は古典の多くの箇所で表現されている。たとえばエウリピデスの『ヒッポリュトス』にその例がある。ヒッポリュトスは「わが舌は誓いたれどわが胸はさにあらず」と言った。……この種の例から明らかなように、そのような発言は内部での精神の働きについての、真または偽なる報告だ、という考えに陥るならば、偽証者、約束不履行者、重婚者等々に抜け穴を作ってやることになり、その結果このように過度に厳粛な考え方をすることには不利な点が存在することになる。おそらくは、我等が口にした約束は証文であるという古い諺に執着するほうが良いであろう。（Austin［1961］1970: 236=1991: 384-385）

また、デリダのオースティン批判に対する Cavell（1994=2008）のコメントも参照のこと。

解しているという、端的な事実なのである。

　それだけ聞けば当たり前に思えるかもしれないが、オースティンのこの態度が示唆するものは決してトリヴィアルなものではないと思われる。私たちは日常生活の中で、自分の行為について「そんなつもりじゃなかった」と言い訳をしたり、相手の誤解を正したりする。反対に他者の行為について、「なんでそんなことをするんだ」と尋ねたり、非難したりするだろう。そのとき私たちは、自分の意図を説明したり、否定したり、時に書き換えたり、また相手の意図を推測したり、時に本人の主張を受け入れず特定の意図を他者に帰属したりするということをおこなっている。つまり、意図と行為を結びつけたり、反対に切り離したりするといった営みは、理論家が両者の関係を考える以前に、すでに社会成員が日常的におこなっていることなのである[4]。この点で、オースティンの議論の中で、意図と行為との関係が「両者はいかなる関係にあるのか」といった理論的問いとしてではなく、あくまで「行為の適切な遂行」との関係においてのみ問われているのは、両者の関係についての問いが、日常的な言語使用において社会成員が行為者の意図と行為の適切性とを結びつけたり切り離したりしている、そのやり方の中へと投げ返されているからだと考えることができるだろう。

　であるならばオースティンの議論は、デリダがそうしたように、

---

4) 実際、「発話はつねに意図によっては制御できないものである」というような命題は、そうした日常的な行為理解を前提にしてしか、その理論的命題としての価値や理解可能性を得ることができないと思われる。日常的に意図と行為を結びつけながら私たちが行為しているからこそ、それを疑うことに何かしら価値があるようにも感じられる（誰もそう考えていないことを疑うことはできない）のだし、また、そうした疑いが意味をなすように思えるのも、やはり実際に意図と行為を切り離すという営みが日常生活の中にあるからだろう。この意味で、こうした理論的命題は日常的言語使用に寄生しつつ、そこから目をそむけるものになっている。

「現前の形而上学」として切って捨てられてよいものでは決してない。むしろそこにあるのは、私たちが自らのおこなう行為とその意図との関係を、特定の慣習の中でどのように理解し、取り扱っているのかということそのものへと目を向けるという方向性である。以下では、少なくとも行為の意図を理解するしかたについて、それを慣習との関わりの中で、記述する作業がありうることを論じたい[5]。

4 コンテキストを作ること

4-1 間接的言語行為と行為の連鎖

「間接的言語行為」と呼ばれる発話を例にとるのがよいと思う。間接的言語行為とは、発話の文字通りの意味に表示される発語内効力と、実際の発語内効力とが異なるような発話のことをいう。たとえば、「そこの塩取れる？」という発話は、形式的には疑問文であり、したがって文字通りには「質問」という発語内効力をもちそうに見える。だが、実際にはこれをただの質問だと聞く人はほとんどいないだろう。私たちはそれを「依頼」だと理解するはずである（この発話に、「取れるよ」と答えるだけで何もしなかったら奇妙だろう）。こうした発話は、言語行為論においてはひとつのトラブルであった。というのも、こうした発話においては、かりに発話された文中に遂行動詞（発語内効力を示す動詞）が明示されていたとしても（「そこの塩を取れるか

---

[5] ここではさしあたり、「そもそも意図とは何か」というやっかいな問題にあらかじめ解答を与えることなしに議論を進める。意図を心的状態や脳の状態と考えることができるかどうかとか、意図と行為が因果関係を持ちうるかどうかといった問いとは独立に、そもそも私たちの言語使用の中で、「意図」の理解可能性がどのように与えられているだろうか、と問うことはできるはずであり、その意味でその問いは、意図と行為の関係についての問いに論理的に先行するはずだろう。

どうか私は尋ねる」と述べたとしても)、その遂行動詞によって発語内効力が与えられると考えることができないからである。それゆえ、私たちは何らかのしかたで潜在的な発語内効力を推測している(あるいは少なくとも、かつては推測していた)のだと考えられ、その仕組みを明らかにするという解決策が図られてきた[6]。

　だが、E. A. シェグロフが実際の会話データを分析する中で示したのは、それとはまったく違った解決策だった(Schegloff 1988a)。シェグロフが例に挙げている発話のひとつは、次のようなものである。

　　M：今日のミーティングに誰が行くか知ってる？

　私たちはこの発話の、行為としての力をどのように理解するだろうか。発話された文の形式としては、これは相手の知識を尋ねる質問である。すなわち、「知っている／知らない」という答えがなされるべ

---

[6] 間接的言語行為の問題については土屋(1980)や Levinson(1983)、山田(1995)などを参照のこと。私見ではこの問題に関して、どのようなしかたであれ、発話された文中には表示されていない「意図」を聞き手が推測するのだと考えるモデルは、問題を抱えるように思われる。相手の心の中にであれ、文の潜在的な構造の中にであれ、どこかに本当の意図が隠れていて、聞き手がそれを推測するのだという図式は、あらゆる説明を可能にしてしまう。いわゆる間接的言語行為のみならず、褒められたのを「皮肉」だと理解することも、「この依頼の意図は宗教の勧誘に違いない」と言うように勘ぐることも、果てはまったく不合理な推測にもとづく応答についてまで、「本当の意図をそう推測したのだ」といえば、発話された文とはまったく関係なしに説明をすることができてしまう。それは説明としては強すぎるのである。他方、そうした無制限の「推測」に対して、読み取られるべきなんらかの情報の存在を持ち出して制約をかけようとすれば、今度はその持ち出される情報の取捨選択をモデル化するさいに、あらかじめ説明されるべき「意図」が先取りされるおそれがある。西阪による関連性理論の批判を参照のこと(西阪 1995)。

き質問である。他方、多くの人はそう聞くと思うが、この発話は「誰」についての情報の要求、すなわち人名によって答えられるべき発話でもありうるだろう。この発話に「知ってるよ」と答えるだけでは、やはりその答えは奇妙である。この点で、この発話は間接的言語行為の一事例になっていると言える。

ところが、シェグロフの事例においては、聞き手はその発話を、知識を尋ねる質問だとも、情報の要求だとも理解していなかったのである。上の発話の後には、以下のようなやりとりが続く。

01 M：今日のミーティングに誰が行くか知ってる？
02 R：誰なの？
03 M：私は知らないのよ。
04 R：ああ、たぶんマコーエンさんと、たぶんカドリーさんと、それから先生とカウンセラーが何人か。

Mの発話に対して、02行目でRは（04行目で実際にはそれなりに知っていることが明らかになるにもかかわらず）「知っている」とも「知らない」とも答えていないし、また人名を答えているわけでもない（それどころか質問を返している）。つまり、1行目のMの発話のもつ行為としての力は、聞き手Rによっては、知識を尋ねる質問だとも、情報を要求する質問だとも（すなわち間接的言語行為問題を生じさせるいずれの行為タイプとしても）理解されなかったのである。

では、02行目でRは何をしているのだろうか。シェグロフの分析によれば、RはMの発話をひとつの「先行連鎖（pre-sequence）」を開始するものとして聞いている。先行連鎖とは、特定の行為連鎖[7]が開始される前に、その行為に先だって産出される行為連鎖のことを言う。たとえば典型的には、「明日暇？」というような発話によって開始される行為連鎖は、「誘い-受諾 or 拒否」という行為連鎖に対す

ここで、「先行」という表現にはふたつの含意がある。ひとつは、先行連鎖を開始する行為は、本題となる行為連鎖を予示しているということ。つまり、「明日暇？」と言われれば、それだけで、その後に「誘い」が来ることが十分予測可能だということである。もうひとつは、先行連鎖を開始する行為に対する応対しだいで、本題となる行為連鎖へと進むかどうかが決まる、ということ。「暇だよ」と答えることは、本題の行為である誘いへと進むことを相手に促すことになるだろうし、「いや、忙しいんだ」と答えれば誘いが為されることをブロックすることになるだろう。「どうして？」と聞き返せば、条件を交渉することになるかもしれない。このように、「明日暇？」という「誘いの前置き」と、それへの応対がセットになって、「誘い−受諾 or 拒否」という行為連鎖に先立つ行為連鎖を形成するため、「先行」連鎖と呼ばれるわけである。

この事例の場合、シェグロフの分析によれば、「誰が行くか知ってる？」と言う発話は、「ニュース告知の前置き」（Terasaki [1976] 2004）という行為でありうる。私たちは、相手に何らかの「ニュース（時事情報に限らず伝える価値があると思われること全般）」を知らせるとき、それに先だって「いい知らせがあるんだと」とか「○○知っ

---

7) ここで「行為連鎖」と呼ぶのは、規範的に結びついた二つ以上の行為のことである。私たちは多くの行為を、複数の行為の結びつきの中でおこなう。たとえば、「質問」という行為は「応答」という行為と結びついている。その結びつきは事実的ではなく、規範的なものである（Coulter 1983）。応答をまったく要求しないような「質問」を私たちはおこなうことができないし、また質問がないところで「応答」をすることもできない。会話分析では、行為連鎖の最も基本的な単位となる、ふたつの結びついた行為を「隣接ペア」と呼ぶ。本文で取り上げている「先行連鎖」は、この隣接ペアが拡張されるさまざまな形式（拡張連鎖）のひとつである。Schegloff（1972, 2007a）、小宮（2007b）を参照。

てる？」といった前置きをすることがある。つまり、ニュースがあるということだけを、その内容を言わずに前もって言うことがある。このとき、この発話は、先に述べた意味で「先行連鎖」を開始することになる。第一に、それは「ニュースの告知」という本題の行為を予示する。第二に、この「前置き」に対する応対において示される相手の知識状態しだいで、本題の行為に進むかどうかが決まる。相手が「知ってるよ」と答えれば、わざわざ伝える必要はなくなるのである。

それゆえ、「前置き」となる発話の聞き手にとっては、自分の知識状態を相手に伝えることが、為すべき応対になる。自分が知らなかったり不確かであったりする（本当にどれだけ知っているかは別にして、ともかく相手にそのように示す）場合には、「教えて」「何があったの？」といった返答によって、相手に本題の行為へと進むことを促すことが適切な行為になるだろう。そして、01のMの発話に対する02のRの応対 ── 実際は情報を持っていたにもかかわらずそれを答えずに聞き返した応対 ── は、まさにそうした行為として聞くことができるというわけである。

結果的には、Rによるこの理解は誤解であったことがあきらかになる。03でMは自分が知らないことを告げることで、01の発話がニュース告知の前置きではなかったことを示している。他方Rはそれを受けて、04で自分が持っていた情報を与える。そうすることで、Mの当初の発話を「情報の要求」と理解しなおしたことを示すのである。

4-2 「慣習」における行為の理解と意図の帰属

さて、シェグロフのこの事例には、私たちがどのように発話の行為としての力を（あるいは発話者の意図を）理解するのかという問題に対して、またその問題を考えるにあたってオースティンの「慣習」概念をいかに考察しなおしていくべきかという問いに対して、非常に大きな示唆が含まれているように思われる。オースティンは、発話によ

って行為が適切に遂行されるための強い条件として「ある一定の慣習的な効果をもつ、一般に受け入れられた慣習的な手続きが存在しなければならない」ことをまず挙げていた(A・1条件)。オースティンによれば、この「慣習」とは、発語内行為と発語媒介行為を区別する基準となるものであり、前者のもつ発語内効力を、遂行的表現形式を用いて顕在化させることを可能にするものである(Austin 1960=1978: 178)。

しかしながら、第一に、シェグロフが指摘するように、こうした議論においては、発話による行為が、つうじょう行為連鎖の中でおこなわれるものである、という視点が見られない。

> 基本的な言語行為理論的分析において見落とされているのは ── そして私は、より洗練された分析においても同様ではないかと疑っているが ──、現実の会話への参加者は、つねに何らかの行為連鎖のコンテクストの中で話している、ということである。(Schegloff 1988a: 61)

それゆえ、「慣習」なるものも、基本的には、発話された単独の文について、その発語内効力を理解することを可能にする何ものかとして扱われているように思う[8]。

そして、「間接的言語行為」と呼ばれる発話を「解決されるべきトラブル」にしてきたのは、まさに、発話された単独の文の形式やその潜在的構造から、いかにしてその行為としての力が理解できるか、と

---

8) 近年では、飯野(2007)が、Geis(1995)から用語を借りて、発語内効力を「会話シークエンス」全体に帰属する、というアイデアを提案している。だが、飯野は直接には言及していないが、ガイスがここで「会話シークエンス」と呼んでいるものは、じつはシェグロフを中心に展開してきた会話分析の中で、行為連鎖(隣接ペアとその拡張)の組織と呼ばれるものから借りてきたアイデアにほかならない。

いう問いであったように思われる。発話の行為としての力の理解を、一人の話し手によって話された単独の文の理解に還元するとき、文の形式や潜在的構造とされるものから理解される意味と、直観的に理解される行為としての力に齟齬があることが問題となるのである。

それに対してこの事例が示しているのは、発話を理解するにあたって聞き手が用いているのは、単独の文の意味から行為としての力を探り当てるための知識であるよりもむしろ、行為連鎖のフォーマットに関する知識である、ということだと思われる。すなわち、「○○知ってる？」という文の形式や潜在的構造からその意味を探らなくても、その表現がいかなる行為連鎖を構成しうるかさえ知っていれば、発話された文から行為としての力を理解することに何の問題も生じないのである。シェグロフの事例において、「○○知ってる？」という表現は、ニュース告知の先行連鎖を構成するものでもありうるし、「情報の要求 – 情報の提供」のような行為連鎖を構成するものでもありうるだろう。後者は、発話された文から推測されうるものかもしれない。だがシェグロフが示したのは、聞き手はまず前者の理解をおこなったということだったのである。

このとき、発話がその上に位置づけられ、その行為としての力が理解されるフォーマットを「慣習」と呼んでも差し支えはないように思われる。複数の行為が連鎖するしかた、またその連鎖が拡張されるしかたを私たちは知っており、発話はそのフォーマットの中に位置づけられることでその行為としての力が理解される。したがって、発話された単独の文や表現をなんらかの行為として適切にするような「慣習」ではなくて、行為連鎖のフォーマットという「慣習」およびそのフォーマットの一部を構成する「慣習的」表現について考えることもできるのである。

第二に、本書の関心にとってより重要なことだが、こうした考え方は、行為とその意図の関係をどう考えるべきかについても、ひとつの

道筋を与えてくれる。前節で述べたように、意図と行為を結びつけたり、反対に切り離したりするといった営みは、理論家にとっての課題であるよりもまず、社会成員自身の課題である。行為連鎖のフォーマットは、その課題がどのように遂行されているのかを、見やすくしてくれるように思われる。

　デリダはオースティンを批判する中で、「意図」を行為の力を規定するコンテクストだと考える思考を批判していたのだった。また、バトラーはその議論に依拠することで、積極的に意図と行為を切り離そうとしていた。シェグロフの事例でも、たしかにRは 01 行目のMの発話を誤解している。いわばMの意図をつかみそこねたわけである。その意味では、デリダやバトラーのように、Mの発話の理解はMの意図によっては制御できないのだ、と言いたくなるかもしれない。だが他方で、RによるMの行為の理解は、決して好き勝手に為されているわけではない。Rは自分がどのようにMの行為を理解したかを、自分の発言によって示している。すなわち、自らの知識状態を知らせることによって、Mの発言を「ニュース告知の前置き」として聞いたことをMに伝えている。つまり、自らの行為理解が、先行連鎖のフォーマットに則ってなされたことを、まさにそのフォーマットに則って発言することであきらかにしているのである。実際Mのほうも、誤解をされたことに特別驚いたりしているわけではない。それは「ニュース告知の前置き」というRによって示された理解が、（たとえ誤解であっても）自分の発話に対するひとつの可能な理解であったことが、Mにとってもじゅうぶん理解可能であったからだろう。

　そしてこのとき、行為連鎖のフォーマットは、発話をひとつの行為として個別化するための資源になっていると考えることができる。特定の表現は、慣習的に、特定の行為連鎖の構成要素であり、それゆえ、特定の表現が用いられれば、それだけで、聞き手はそれがいかなる行為であるかを理解するための資源を手にすることができる。そして、

G. E. M. アンスコムが指摘したように、行為の意図とは、その行為がどのような記述のもとで為されたのかということについての知識である（Anscombe 1963=1984）ならば、行為がどのように個別化されているかがわかるということは、行為の意図がわかるということに他ならないだろう[9]。言いかえれば、発話を「理解」したり「誤解」したりということ、すなわち発話者の意図を正しく把握したり、し損ねたりするということは、特定の行為連鎖フォーマットの上に相手の発話を位置づけることにおいてなされているのである。

　シェグロフの事例でいえば、「〇〇知ってる？」という発話は、慣習的に、いくつかの行為連鎖の構成要素でありえ、そしてそれがどの行為連鎖の要素であるかという理解を示していくことは、そのまま、特定の意図を自他に帰属していくことになる。Rは「誰なの？」と言うことで、Mの発話を「ニュース告知の前置き」だと理解したことを実演的に示しているだろう。同様に、誤解が明らかになった後には、「たぶんマコーエンさんと……」と人名を答えることで、今度は「情報の要求」だと理解しなおしたことを示している。そしてそうするなかでRは、「ニュース告知をしようとしている」とか「情報を求めようとしている」といった意図を、Mにもわかるようなしかたで、Mに帰属しているはずである（だからこそMは誤解を解くことができたのだろう）。

---

[9] もちろん、「ニュース告知の前置き」のような行為記述についていえば、行為者はそのような表現を意識してはいないし、おそらくしたこともないだろう。それゆえここでの議論は、アンスコムのそれと完全に重なっているわけではない。しかし、そのことは本質的な問題ではない。重要なのは、行為者がある表現それ自体を意識したり知っていたりするかどうかではなく、実際にしかるべきしかたで行為することで、行為の特定の個別化へと指向していることがわかるということであり、しかもそれは公的にわかるということである。この点については第3章の議論も参照のこと。

もちろん、ある表現が複数の行為連鎖の要素でありうる以上、誤解の可能性はつねにあるだろう。だが、私たちが行為を他の行為との結びつきの中で理解しているのであれば、その可能性は無限に拡散したりはしない。そうした行為理解のありかたに目を向けるなら、「意図によって行為は統御できない」などと言うことはできないし、むしろ上の事例のように、どのような意図を帰属しながら行為を理解するかということは、相互行為の中で、その相互行為への参加者たち自身によって気にかけられ、取り組まれている課題なのである。

　それゆえ、かりにデリダにならって意図を行為のコンテクストと呼ぶのだとすれば、行為をしかるべきしかたでおこなうことで自らがそれをどのように個別化しているのかを示すこと、また他者の行為がどのように個別化されているのかを理解することは、それ自体、意図帰属の実践であるがゆえに、コンテクストを作ることでもある。言いかえれば、行為とそのコンテクストと言われる意図は、実際に行為が遂行されるなかで、同時に理解可能にされているのである（Coulter 1994）。したがって、デリダがオースティンを批判したように、意図によって行為が規定されていると考えることに問題があるとしても、デリダやバトラーのように、意図によって行為が制御できないと考えることもまた、両者の理解可能性を実際に行為がおこなわれる場面から切り離してしまっているという点では、同じように問題なのである。

　他方、ここで見てきたように、意図と行為の関係については、あらかじめ何らかのモデルを用意しておくのではなく、行為がどのように個別化されて理解されているかという、言語使用の実際に即して考察していくことができる。これは、すぐれて経験的な課題であるだろう。実際、先行連鎖のような拡張連鎖のフォーマットは、会話分析が実際の会話を観察するなかで見いだしてきたものであり、言語行為論が見いだすことができなかったものである。そして、言語行為論を開始するにあたってオースティンが目を向けていたのが、「言葉を口にする

とき、私たちは行為をおこなっている」という言語使用の実際であったことを考えるならば、意図や意思と行為の関係についても、やはり実際の言語使用に即して考えていくという方向性がありうるだろう。

　本書の第II部は、会話を対象とするものではないけれど、私たちがこの社会の中で帯びるアイデンティティ（とりわけ、性別というアイデンティティ）と、私たちの行為の理解がどのように関係しているのか、またその中で、行為者の意図や意思がどのように理解されているのかといったことについて、実際の言語使用に即して見通しを与えていこうとする試みになっている。1章で述べたように、それは性現象を一挙に見渡す理論を提供するような試みではない。しかし、この社会で性別をもつということが、行為を理解することといかにかかわっているのか、またそのことがいかに社会制度の構成要素となっているのかを記述していくことは、この補論で述べた意味において、「パフォーマティヴィティ」概念を実りあるかたちで展開する方向性であると思う。

第 2 章
社会システムの経験的記述

1 はじめに

　私たちが性別というアイデンティティをもつことが、どのよう行為の理解とともにあるかを経験的に探求していくこと。これが「性現象の社会性」の探求になりうることをここまで述べてきた。また、特定のアイデンティティへと行為の意図や動機や責任が帰属されることが、それ自体、法や道徳や政治といった社会領域の構成要素ともなることもすでに述べた。それゆえ行為の理解についての考察は、そのまま、「社会」とか「制度」とかいった表現で漠然と名指されてきた対象についての考察にもなるはずである。

　では、そうした漠然とした対象と、私たちがおこなうひとつひとつの行為は、いったいどのような関係にあるのだろうか。こうした問いは、社会学においては「社会秩序」なるものの正体と、その成立可能性をめぐって問われてきたものである。したがって、そうした問いについて考えておくことは、「性現象の社会性」というときの、その「社会性」の内実を、1章とは少し違った角度からあきらかにすることに役立つかもしれない。本章では、N. ルーマンの社会システム理論、とりわけ「相互行為システム」と彼が呼ぶ社会システムについての議論を検討することで、そうした作業をおこなう。ルーマンの議論の中には、良くも悪くも、「社会秩序」という対象の研究にいかに取り組むべきかという社会学の伝統的思考が集約されている。この章ではルーマンの社会システム理論を、E. ゴフマンや E. A. シェグロフの

議論と重ねて批判的に検討することから、「社会秩序」という対象についてのひとつの研究プログラムを描き出したいと思う。

2　社会秩序の概念化をめぐる問題

2-1　T. パーソンズにおける行為と社会秩序

実は、「社会秩序」という対象に対して社会学が取るべきアプローチも、ある意味では、バトラーのいうような「自由意志と決定論のあいだの対立」のもとで考察されてきたと考えることができる。社会学は、伝統的に人間がおこなう「行為」をいかに記述すべきか、という問いに取り組んできた学問だった（Schegloff 1988b）。この問いには、独特の困難がまとわりついている。

一方で、人びとが実際におこなっている行為を記述しようと思うならば、それを物理的現象と同じように観察すればいいというわけにはいかないように思われる。なぜなら、その人が何をおこなっているのかは、外的に観察可能な身体的動作からだけでは決してわからないからである。それゆえマックス・ヴェーバーは、行為の主観的意味が理解されなければならない、と述べたのだった（Weber 1922=1972）。

他方で、もし「社会秩序」と呼びうるような、社会学が研究すべき独特の秩序があるとするならば、それは行為をおこなう個々人の主観を超えた水準に存在していなければならないようにも思われる。実際、人びとは多くの場面である程度決まったしかたで行為するし、決まったしかたで行為しなければならないという義務感を持って行為しているだろう。それゆえエミール・デュルケームが述べたように、個々人に対して外在的かつ拘束的であるような、したがうべき行為様式というものが、確かにある（Durkheim 1895=1978）。

人間の行為が持つようにみえるこうした特徴は、素朴な感覚としては、どちらも正しいように思われる。ところが、行為に対するこうし

た感覚を失わないままに「社会秩序」なるものを概念化することは、それほど簡単なことではない。よく知られているものとして、初期タルコット・パーソンズによる概念化を思い起こしてみるのがよいだろう。

　主意主義的行為理論と呼ばれる初期パーソンズの行為理論は、基本的に上記のふたつの感覚の架橋を試みたものだと考えることができる。すなわち、一方で社会秩序の基礎単位は人間の行為であり、行為者はその主観的観点から、みずからの行為を理解している。他方でそうした行為から成る社会秩序は、個々の行為者の主観を超えた一定の行為様式のもとでの、行為の集合的パターンとして把握される。そのうえで、個々の行為からその集合的パターンを導くことができるためには、「行為」はどのようなものでなければならないかが問われるのである。

　パーソンズによれば、社会秩序の基礎単位としての行為（単位行為と呼ばれる）は「行為者」「目的」「状況」「規範的志向」の四要素によって概念化される（Parsons 1937=1976: 77-84）。この概念図式は行為者の主観に準拠した、分析的なものである。すなわち、行為者はそれぞれ自分自身の目的をもち、自身を取り巻く条件と利用可能な手段についての理解をもち、特定の望ましさへと志向しながら、目的達成のために合理的な手段を選択して行為をおこなう、と観察者によって措定される。

　この概念図式は、行為者の主観的観点に準拠するという点、および分析的な図式であるという点において、理念型を用いて行為の理解と説明を試みたヴェーバーの発想を正統に受け継いでいる。他方でこの図式は、単に個々の行為を説明するためのものではなく、それによって社会秩序の成立を説明するためのものにもなっている。パーソンズの行為理論の目論見は次のようなものである。すなわち、行為者が持っているのが単位行為の目的を達成するための合理性のみであるならば、ホッブズのいう「万人の万人に対する闘争状態」が帰結してしま

う。それゆえ、闘争状態ではない安定した社会秩序を帰結するような行為概念には、そうした（いわば目先の）合理性を超えた要素が含まれていなければならない。先の四要素のうち、「規範的志向」がそれにあたる。規範的とは、基本的には行為者自身にとって望ましい（現状よりも良い）ということを指しているが、パーソンズはそこに集合体の成員にとっての望ましさをも含めた（Parsons 1937=1976: 120）。これによって「行為者」は、集合体にとって良いことを自己の行為の目的とすることができる存在として概念化され、そこから複数の人びとの行為が共通の目的のもとに連なるという帰結が導けるようになる。すなわち、安定的な社会秩序の成立が説明できるようになるわけである。パーソンズにとっての「社会システム」とは、特定の規範的志向のもとでの、そうした行為の連なりのことにほかならない。

そして、パーソンズが規範的志向という要素を導入するにあたって、その重要な思想的源泉として挙げていたのがデュルケームだった。パーソンズにとって、規範的志向とはデュルケームがいうところの道徳的義務（契約の非契約的要素）なのであり、人びとをして自ら望んで一定の行為様式を取らせるものなのである。目的合理性のもとでの個人間の契約に還元されない、集合的な秩序への視線がここに受け継がれている。

このように、一方で行為者個人にとっての主観的意味をその要素にもちつつ、他方で行為者個人を超えた要素をも含むものとして「行為」を概念化しようとしていた点で、初期パーソンズの理論は上述の二つの感覚を統合しようとしたものであったと言ってよいだろう。

2-2 社会秩序の説明

だが、こうした統合は奇妙な帰結を導いてしまうように思われる。第一に、これがあくまで分析的モデルであるということに注意しておこう。すなわち、ここで「行為」と呼ばれているのは、パーソンズの

理論構成に合致するように抽象化された対象のことである。それゆえここでは、目的や状況、規範的志向といったもの —— 要するにその行為がいかなる行為であるのかということ —— はすべて、観察者による構成物であることになる。だがこのことは、行為を記述しようとする際に、なにゆえ行為者の「主観的観点」が強調されなければならなかったのかをわからなくしてしまうように思われる。斧を木に打ちつけることは、「材木を売って生活費を稼ぐため」でもありうるし、「斧の切れ味を試すため」でもありうるし、「気晴らしのため」でもありうる。そうしたさまざまにありうる動機に関して行為者の主観的意味が重視されたのは、それを考慮に入れながら行為を理解しなければ、そもそもその行為の記述ができないと考えられていたからではなかっただろうか。

それに対して、パーソンズの行為図式の主要な関心は、いかにしてそこから安定した社会秩序が導かれるような特性を個々の行為に与えるかということにある。したがってそこでは、そもそも人間行為を記述するとはどのようなことかという問題は消えてしまっているか、少なくとも後景に退いている。パーソンズにとって行為者の「主観的観点」とは、行為をいかに社会秩序の説明項とするかという、純粋な理論構成上の問題へと変わってしまっているのである[1]。このとき、かりにその理論の内部で行為から社会秩序を説明することができたとし

---

1) ハロルド・ガーフィンケルは、パーソンズ理論の中の行為者を「文化中毒者」と呼ぶことでこの問題を表現していた（Garfinkel 1967: 68）。後に見るように、個々の行為を行為者自身が提示するそのしかたは、行為と行為から成る社会秩序の関係を考察するうえで、きわめて重要な要素である。なぜなら、そのしかたの上には、行為者自身による行為の理解と、その行為がいかなる社会秩序を産出しているかが、同時に示されているからである。パーソンズの理論では、「行為」はその概念構成上社会秩序を導くものとされているので、行為者による行為の提示のしかたが問われることはない。

ても、行為者の主観的意味の理解が必要であるというあの感覚は、理論の外へとこぼれ落ちているように思われる。

　第二に、このことはパーソンズがデュルケームから受け継いだもののほうをも危うくさせる。パーソンズは基本的には、社会秩序は事実的秩序だと考えている（Parsons 1937=1976: 151）。すなわち、「事実」（特定の理論のもとで観察された言明）として、複数の行為が連なっている状態が、パーソンズにとっての社会秩序である。事実的秩序の対立概念は完全なランダム性であって、行為のあいだに「連なり」と呼べるものがまったくない状態である。

　他方、行為がどのように繋がるかは、規範的秩序と呼ばれるものによって決まるとされる。複数の行為が共通の「望ましさ」に向けられることで、行為のあいだに連なりが生まれる。それゆえ、すべての人びとが同一の規範的志向を共有し、かつ人びとが完璧にその志向にしたがって行為するとき、そこにいわば完全に安定した社会秩序が出現することになるわけである。

　したがってこうした考え方のもとでは、社会秩序とは、個々人がいだく規範を説明項にして説明される、「事実」としての行為パターンだということになる。もっとも安定した社会秩序が成立しているとき、みずからの規範的志向にしたがって、人びとは例外なくパターン化された行為をおこなうのである[2]。

　だが、このことは奇妙な帰結を導く。もし社会秩序が事実としての行為のあり方のことであるならば、そのパターンが変わらないかぎり、つねに社会秩序は同一だということになるだろう。だがこれは、社会

---

2) 中期以降の著作では、こうした図式はより心理主義的に（行為それ自体から切り離されたかたちで）強化されていく。「規範」は、一方で社会システムからは独立のシンボル体系として「文化」という位置を与えられ、他方で人格システムにおいてそれが内面化された「欲求性向」として行為を導くものだと考えられるようになる（Parsons 1951=1974）。

秩序に対する私たちの直観に反する。新しい規範が登場すれば、事実としての行為パターンが変わらなくても、社会秩序が変わったと言いたくなるようなことはいくらでもある。ありふれた「夫婦げんか」が「DV」と理解されるようになれば、「殴る」行為の数それ自体は増えなくても、「逸脱行為」に数えられる行為の数は増える。そのとき、「社会秩序」は変化していると言えないだろうか。言いかえれば、「社会秩序」の秩序感覚は、行為が事実として特定のパターンを示すことにではなく、むしろ行為がどのように理解されるかに依存する側面がたしかにある。デュルケームが「犯罪は社会の病態ではない」と述べたときに洞察していたのはこのことであったように思われる（Durkheim 1895=1978）。パーソンズの行為図式では、社会秩序が行為の事実的パターンへと還元されてしまうことで、そうした感覚が取り逃されてしまうのである。

　ここには、バトラーが述べていた「自由意志と決定論のあいだでの躓き」と同じ構造の問題があると思われる。ジェンダー概念は、一方で私たち自身の意志によって性差のあり方を変えていくことができる、という希望の点では自由意志に関わる概念であるが、他方で現在ある性差の原因を説明するための概念として用いられれば、決定論的にもなるのであった。言いかえれば、私たちが自由におこなう行為によって性現象のありかたを変えてゆけるという感覚と、何らかの「文化的」原因によって私たちの行為は支配されているという感覚の双方が、性現象の「社会性」の概念のうちに混在していることが問題を引き起こしていたのである。

　同様に、パーソンズの理論の問題点は、「行為者の主観的観点」と「社会秩序」とを因果的に接続しようとすることで生じていたと考えることができるだろう。個々人の「自由な」行為だけでは「集合的な」秩序へと到達できないように思えるが、自由な行為の結果として集合的秩序を説明できるように「行為」の概念を構成するならば、その説

明は結果的には物理的（因果的）連鎖の説明と変わらないような決定論になってしまうのである（実際、パーソンズの理論は「決定論的である」「保守的である」と、さんざん批判されることになったのだった[3]）。

したがって考察されなくてはならないのは、社会秩序の「社会」性を考えるにあたって、個人がおこなう行為と集合的な秩序とをどのように関係づけるべきか、という問いである。両者を因果モデルによって接続しようとする試みは、容易にバトラーの言う「思考上の制約」を課せられてしまう。他方、前章で示唆したとおり、問いのレリヴァンスを現実の行為の場面に差し戻すならば、行為と集合的秩序との関係を異なったしかたで考察できるようになるだろう。「行為者の主観的観点」は、分析的モデルとしてではなく、意図や意思や動機の帰属が何よりもまず行為者たち自身にとっての問題であるという視座のもとで取り扱うことができる。むしろそれが行為者たち自身の問いであるからこそ、行為理解は社会学の問題となってきたはずなのである。それゆえ、その問いを消去することで成立するようなモデル化とは異なったかたちで、社会秩序を記述するような方法をさぐることは、社会学の伝統に正統に連なることになるだろう。以下ではニクラス・ルーマンの社会システム論を批判的に検討することで、その方法のひとつのあり方を描いてみたい。

---

3) 念のため述べておけば、こうした批判自体は不当なものである。「社会秩序」なるものになんらかの定義を与え、その再生産をモデル化しようとするときには、決定論であることはむしろ良いことであるからだ。その意味では、社会学が作るモデルにたいしてしばしば「決定論的である」という批判が向けられるという奇妙な事態もまた、バトラーが「自由意志と決定論の間での躓き」と呼んだものだと考えられるだろう。パーソンズ流のモデルの問題点に関していえば、むしろ重要なのは、本文で述べたように、その「分析的」構成によって、「行為者自身による行為の理解」という問題が矮小化されることで、そもそも「社会秩序」なるものの概念化に不備が生じるということのほうなのである。

3 ルーマンの「社会システム」

3-1 端緒テーゼ

ルーマンもまた、「行為の主観的意味」と「行為からなる社会秩序」とをめぐる伝統的考察の双方を継承したうえで、その双方を独特のかたちで概念化しようとした社会学者たちのひとりであった。ルーマンの社会システム理論はパーソンズのそれから大きな影響を受けているが、それゆえに両者の差異を見ることで、前述したパーソンズの難点にルーマンがどう向きあったかがわかるだろう。1984 年の著作『社会システムたち（*Soziale Systeme*）』第 1 章冒頭に掲げられた方針表明（以下これを「端緒テーゼ」と呼ぼう）には、その姿勢が端的に示されている。

> 以下の論述は、システムたちがあるということから出発している。したがって認識論的懐疑から始めるのではない。またシステム理論の「単に分析的な重要性」という後退した立場に与するのでもない。……だから［本書の］システム概念は、現実に或るシステムであるところの何かを指すのであり、その言明を現実に照らして確証する責任にかかわりあうことになる。
> 　……［この方針表明と通常の認識論・科学論とを比較すると］それが示唆するのは、認識論的な問題設定へと立ち帰っていくことになるはずの道筋、つまり現実の世界の実際のシステムを分析することを経由するという道筋である。(Luhmann 1984: 30= 1993: 17)

以下ではここで述べられていることを敷衍することで、ルーマンの「社会システム」概念がもつ含意と、それが照準している課題を確認しよう。「システムたちがある」から始める、ということ。それは

どのような意味で、社会学の伝統の継承と展開になっているのだろうか。

3-2 「意味」の秩序

「端緒テーゼ」冒頭には、分析に先立って認識論的懐疑をおこなわないことが宣言されている。認識論的懐疑とは、「行為の理解など本当に可能だろうか」「社会秩序など本当にあるのだろうか」といった問いのことである。「行為」を研究しようと思うならば、物理的対象とは違って、その「主観的意味」を理解しなければならない、というヴェーバーの考えは、素朴には納得しやすいものだろう。しかしそこから一歩「懐疑的」に思考を進めると、まったく事情は異なってくる。たとえば、「主観的意味」は結局のところ行為者本人にしかわからないものなのではないか、という疑いを持つならば、観察者である研究者にはその理解など決してできないことになる。同様に「社会秩序」についても、「集合的」な行為様式などというのは、一見存在しているように見えても、実は個々の行為者はまったく異なった主観的意味をもってそれぞれ行為しているかもしれないと疑うならば、ほんとうはどこにも存在していないのではないか、と疑うことができる。こうした懐疑は、「行為」や「社会秩序」あるいは「社会システム」といったものを分析的に取り扱うことに対して、一定の正当性を与えるものでもあるだろう。「ほんとうのところはわからない」という懐疑は、「であるならば観察者による同定が為されてもよい（為されるしかない）」という考えを導くからだ。

それに対してルーマンが述べているのは、行為や社会秩序について考えるにあたって、そうした疑いからは出発しない、ということである。そもそも、疑うことができるためにはまず懐疑の対象はそれとして現れていなければならないだろう。「ほんとうは違うのではないか」という疑いは、そもそも疑いの対象が現れていなければ論理的に不可

能である。であるなら、まずはその「現れていること」それ自体へと目を向けることができるはずだ。

これは、ルーマンが現象学から受け継いだ、ひとつの重要な態度である。そして、その態度は「意味」に対するアプローチのしかたを大きく変えることになる。

> 意味へアプローチする最善のやりかたは、現象学的方法によるものであろう。これは……主観的なスタンスや心理学的なスタンスでは決してない。反対に、現象学は、存在論的ないし形而上学的な問いかけをすることなく、世界をその現出のままに扱う。(Luhmann 1990: 83=1996: 45)

ルーマンが試みるのは、「意味」概念を「主観」概念から切り離すことである。ここにいう「現出のままに扱う」とは、「現出するものを、それが現出する仕方と切り離さずに扱う」（現象が自らを与えるままに捉える）ということである。行為の「意味」が、行為者の「主観」にあるとされているかぎり、それは結局のところ行為者本人にしか理解できないのではないか、という疑いが生じてくるだろう。しかしながら、疑おうと思えばひとつの行為に対して無数の解釈が可能であるとしても、実際には多くの場合、私たちは端的に行為を理解してしまっている。朝友人と会って「おはよう」と言われるとき、私たちは「この人はほんとうに「挨拶」をしているのだろうか？」と疑い、相手の「主観」を確かめようとしたりはしない。端的にそれを「挨拶」だと理解して「おはよう」という言葉を返すだろう。つまり、ある行為が他ならぬその行為であることは、わたしたちに対してすでに現出してしまっていることなのである。

であるなら、「主観的／客観的」というような区別を持ち込むまえに、その端的な現出のしかたに対して「意味」という概念を用いると

いう方策がありうるだろう。ある行為は、（他の解釈可能性がつねにあるにもかかわらず）他ならぬその行為であって他の行為ではないという差異のもとで、私たちに対して現れている。ここから、ルーマンは意味概念に対して、「可能性指示の過剰／特定の可能性の実現」という区別が成立していること、という規定を与える。長岡の表現を引用しておこう。

> 顕在的に与えられている意味は、過剰な可能なものから選択されたのであり、可能であった他のものを潜在化させることによって目下、顕在的であり、現実的である。そして、顕在的に与えられているということによってその意味は、他の意味を過剰に指示する。ルーマンによれば、ここでの顕在性と可能性の差異（目下の所与性における現実性と可能性との差異）こそが、意味構成的な差異である。（長岡 2006: 212）

この「顕在性と可能性の差異」という規定によって、意味概念は主観概念から十分切り離されたものとなる。なぜなら、ある行為の主観的理解を問うことができるとき、そこにはすでに、他の行為ではなくて他ならぬその行為の理解を問うという差異が成立しているからだ。意味概念は、主観概念に対して論理的に先行するように規定しなおされているのである（以後、この意味での意味概念を〈意味〉と表記する）。

> 意味概念は第一次のものであり、したがって意味概念は主観概念に準拠せずに定義されなくてはならない。なぜなら主観概念は意味的に構成された同一性として、すでに意味概念を前提しているからである。（Habermas und Luhmann 1971: 28=1987: 32-33）

3-3　現実にある「システム」

　他方、ルーマンの「システム」概念のほうは、上で述べたような〈意味〉概念が、どのようにして社会秩序のあり方と関わっているかを考察するための道具立てになっている。社会秩序の要素であるところの諸行為が、上のような〈意味〉概念、すなわち顕在性と潜在性の差異によって成立しているということは、その秩序がもはや物理的同一性によっては同定できないということを意味する。行為がおこなわれていることは、他の可能性からの差異が実現しているということに他ならないからである。したがって、複数の行為が連なり、社会秩序がそれとして成立するためには、顕在性と潜在性の差異が示され続けなければならない。物理的にはまったく同じ振る舞いであっても、次の瞬間にはその〈意味〉がまったく変わってしまうことはありうる。ルーマンの「システム」概念は、社会秩序が行為において顕在化され続けている差異として現実に存在するものであり、まさにそれが研究対象となっている、ということを示すものになっている。

> なによりもまず、意味は元来それだけで理解される規則そのもののうちにはないということに注目すべきである。意味は抽象的な本質の理念的存在において構成されるのではなく、むしろこのような規則の生活実践上での使用において、すなわち 実際の意識生の遂行においてはじめて構成されるのである。(Habermas und Luhmann 1971: 70=1987: 74)

> 意味は諸可能性の継続的な顕在化にほかならない。(Luhmann 1984: 101=1993: 100)

　一方で、秩序は、「他ではなくこれ」という差異のかたちで、すなわち自分自身とそうでないもののあいだに境界線を引くかたちで、そ

れとして成立している。ここで、その境界線の「内側／外側」が「システム／環境」と呼ばれ、何が内側にあり何がそうでないのかという選択性がシステム構造と呼ばれるわけである。他方で、「システム／環境」という差異自体は、そのつど ——「潜在性／顕在性」という差異が顕在化されることを介して —— 示されなければならない。ここで、差異を顕在化するひとつひとつの働きがシステム要素と呼ばれるわけである。ルーマンにおいて「システム」という術語は、このふたつの側面を、ひとつのこと（Einheit）として切り離さずに扱うために用いられることになる。この点で、システム概念はやはり個々の行為を超えた社会秩序を指し示しているが、それは事実として複数の行為が連なっているがゆえではない。それはむしろ、差異が示され続けていることを指しているのである。

こうして、社会システムの要素であるところの行為の〈意味〉も、その行為によって構成される社会システムそのもののあり方も、ルーマンのそれはパーソンズとは大きく異なったものとなる。パーソンズにとって、人びとがおこなう行為がいかなる意味をもち、またその連なりがいかなるシステムを形成するのかということは、すべてパーソンズ理論の内部に書き込まれており、その限りで理解可能な事柄である。分析的リアリズムを採用する限り、それは必然的な帰結である。

だがルーマンにおいてはまったく逆に、それは決して理論の中では決まらないものとなる。なぜなら、行為がどのような〈意味〉を持っているかということは、それが他の行為ではなく他ならぬその行為として示され理解されているという差異を見てみなければわからないことであるからだ。それは、現実におこなわれている行為理解の実践を見てみなければわからないのである。

3-4　社会秩序の「統一性」

このことは、社会学が取り組むべき課題に対しても大きな変更を課

すことになるだろう。問題が実際に示され続けている差異にあるのであれば、もはや観察者によって把握されるパターンを観察者が整序するというしかたで社会秩序を取り扱うわけにはいかなくなる。むしろ、扱うべきは、現実の行為が、どのような〈意味〉的まとまりをもってシステムを作り上げているかということのほうになるだろう[4]。ルーマンが社会秩序の「統一性（Einheit）」という表現によって語るのがその内実である。

「統一性」とは、社会システムの要素と構造の関係の表現である。ルーマンは社会システムの要素として「行為」ないし「コミュニケーション」を挙げている。すでに述べたとおり、重要なのはその要素において「差異が示されること」、すなわち「他ではなくてこれ」という選択にあるので、その要素を何と呼ぶかはさしあたりどうでもいい。

4）だから、端緒テーゼには「システム」という語がはじめから複数形で登場している。それは、あるシステムの外には別のシステムがあること、個々のシステムは境界を（したがって外部を）もつこと、すなわち「システムそれぞれに局所的まとまりがあること」を含意している。そして、この複数性＝局所性は、現象学およびパーソンズシステム論双方からの離脱になっている。

社会秩序を複数のまとまりそれぞれに即して捉えるということは、それらをふたたび「（間）主観性」のような単一の何かへと回収しない、ということである。このことがまずは現象学からの離脱の宣言となっている。また複数性は、社会学的観察という営みそのものが ──〈意味〉をもって、つまりその観察対象と同じやり方で産出される ── ひとつの局所的秩序であることに目を向けさせる。このことを真面目に受け止めるならば、システム概念は、対象の観察にも、観察される対象にも、同じやりかたで用いられうるものでなければならない（Luhmann 1984: 30=1993: 18）。そこから、「現実の世界の実際のシステムを分析することを経由」して「認識論的な問題設定へと立ち帰」るという「道筋」が帰結する。認識論を前提にして分析的なシステム概念を構築したパーソンズとの違いは明白だろう。むしろ、観察者の用いる諸概念が対象の局所性に対してどのような関連性をもつのかという点が鋭く問われなければならなくなるのである（Luhmann 1984: 244-245=1993: 282-283）。

それゆえ、ここではより一般的に「作動」という表現を用いておくことにしよう。他方で、社会システムの構造のほうは、どの選択が要素としてシステムに属すことができるのか（どの選択は属すことができないのか）という、可能性の限定だとルーマンは述べている（Luhmann 1984: 388=1995: 535-536）。

したがって両者の関係は次のように敷衍することができるだろう。すなわち、一方である社会システムが成立している —— すなわち、どのような作動が可能なのかという限定（＝システム構造）がある —— と言えるためには、その限定が作動によって示されていなくてはならない。他方で、ある作動が他ならぬある社会システムの作動として存在していると言えるためには、それは、他の作動との関係のもとにおかれていなければならない。つまり、そのシステムの作動でありうるものはどれであるのかを決めるシステム構造のもとにおかれていなければならない。このように、社会システムのほうは作動によって初めて成立し、作動のほうは社会システムの構造のもとで初めて作動でありうる、という点で、両者はいわば相互構成的な関係にあるのである。中期以降、「基底的自己準拠」「オートポイエーシス」「作動上の閉鎖」「要素の回帰的産出」などといった術語によって表現されるようになるのは、この相互構成関係のことだと理解することができる。

> システムは自己の作動を、やはり自己に属する別の作動への回顧と先取りを通じて産出する。そしてこのやり方によってのみ、何がシステムに属し何が環境に属するのかを規定しうるのである。（Luhmann 1993: 44=2003: 41-42）

ルーマンは、社会システムにおける作動と構造のこの結びつきを、規範と行為、あるいは規則と（規則に一致した行為の）決定の関係になぞらえている（Luhmann 1993: 45=2003: 42）。この見立てにしたがう

なら、両者の相互構成関係は、その論理的な結びつきをあらわしたものだと考えることで、もっともよく理解できるだろう。L. ヴィトゲンシュタインが丁寧に論じたように、規則とそれにしたがう行為とは論理的に結びついた関係にある。一方で、ある行為が規則にしたがっているか否かは、規則の参照なしには理解しえない。他方で、ある行為が規則にしたがっているか否かを理解する実践から独立に、規則そのものだけを理解するなどということもできない[5]（Wittgenstein 1953=1976; Baker and Hacker 1985: 154-）。何が規則にしたがうことであるのかは、実際に為される行為をとおして、その行為のうえに（行為に論理的に先行するものとして）示されるものなのである。そして、これとパラレルに、構造と作動の相互構成関係は、構造は現実の作動のうえに（作動に論理的に先行するものとして）示されるほかない、という関係として理解することができる。社会秩序をこの論理関係以前の何かに還元できないということこそ、「統一性」と表現されるものなのだと言うことができるだろう（Luhmann 1984: 240 = 1993: 277）。

まとめれば、社会秩序の統一性のシステム論的定式はつぎのようになる。

- 可能なふるまいの限定（構造）が、あるふるまい（作動）をそれとして理解可能にしていること
- あるふるまい（作動）が、可能なふるまいの限定（構造）をそれとして理解可能にしていること

---

[5] 規則にしたがうことが、この意味で規則の解釈ではなく実践であるということの内実については、本書4章でやや詳しく論じてあるのでそちらを参照のこと。

したがって、ルーマンが述べるように、作動と構造の関係は「一方が他方を可能にしている関係」なのであり、両者を切り離して考えることはできない[6]し、またその「秩序の起源をその秩序とかかわりのない端緒に求めることは断念されなければならない」(Luhmann 1984: 398=1995: 548)。この「相互に可能にしあっている」関係のことをあらためて「相互構成関係」と呼ぶなら、上の定式は「社会秩序の統一性とは作動／構造の相互構成関係である」と表現することができるだろう[7]。

以上で、「端緒テーゼ」の内実は明らかになったと思われる。それは、「社会システムたち」という、それ以前のなにものかに還元することのできない複数の秩序が、それぞれ自己構成しながら —— 学的観察者にとってだけでなく、その秩序へと参与し／その秩序を営んでいる社会成員にとってすでに理解可能なしかたで —— 現に作動している、そのありようのひとつひとつへと照準すべきであるということの宣言なのである。一方で行為の意味に着目し、他方で個々の行為を超えた秩序へと着目してきた社会学の伝統は、ルーマンシステム論においては、こうして首尾一貫したかたちで（個人の心理にも物理的同一性や統計学的一様性にも還元されることなく）把握されることになる。

こうしたルーマンの考え方は、個々の行為と集合的な秩序との関係

---

[6] このことはしばしば見失われがちな論点である。たとえば馬場は、ルーマン理論はコミュニケーションが事実として通用していることへ着目したものだという理解からそれを「作動一元論」と表現している（馬場 2006: 160-）。だがこうした理解では、作動と構造の論理的不可分性が容易に見失われてしまうように思う。たとえば次のような説明がある。

  コミュニケーションが通用するのは、それが何らかの事実や理念に合致しているからではなく、あくまで現実に行われる（ルーマンの言葉遣いに従えば、システムの作動として生じる）限りにおいてである。（馬場 2006: 160）

ここでは一見コミュニケーションが通用する根拠（の不在）が語られているように見える。しかし、そもそも現実におこなわれないものは作動ではありえないし、それゆえコミュニケーションでもありえないのだから、これは「コミュニケーション（が通用するの）は作動（として）だ」と言っているだけであり、「コミュニケーションが通用する」ことの根拠について何事かが語られている文ではありえない。にもかかわらずここでは、「何らかの事実や理念に合致しているからではなく」という表現が挿入されることで、あたかも「コミュニケーションの通用には根拠がない」ことがルーマンの理論から帰結するかのように見せかけられているのである。これは印象操作にすぎない。

これまで述べてきたように、実際の作動は、それが社会システムの要素である限り、常に「他（kontingent）ではなくこれ（bestimmt）」という可能性の限定とともにあるのであり、その限定は、個々の作動にとっては十分それが生じる理由（根拠）になるし、ならなければならない。ある行為が規則にしたがったものであるということには、規則がその行為の（少なくとも部分的な）理由になっているということが論理的に含意されている。私たちは質問されたから答えるのであり、代金が払われたから商品を渡すのであり、罪を犯したから逮捕されるのである。もちろん、同じ条件のもとでそうした作動が生じないときには別の理由が必要になるだろう。可能性の限定とはいわばそうした理由の空間のことなのであり、それは作動が作動であるために（あるいは行為が行為として理解しうるために）必要不可欠なものである。行為として理解できないものに対しては、そもそも「なぜそうしたのか」と理由を問うことすらできまい（私たちは「しゃっくり」に対しては、原因は問うても理由は問わない）。私たちが生きている社会秩序にはそうした理由の空間が本質的に含みこまれているのであり、「コミュニケーションには根拠などない」と述べることには、哲学的懐疑としての面白さはあっても、社会学的問題設定としては、ルーマン自身が掲げていた方針に反するものである。

7）両者の関係は、バラバラのブロックとそのブロックで組み立てられた建築物のような関係ではなく、ウサギアヒルの絵における「アヒルのくちばし」と「アヒル」の関係、および「ウサギの耳」と「ウサギ」の関係だと考えるほうが適切である。一方で絵をアヒルと見るからこそ「くちばし」は「くちばし」に見えるのだが、他方でその部分を「くちばし」と見るからこそ絵はアヒルに見える。両者は相互に構成しあっているのである。

にどのように接近すべきかについて、ひとつの方針を与えてくれる。すなわち、両者を（あらかじめ因果関係で結ぶような）モデルのもとで観察する前に、ある行為がどのような構造（限定された行為可能性）のもとで理解可能になっており、かつある行為によってどのように構造が理解可能になっているかという、作動のうえに表示された構造との構成関係を記述してゆく、という道筋である。社会学が何をどのように研究すべきかについて、こうしたきわめて一般的な方針を与えることを可能にしたこと、これこそが社会学史におけるルーマン理論の貢献であると言ってよいだろう。以下では、その方針のもとで、実際にどのような経験的研究のあり方を考えることができるかを、「相互行為システム」とルーマンが呼ぶものに即して検討しよう。

4　ルーマンの「相互行為システム」

　あらかじめ述べておけば、前節で見たようなルーマンの方針に則して経験的な研究プログラムを考えようとするとき、ルーマン自身が実際に個々のシステムに対して残した記述は、あまりあてにすることができない。というのも、何よりもまず、ルーマン自身がみずから掲げた方針にしたがえているかどうかという点に大きな疑問があるからだ。以下ではルーマンが社会システムについて設定している三類型 —— 相互行為・組織・全体社会（Luhmann 1984: 16=1993: 2）—— のうち、「相互行為」という類型に焦点を絞り、この点を検討していこう。

　ルーマンにおいて「相互行為」は「全体社会」成立の必要条件とも言われる重要な位置づけを与えられている（Luhmann 1984: 567=1993: 760）。それゆえ、相互行為システムについて検討することはそのまま、上記のシステム類型のもとで社会秩序を考えていくことそのものの妥当性についての検討にもつながるはずである。そうした検討によって、ルーマンの方針がどのように展開されるべきではないかをまずあきら

かにしておくことが本節の目的である。

4-1 ルーマンによるゴフマン受容の問題点

ルーマンは相互行為システムの統一性を「共在（Anwesenheit）」によって与えている。つまり、相互行為システムは「共在」という社会秩序である、と述べている。問題は、その「共在」の中身である。

それは第一には、人びとが互いの存在を知覚していることを知覚しあうことだと言われる。

> 二人あるいはそれ以上の人が相互に知覚する領野に入ると、この事実だけですでに必然的にシステム形成にいたる。この仮定は、生じた関係の事実性にではなく、その選択性に依拠している。システム形成にとって本質的なことは、……共在という条件のもとで必然的に始まる選択過程が、他のさまざまな可能性からの選択として、つまり選択性それ自体により社会システムを構成するということである。(Luhmann 1972［1975］: 26=1986: 8)

> 相互行為システムの境界を定めるさいの基準がそこに居合わせているということであるということにより、相互行為システムの構成にとって、知覚過程がとくに重要なはたらきをすることになる。……
> 　知覚するということは、まずは、心理システムにとって情報が獲得されるということである。しかしながら、知覚されているということが知覚されうる場合には、知覚するということはある種の社会現象になるのであり、すなわち、ダブル・コンティンジェンシーがはっきりと現れるようになるのである。(Luhmann 1984: 560=1995: 750-751)

ここでは、「知覚の知覚」がすでに単なる事実ではなく、ある種の選択性を帯びていることが明確に述べられている。「知覚の知覚」は他の可能性からの選択であり、したがってそこにはシステム境界がある、と言われているのである。
　ところが他方で、相互行為システムの構造は「（会話の）主題」であるとも言われている。

> こうしたこと［発話行為に知覚よりも高い選択性があること］から、発話過程を社会的状況に、主題により集中するということを考えつく。つまり参加者は、言明を交わし合うその時々に共通の主題に関係している。コミュニケーションの主題の助けで、システムは、自己を構成している多様な知覚過程に対して再び選択的に関係する。主題による集中は、システム自身の複雑性の規定と縮減として、生じたさまざまな可能性を削減する原理、さらにシステム内のより高い秩序作用の前提として働く。……
> 　こう考えると、すでに主題が単純なシステムのある種の構造として働いていることがわかる。(Luhmann, 1972［1975］: 29=1986: 13-14)

> ［システムに］関連する出来事たち［つまりシステム要素］は、継起しなければならない。それらは事象［に関わる］主題によって構造化されなければならないのである。そこに居合わせている人びとがみな同時に話すということは禁じられており、原則として一度に一人だけが話すことを許される。このような構造が形成されると、相互依存は［主題という］中心に合わ［せて調整］されることになる。(Luhmann, 1984: 564=1995: 756)

　前節で述べたとおり、構造とは可能性の限定のことである。したがって主題が相互行為システムの構造であるということは、共通の主題

を焦点とすることによって可能なふるまいの選択肢が限定されるということだと理解しておくことができる。

　さて、この簡単な確認だけで、ここにはすでにふたつの社会秩序イメージが併存していることがわかる。すなわち、

　　1）「知覚の知覚」：お互いの存在を知覚しあっているという秩序
　　2）「主題」　　　：会話をしているという秩序

のふたつである。

　しかしながら、相互行為システムというひとつの社会システムの構造についての定式の中に、こうした併存があることは問題を引き起こす。「知覚の知覚」にすでに選択性がそなわっているのなら、それだけで社会システムが成立するのでなくてはならない。つまり「主題」はかならずしも必要ではない。そうではなく「主題」が構造だというのなら、「知覚の知覚」には社会システムが成立するだけの選択性がないというのでなくてはならない。すくなくとも、ひとつの同じシステムに要素を帰属させるために、「複数の」構造が使われるというなら、どのようにしてそれが可能なのかが語られなくてはならないはずだが、それに相当する議論はない。それゆえこの併存は、結局のところいかなる秩序が「相互行為システム」と呼ばれているのかを曖昧にしてしまっている。では、いったいなぜ、ふたつの「構造」が相互行為というひとつの社会システム類型のうちに併存させられているのだろうか。

　じつは、答えは単純である。先のふたつの秩序イメージは、ゴフマンによる「焦点の定まっていない相互行為／焦点の定まった相互行為」という区別[8]の変奏になっている。ルーマンの相互行為システムと

---

8)「焦点の定まっていない相互行為」とは、複数の人が居合わせたとき、互いに積極的にかかわるのではなくても、互いの存在に配慮することで交わされる相互行為のことであり、他方「焦点の定まった相互行為」とは、「一緒に何かをしている」ということができる、積極的なかかわりのことである（Goffman 1963=1980）。

は、その二種類の相互行為秩序を、「システム形成の力能」という観点から序列化し、単一のシステムとしてまとめたものなのである。このことはルーマン自身がはっきりと述べている。

> 我々は、[ゴフマンのいう]「焦点の定まった集まり（focussed gathering）」を、相互行為システムのいくつかの類型のなかのある特殊な類型とではなくむしろ、システム形成の力能が上がるためのひとつの必要条件（Leistungssteigerungserfordernis）だとみなす。なにかに焦点が定まっていないのであれば、すなわち、なんの構造選択もないのであれば、システム形成は、非常に萌芽的にしか、つまりほんの束の間のものでしかありえない。（Luhmann 1984: 564=1995: 908）

ルーマンの考えはこうである。相互行為の焦点が定まっていないのであれば、社会システムの形成は束の間のものでしかありえない。だが何か単一の対象へと焦点が定まるなら、より長くシステムは持続できるだろう。それが「主題」である、というわけだ。

したがって、ここで「システム形成の力能」と言われているのはシステムの時間的な持続性能のことにほかならない。「焦点の定まっていない相互行為／焦点の定まった相互行為」という区別は、同じシステム類型内の、時間的持続性能の強弱を示すものだと解釈されているのである。「知覚の知覚」と「主題」というふたつの構造による秩序が、相互行為システムのうちに併存させられているのはこのゆえである。つまり、対面状況の時間的持続こそがルーマンの「相互行為システム」の正体なのである。

だが、この考え方にはふたつの点で大きな問題がある。第一に、ゴフマン自身は「焦点の定まっていない相互行為」と「焦点の定まった相互行為」を明確に異なった種類の秩序として扱っていた（Goffman

1963=1980)。それどころか、会話もしていないような状況においてすら、そこに社会秩序と呼びうるものがあるということを示してみせたことこそ、ゴフマンの偉大な功績であったということもできる。この点でルーマンは、ゴフマンの概念を用いてゴフマンとは異なった主張をおこなっていることになる。であるなら、ゴフマンが区別したふたつの相互行為秩序を同じ社会秩序として扱うことは、それなりに —— ゴフマンの概念をゴフマン自身の用法に反して用いることを正当化可能な程度には —— 強いかたちで例証されなければならないはずだ。しかし、ルーマンは肝心のその秩序の内実については何も論じないままにひとつの類型への包摂をおこなっている。

第二に、その考え方はルーマン自身の社会システム概念にとって破壊的であるように思われる。前節で確認したとおり、社会システムはルーマン独自の〈意味〉概念によって規定されるものなのであり、したがってその境界は〈意味〉的な境界でなくてはならない。だが、ここでルーマンがおこなっているのは、対面状況の時間的持続に対して「相互行為システム」という名前を与えることである。すなわち、ここでは社会システムの境界が時空間境界によって与えられてしまっているのである。これは研究対象であるはずの社会システムの構造／作動ペア（したがわれるべき規則が何であるかが、規則にしたがうふるまい自身によって示されているありよう）からは独立に、研究者ルーマンによって引かれた恣意的な境界にほかならない。

4-2 共在と潜在的パターン維持

同様の恣意性はルーマンが相互行為システムについて語る際にしばしば見られる。たとえば次のような論述である。

> 反省……は、全ての社会システムにある一般的な特性ではなく、特定の前提の下でのみ可能になる特別な営みである。何より、相

互行為システムは通常、その統一性の反省なしにやっている。相互行為システムが反省へともたらされるのは特に二つの理由からである。すなわち

　　（1）相互行為システムがシステムとして行為しなければならない場合、したがって、いくつかの行為をシステムとして結びついたものとして標示しなければならない場合、そして

　　（2）相互行為システムがその場にいる人々の接触を中断させて再び結集するようにする場合、したがって、その同一性を潜在的に維持しなければならない場合である。

つまり、反省によってのみ処理できる特別な事態が存在する。そうでない場合は、共在という構造原理でその直接的な方向づけには十分である。（Luhmann 1984: 617-618=1995: 831）

　問題は（2）である。ここで語られているのは「人々がいったん離ればなれになり再会するようなときでも、相互行為システムの自己主題化によってシステムの同一性が維持される」ということである。だが、中断／再開にもかかわらず維持されている「同一性」は、もはや「共在」を構造としたものではありえない。したがってここにはふたたび別の「構造」が登場していることになる。しかしここでは、その「構造」の内実は論じられていない。そのかわりにむしろルーマンは、対面状況の時間的持続（ここでは「中断を経ての再開」という断続性）へと関心を注ぐことで「相互行為システム」という類型を作りあげているのである。

　このようにして、ルーマンは自分自身を裏切っている。ルーマンは、「相互行為システム」がどのようにひとつの〈意味〉境界をもった、自己構成する秩序であるのかについては実のところまったく語っていない。それどころか逆に、時空間境界を恣意的に持ちこむことによっ

て、あたかも「共在」や「会話」を包摂するシステム類型があるかのように議論を進めていく。こうした議論を「〈意味〉秩序の記述」——つまり「(ルーマンのいう意味での) 社会システムの記述」—— だと受けとることはできない。

こうした事情はおそらく、「相互行為・組織・全体社会」という三類型をあらかじめ設定し、それにあわせて社会システムを論じようとすることから引きおこされている。生じては消えてゆく対面状況としての「相互行為」、メンバーシップにもとづいて断続的に、対面状況を超えて存続できる「組織」、時間に依存せずに存続する「全体社会」。ルーマンが前提しているのは社会秩序についてのそうした「イメージ」なのだ。ここでは、類型を画する境界があらかじめ時空間表象によって与えられている。つまり、この「システム類型」は、はじめから〈意味〉境界によって構成されたものにはなっていないのである[9]。

5 「対面状況」の社会システム論的記述

ルーマンに欠けているのは、行為をとおしてどのように社会秩序が作り上げられているのかという、その現実への視線である。ルーマンの社会システム概念は、観察者による分析的モデル構成を退けることで、現実の社会システムへと向かうものだったはずである。であるな

---

9) ルーマンが裏切っているのは、かれ自身の次のような見解である。

> 「居合わせている／居合わせていない」という差異は何ら存在論的な、所与の、客観的な事態ではない。それはシステムの作動によって初めて産み出される。(Luhmann 1997: 185)

以下では、ルーマンの —— 類型論にではなく ——「システムの統一性を記述せよ」という方針にしたがったうえで、この洞察に経験的な内実を与えることができることを示そう。

ら、なされるべきなのは、特定のシステム類型を持ちこむ前に、「居合わせること」「会話をすること」といったひとつひとつの現象にどのような秩序があるのかを検討してみることでなくてはならないだろう。以下では、ゴフマンの相互行為論や会話分析の知見が、ルーマンの本来の方針にしたがった「社会システムの研究」として理解できることを論じてみたい。すなわち、「共在」や「会話」といったひとつひとつの秩序に、構造と作動の構成関係を見いだしていくことができることを論じたい。それができるなら、そのこと自体がルーマン理論の性能を示すことにもなるはずだ。というのも、ルーマンの理論には、社会秩序一般に対して、その記述に取り組むための方針が示されているのであり、そのことの含意は、その方針のもとで記述されるすべての社会秩序に対して比較可能性を与えるということにほかならないからである。と同時に、私たちはすでに積み重ねられてきた社会学における経験的研究を財産として用いながら、あらかじめ因果的説明に限定されないしかたで、社会秩序の探求へと向かうことができることになるだろう。

5-1 共在

　ルーマンが「力能が低い」とみなした「焦点の定まっていない相互行為」は、しかしゴフマンにとっては、会話すらしていないときにもそこに一級の社会秩序 ── それ自身の権利において探求されてしかるべきもの ── があるということの例示であった。私たちは、ただ居合わせるだけで、「そこでは何も伝達しないということはできない」(Goffman 1963: 35=1980: 39)。共在状況におけるふるまいは、その共在状況に対する反応として理解されてしまう。つまり、「控えめ」なふるまいであれ、「不作法」なふるまいであれ、他人と居合わせているという状況を理解したうえでなされているものだと理解されてしまう。この点で、共在状況は、わたしたちのふるまいの理解可能性をす

でに制限しているのであり、したがってここには「構造」があると言うことができる。

　他方で、ある状況が共在状況であるということの理解は、私たちのふるまいによって示される。市民的無関心のような態度を取ること、あるいは何かアクシデントがあればレスポンス・クライ[10]のような声をあげることによって、私たちは「他人と居合わせている」という理解を示しあう。だから、そうしたふるまいがなされないなら、「居合わせる」という状況の意味は失われてしまうか、まったく違ったものになってしまうはずだ。「子どもや召使いや黒人や精神病患者を扱うとき」にはそういうことが起こるとゴフマンは述べていた（Goffman 1963: 84=1980: 94）。共在状況がまさに共在状況として理解可能であるのは、私たちが相互行為儀礼によって他者へと敬意を払い、他者とともに「居合わせることをする」かぎりにおいてなのである。したがって、ゴフマンが描いてみせたさまざまな共在の技法は「共在」という社会システムにおける作動とみなすことができるだろう。

　このように、ゴフマンの論述からだけでも、「焦点の定まっていない相互行為」のうちに構造と作動の構成関係があると理解することができる。ここには社会秩序として劣った要素は何ひとつない。少なくともゴフマン以上の経験的吟味なしに、この秩序を「力能が低い」と断定したり、「相互行為システム」の検討対象から外したりすること

10）「レスポンス・クライ」とゴフマンが呼ぶのは、直接他者に宛てられているわけではないけれど、共在する他者に対して何事かを示す機能を持つ、さまざまな「叫び」のことである。たとえば、道で躓いたり、物を落としてしまったりしたとき、私たちは「おっと」とか「うわっ」とか言ったりする。こうした叫びは、自分の身におこったことが単なるアクシデントであり、自分の無能力に由来するものではないこと、それゆえ躓いたり物を落としたりすることは自分の通常の振るまいではないことなどを示すことができるだろう（Goffman 1981）。

はできないはずだ。

5-2 会話：順番交替

「会話」のしくみは、きわめて重層的である。ルーマンは会話を「ひとつの主題に集中する」という程度にしか考えていなかったが、そこに非常に多くの秩序が併存していることは、会話分析の研究を見渡してみればすぐにわかる。ここでは最も基本的な、ふたつのことだけ簡単に確認しよう。

会話には、まずなにより、順番交替の秩序がある。ルーマンも述べていたとおり、私たちの文化の会話においては、一度に喋ることができるのは基本的に一人だけである。したがって、「時間」はある種の希少資源になる。つまり、会話における一定の時間幅を誰の発言が占めるかということが、会話参加者たち自身にとっての関心事となる。「会話分析」という研究領域を拓いたハーヴィ・サックスたちがその記念碑的論文の中で示してみせたのは、その問題が「順番」を単位とした規則によって解決されていることだった。その規則は次のようなものである（ただし、ここで必要な程度に簡略化してある）。

(1) そのつどの順番の、最初の「順番が替わってもよい場所」において
　(a) もしそれまでに「現在の話し手が次の話し手を選ぶ」技法が用いられていたならば、選ばれた参与者が次に順番を取る権利と義務を持つ。そして順番は替わる。
　(b) もしそれまでに「現在の話し手が次の話し手を選ぶ」技法が用いられていなかったならば、現在の話し手以外の者が、次の話し手として自己選択してもよい。最初に話し始めた者が権利を得て、順番は替わる。
　(c) もしそれまでに「現在の話し手が次の話し手を選ぶ」技

　　　　　法が用いられておらず、次の話し手として自己選択する者
　　　　　もいなければ、現在の話し手は話し続けてもよい。
　(2)　もし最初の「順番が替わってもよい場所」において 1a も 1b
　　　も用いられず、1c にしたがって現在の話し手が話し続けるな
　　　ら、次の「順番が替わってもよい場所」において 1a 〜 1c がふ
　　　たたび適用される。（Sacks et al. 1974: 704=2010: 28）

　ここで「順番」とは、発話のために発言者に帰属される（その発言者のものとされる）時間のことである。一度に話せるのが一人である以上、今の時間が誰のものであり、それがいつ終わり、次の時間が誰のものになるのか（つまり順番交替）が、会話参加者たち自身にとって問題となる。

　ポイントは、順番交替が現在の順番と次の順番との関係だけによって繰り返されていくということにある。今の順番が終わる場所でどのように順番が移行するのか（あるいはしないのか）という問題だけを解決できれば、その繰り返しによって順番交替は続いていくことができる。いつ誰が何をどれくらい話すかがあらかじめ決まっていない日常会話において、スムーズな順番交替を可能にしているのはこの規則なのである。

　さて、この順番交替の規則は、会話をしているかぎり、不可避に私たちのふるまいに課せられる制約である。つまり、私たちの発話は、会話においてはそれがなんであれ、順番交替上の指し手として理解される可能性を持つ。この点で、この規則は会話の「構造」である。

　他方で、そもそも会話が成立するのは私たちがこの規則にしたがって順番交替をおこなっているからにほかならない。発言者がみなこの規則を無視して好き勝手な内容を好き勝手なタイミングで発話しているような状況は、もはや「会話」とは呼べないだろう。私たちは、お互いに音声的ふるまいをしかるべく配置しあうことで、「会話をして

いる」という理解を示しあっている。したがってその音声的ふるまいのひとつひとつは、「順番交替」という構造を理解可能にしている作動であるということができるのである。そしてまさにこの点において、「会話」は順番交替という構造と発言という作動の相互構成関係によって成立している「社会システム」なのである。

5-3　会話：行為の連鎖

会話において発言が連鎖していくしくみは順番交替だけではない。ここでは「行為の連鎖」というもうひとつの重要な秩序にだけ注目しておこう[11]。会話における行為連鎖のもっとも基本的な単位は、前章で見た「隣接ペア」と呼ばれる、隣接するふたつの発話をとおしてなされる行為セットである。たとえば「質問－応答」や「依頼－受諾／拒否」、「非難－謝罪／言い訳／正当化」などがそれにあたる。重要な点は、「隣接」というのが順番上の隣接関係を示すのではなく、規範的な位置関係を示すものだということにある。つまり、質問がなされた次の順番で応答がなされるとは必ずしも限らない。したがって、行為の連鎖が示す構造は、順番交替のそれとは異なったものになる。

具体的に考えるのがよいだろう。図1はシェグロフが用いている例である。

この会話では、「質問－応答」連鎖のあいだにふたつの別の「質問－応答」連鎖が挿入されることで行為連鎖が拡張されている。01のAの「質問」の次の順番には、行為連鎖上くるべき指し手（応答）が来

---

11) ここでの「行為」というのは、非常に素朴な意味でのそれである。ちょうど、オースティンが発話をすることは行為することであるはずだ、と述べたときのように、端的に会話の中で「質問する」ことをしたり「依頼する」ことをしたりしているという、日常的な感覚を思い起こしてもらえればそれでよい。パーソンズの場合のように、分析的システムの要素として、研究者によってその性質を定義されるところの行為、といった含意はここには何もない。

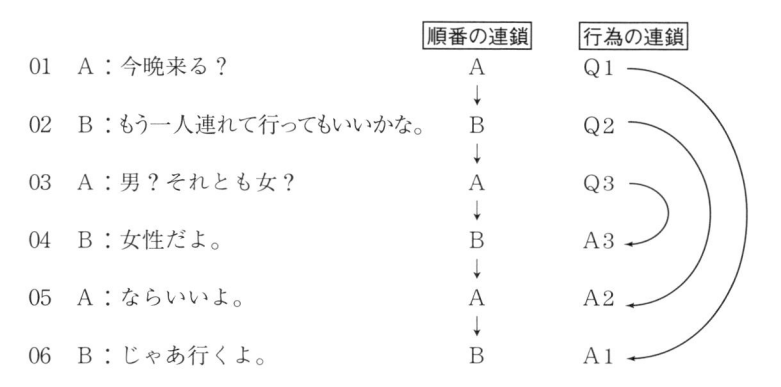

		順番の連鎖	行為の連鎖
01	A：今晩来る？	A	Q1
02	B：もう一人連れて行ってもいいかな。	B	Q2
03	A：男？それとも女？	A	Q3
04	B：女性だよ。	B	A3
05	A：ならいいよ。	A	A2
06	B：じゃあ行くよ。	B	A1

図1　挿入連鎖：（Schegloff 1972: 78-79）の会話例より

ていない。にもかかわらず、「01 は質問ではなかった」ことになったり、BがAの質問に答えるのを拒絶したりしていることにはならないことはすぐわかるだろう。むしろ、02 のBの発話は、Aの質問への答えを産出するための準備として聞かれうる。つまり、02 のBの発話は、01 のAの質問の効力のもとで理解しうるのである。同様に、03 のAの発話は 02 でのBの「質問」への答えを産出するために必要な質問として理解できるだろう。こうして、最終的に 06 で「応答」が産出されるまで、発話は単に直前の発話との関係によってではなく、対になった行為どうしの関係を参照することで理解可能な連鎖を形成していく。行為連鎖が規範的な位置関係であるというのはこういうことである。

　順番交替との構造の違いは、並べて比較してみればよくわかる。発言の順番はA→B→A→B→A→Bというように線形に連鎖しているのに対し、行為の連鎖のほうは順番上隣接する発話を飛び越えて、対になる行為へと接続していく[12]。06 のBの発話は、順番交替上の指し手としては直前の 05 のAの発話に接続している（05 のAの順番が終わってもよい場所でBが次話者として自己選択することで生じてい

る）が、行為連鎖上の指し手としては 01 の A の発話に接続している（質問に答えている）。このように、順番の連鎖と行為の連鎖では、いわば発言がなされる理由が異なっているのであり、そのかぎりで、両者は独立の構造をもった秩序なのである。

重要なのはここでもまた、隣接ペアが、私たちが行為することにとっての制約として働いていることである。行為の連鎖の中では、私たちのふるまいは行為連鎖上の指し手として理解されてしまう。質問と理解可能な行為のあとでは、黙っていることすら「答えない」という行為になりうるだろう。この点で、隣接ペアは、私たちのふるまいを行為として理解させる「構造」だと言うことができる。

他方でまた、隣接ペアという「構造」は、それぞれ「質問」や「応答」という行為がなされることによって示される。質問によって応答を要求し、質問に対して答えるというしかたで私たちが行為をすることが、隣接ペアという構造を理解可能にしているのである。こうして、ここにも、作動と構造の構成関係を見てとることができる[13]。

5-4 システム類型か社会秩序の統一性か

ここまで見てきたいくつかの秩序は、それぞれその相を異にする秩序である。と同時に、それらはすべて社会秩序すなわち〈意味〉によって成立している秩序である。だからそれらは、同一の時空間および物理的な身体動作のうちに、矛盾無く同時に成立することができ、な

---

12) もちろん、こうした「挿入連鎖」だけでなく、行為連鎖の規範的秩序はもっと大きな「飛び越え」をも可能にする。たとえば G. ジェファーソンの有名な論稿を参照のこと（Jefferson 1972）。

13) 行為連鎖の組織とルーマンシステム論の同型性については ── 「パラドックス」というルーマン独特の言い回しとも絡めて ── すでに 1990 年に西阪によって指摘されている（西阪 1990）。

おかつそれぞれ〈意味〉的に閉じた境界を持っている。つまり、それぞれの秩序内部で「作動」となるふるまいや指し手は、他の秩序の中には居場所を持たない（他の秩序における規則を理由にして生じることはできない）。この点で、それらはみな、〈意味〉をもって自己構成し、現実に存在する秩序、すなわちルーマンのいう意味での社会システムなのである。

たしかに、居合わせなければ「共在」の秩序は成立しないし、また同一の時間を共有していなければ「会話」の秩序は成立しないように思われるかもしれない。だが、まったく逆のことも同様に言える。すなわち、互いのふるまいによって「相手の存在を認め、気づかっている」ことが示されることで「居合わせている」という〈意味〉的なまとまりが作られるのであり、同様に順番交替によって「時間の共有」がなされることで「会話」という〈意味〉的なまとまりが作られるのである。だから、どの程度時間的に持続するかということは、システム類型をつくるメルクマールにはならない。何時間も続く「共在」もあれば、一言だけで終わる「会話」もある。どの程度の時間境界が維持されているかを決めるのは、システムの作動のほうなのである[14]。ルーマンのように「共在」と「会話」の「力能の上下」を論じることが可能になるのは、このことを無視することによってでしかない。そんなことをしなくても、「共在」や「会話」の記述は社会システムの記述とみなすことができる。むしろ、そうした多様な研究を、首尾一貫した観点から把握し比較を可能にすることは、ルーマン理論の利点だといえるはずなのである。

6 おわりに

社会秩序が〈意味〉という独特の水準において成立していることをきわめて抽象的に定式化し（作動と構造の構成関係）、それによって

首尾一貫した —— ルーマン自身の言葉でいえば「普遍的」な —— 態度で対象に向かうための方針を提示したことは、社会学史上におけるルーマン理論のたしかな功績である。社会秩序の「社会」性をこのような水準で把握しておくことは、1章で見た「性現象の社会性」という視点に対しても、以下の二点において、社会学の研究プログラム上の重要な示唆を与えてくれるだろう。

第一に、行為やその集合的パターンの因果説明をおこなうことだけが、行為およびそれから成る「社会」の研究だと考える必要はまったくない。ひとつの行為の理解可能性のうえには、それがいかなる社会システムの構造のもとに置かれているかが同時に表示されているからだ。そうした〈意味〉の秩序の記述は、それ自身の権利において、社会学における伝統的な意味で、社会秩序の記述としての資格を備えている。

またその際、ルーマン自身が設定していた恣意的な「システム類型」にしたがう必要もない。そうした類型論から離れ、社会学において積

---

14) 同様に、コミュニケーションにおいて人が何者であるかということもまた、社会システムの作動とともに決まることである。たとえば、私たちは声を発すれば自動的に「話し手」になれるわけではないし、相手の声を知覚すれば自動的に「聞き手」になるわけでもない。むしろ、私たちは音声的・身体的ふるまいのしかるべき配置によって初めて話し手となり、また聞き手となることができる（Goodwin 1979; Heath 1982）。あるいはゴフマンが指摘していたように、会話において私たちが帯びる参与地位は「話し手／聞き手」という単純な二項図式におさまるものでもない（Goffman 1981: 124-）。会話において会話者が一定の参与地位を帯びることは、それ自身ひとつの〈意味〉をもった秩序なのである（西阪 1992; 串田 2006）。その理解可能性は会話という社会システムの構造と作動とともに与えられる。そしてもちろん、このことは「会話」という現象にかぎられたことではなく、コミュニケーションのなかで人が「何者」として理解されるかという、私たちのアイデンティティの問題に普遍的にあてはまることである。

み重ねられてきたいくつかの経験的研究へと目を向けながらルーマン理論を読むならば、ルーマン自身の方針に照らして社会システムの経験的記述とみなしうるものはいくつもある。ルーマンが着目した〈意味〉の秩序の記述は、社会学の中で培われてきた資源を用いておこなうことができるものである。本書の第II部は、法という社会領域のある部分が、私たちが帯びるジェンダー・アイデンティティとの関係で、どのように〈意味〉の秩序として構成されているかを素描する作業にあてられる。

　第二に、そうした経験的な作業は、単に可能であるというだけでなく、必要なものでもある。なぜなら、社会システムは現実に「ある」ものなのであり、それがどのように「ある」のかは、現実の作動をみてみなければわからないものだからである。私たちがおこなう行為や私たちのアイデンティティには無数の理解可能性があるにもかかわらず、それらは限定された可能性のもとで提示／理解される。そうした可能性の限定は、それ自身社会システムの構造であるとともに、ひとつひとつの作動それ自身によってそのつど示されているものでもある。であるなら、まさにその作動のうえにあらわれた「可能性の限定」をどのように捉えていくことができるかが、ひとつの課題になるはずだ。これは、シェグロフが「参与者の指向にもとづく記述」という表現で目指したことと、大きく重なっていると思われる。それゆえ第3章では、シェグロフのその方針を確認しつつ、それがルーマンのいう「現実の世界の実際のシステムを分析することをとおして認識論的な問題設定へと立ち帰っていく」道筋になることを確認しよう。

第 3 章
社会秩序の記述と批判

1　はじめに

　バトラーのパフォーマティヴィティ概念を、社会学の（少なくともひとつの）伝統のもとで展開する方向性を示すこと。ルーマンの理論を検証しつつ前章でおこなったのはこのことである。「パフォーマティヴな構築」ということが示唆するのは、ひとつひとつの行為が提示／理解されるときに、そこでどのようなコンテクストが作られ、そのことによって、その行為がどのような社会システムを形成するのか、またその際、意図や動機がどのようなアイデンティティのもとへ帰属されるのか、といったことを経験的に探求することができるということである。

　けれど、こうした方向性はバトラー理論を性現象についての一般理論だと考える人びとや、あるいはその政治的側面を重視する人びとにとっては不満のあるものかもしれない。そもそも、実際の発話や行為を調べる必要など本当にあるのだろうか。バトラーが問題にしたいのは、「言説」や「制度」といった概念で示されるような、より「大きな」秩序なのであって、個々の行為だけを見ていてもそうした秩序には到達できないのではないだろうか。あるいは、パフォーマティヴィティ概念を行為の記述のための概念にしてしまうことは、結局のところ、バトラーが示していた変革の可能性をスポイルしてしまうことではないのだろうか。どのような記述も研究者自身の価値判断から逃れられないのだから、それよりも積極的に変革へとコミットしたほうが

よいのではないだろうか。

こうした疑問には、それなりにもっともな感覚があると思う。それゆえ、これまで論じてきた本書の方針が、こうした疑問に対して与える答えを考えておくことは、無駄な作業ではないと思われる。

実のところ、そうした疑問は社会学においても決して馴染みのないものではない、むしろ伝統的とさえ言えるものである。ひとつめの疑問は、いわゆるミクロ－マクロ問題とかかわっているだろう。すなわち、行為の概念と社会秩序の概念をどのように繋ぐべきかという問題である[1]。この問題に対する本書の主張は、基本的には前章の議論において提出されている。両者の関係は論理的な関係であるのだから、その論理関係そのものが研究対象になるべきだ、というのがそれである。ここでは、その抽象的な表現に対して、経験的研究を参照した内実を与えることでその主張をより明確にしておきたいと思う。実際、ミクロ－マクロ問題は単に理論的な問題であるだけではない。むしろ、実際に何らかの調査をしたり、会話を書き起こしたり、文書資料を漁ったりして、そこから「社会秩序」をどのように論じるかを真剣に考えるときにこそ浮上してくる問題である。いかなる素材を対象にしようとも、その数には限りがあるだろう。ここで、その有限の対象を超えたところに社会秩序があるはずだと考えるなら、素材の外部にある何か（階層や階級、人種や性別といった行為者の諸属性、意図や背後

---

1) たとえば、J. アレグザンダーと B. ギーゼンは、行為と社会秩序の概念化のしかたに応じて、この問題へのアプローチを五つに分類している（Alexander and Giesen 1987=1998）。だが、こうした分類はあくまで分析的な視点からのものである。すなわち、そこで問題になっているのは両者の概念化のしかたなのであり、いかに概念化すれば最も首尾良く両者が繋がるかということなのである。それに対して本書が論じてきたのは、そうした分析的な関心以前に両者はすでに結びついてしまっているのであり、重要なのはむしろその結びつきの記述なのだということである。

知識などのコンテクスト、合理性といった行為者の能力など）によってそれらを説明したくなるだろう。あるいは、できるだけ多くの素材を集めて、社会秩序はそこから確率的に論じることができるだけだと言いたくなるかもしれない。だが、そうした考えのもとで行為や社会秩序が概念化されることで、当の秩序に対する私たちの感覚が裏切られてしまうなら意味がない。

　ふたつめの疑問は、いわば記述の統制方法に関わるものである。1章で検討したように、パフォーマティヴィティ概念は、バトラーにおいてさえ部分的には、現実におこなわれている行為にかかわる概念である。そして、現実の行為を扱おうとするならば、それをいかに記述すべきかという問いは不可避に生じてくるものである。さらに、「変革」を論じるためには、それが良い方向への変化を意味するものであるかぎり、「良い／悪い」という価値判断を下すための基準をどこかから調達してこなければならないだろう。このとき、そうした価値判断と現実の行為記述はどのような関係に立つべきかは、それなりに込み入った問題である。

　そして、こうした行為記述と価値判断の関係もまた、社会学にとってはおなじみの問題である。社会学がおこなう社会記述には、ある種のねじれた性質がつきまとってきた。一方で社会学はひとつの科学として、もろもろの社会現象を記述の客体とすることで、記述主体である自らとそれらとの間に非対称な関係を打ちたてようとするのだが、他方で社会学という営みそれ自身が紛れもなくひとつの社会現象であるという事実は、そうした非対称性の維持しがたさをも否応なく顕在化させてしまう。社会学が記述対象へと向ける視線は、同時に、社会学自身にも向けられうるのである。社会学方法論の歴史の少なくともひとつの側面は、社会学が抱えるそうした特徴に抗して、いかに「客観的な」記述を作り上げるかという問いに答える歴史であったと言ってよい。そして、「価値判断」から距離を取ることは、しばしば記述

の「客観性」を担保するための重要な態度だと考えられてきた[2]。他方で近年では、「客観的記述」を目指す立場とは反対に、「観察者の価値判断から逃れた記述はありえないのだから、むしろ観察者はみずからの前提に自覚的に記述をおこなうべきだ」という主張も見られるようになっている。とりわけジェンダー論のような、政治的関心と本質的にかかわるような領域においてはそうである。

実は、このふたつの問題はいずれも、研究対象に対するある種の認識論的態度から生じてくる問題だと考えることができる。本章ではこれらの問題に答える中で、前章までで述べてきた方針が、そうした問題を生じさせるような認識論的態度からの離脱であることを示したい。ルーマンが端緒テーゼの中で、「実際のシステムの分析を通して認識論的問題設定へと立ち返る」と述べていたことを思い起こしておこう。それは、認識論的問題を解決しなければ研究を始めることができない、という考え方を取らないことの宣言であった。

2 論争：会話分析 vs. 批判的談話分析

ふたたび会話分析を例にとって話すのがよいだろう。「会話」は、ある意味ではとてもちっぽけな現象である。会話分析で検討の対象となるデータでは、会話に参加しているのは多くの場合せいぜい数人であり、時間的にも数十分程度、実際に論文で探求の対象となるのはわずか数秒の会話であることも多い。そんな対象から社会秩序についていったい何がわかるのだろうか、という感覚は、ある意味ではもっともなものだろう。また、すぐ後で述べるが、会話分析はきわめて厳密

---

[2] ヴェーバーが「価値判断の主張」を経験科学と峻別することに心を砕いていたことや（Weber 1904=1998）、デュルケームが、社会学においては道徳や信念がときに科学的検討をはねつけてしまうことに強く注意を促していたことを思い起こしてみればよい（Durkheim 1895=1978）。

に統制された記述の方針を持っている。このことは、批判的関心をもって会話データを扱いたいと考える人びとにとっては、しばしば余計な制約に映ってきた。その制約はいったい何の役に立っているというのだろうか。

いずれの論点も、会話分析の歴史を通じて何度も論争になってきたことであるが、以下で検討するそのうちのひとつ ── 会話分析の創始者のひとりである E. A. シェグロフと、批判的談話分析（Critical Discourse Analysis）を支持する人たちのあいだで生じた論争 ── には、ふたつの論点の双方がクリアな形で現れている。それゆえ、本章ではその論争を検討することで、そうした問題をどのように考えることができるかを述べていこう。

2-1 「参与者の指向にもとづく」記述

シェグロフと、M. ウェズレルおよび M. ビリグとのあいだの論争は、1997 年から 99 年にかけて、Discourse & Society 誌上で展開された[3]。この論争は、会話分析の方針、とりわけ「参与者の指向にもとづいた記述」という方針をめぐって生じたものであった。それゆえ、まずはその方針について簡単に触れておこう。

シェグロフによれば、社会科学がその研究対象を記述することには、ふたつの問題がまといついている（Schegloff 1988b）。ひとつは、いわば無限の記述可能性の問題である。社会科学の研究対象は〈意味〉的な対象である。それゆえ、物理的には同一の動作、同一の人物であっても、それがいかなる行為なのか、それが誰なのかということは、単純に観察によって解決できる問題ではない。私は今 PC に向かってキーボードを叩いているが、この行為は同時に、指を動かすことでもあ

---

[3] この論争に関する、本書とは別の視点からの検討として平（2001）や田中（2004）を参照。

り、文章を書くことでもあり、社会学の論文を書くことでもある。こうして、同じ行為でも、その記述を拡張していくことは（やろうと思えば）いくらでもできる。

同様に、同じ人物であっても、その人のアイデンティティを記述するしかたは無数にある。ある人は女性であり、大人であり、母親であり、娘であり、ある政党の支持者であり……、といった具合に。それゆえ、人びとのおこなう行為を特定のしかたで記述しうることは、それだけでは、その記述の適切さの保証にはなりえない[4]。ヴェーバーによる理念型やパーソンズの行為図式は、特定の理論体系のもとで記述をおこなうことで、その正当性を確保しようとしたものだと言える。

もうひとつの問題は、いわば記述の身分の問題である。人びとや、人びとのおこなう行為に記述を与えることは、何も社会科学者だけがおこなうことではない。私たちは日常的に「何考えてるの？」とか「ただ質問しただけだよ」とか、「私たち選手一同は！」とかいったふうに、自分や他人の行為を、あるいは自分たちが誰であるのかを、記述することがある。このとき、そうした記述は、質問をしたり言い訳をしたり宣誓をしたりするといった行為をおこなうことにもなっているはずだ。シェグロフの言い方でいえば、社会生活の中で行為を記述することは、「単なる記述」ではあり得ない。

4）実は、記述の複数性の問題は社会科学の対象に限った話ではない。モノであっても、それはさまざまな「分析的」視点によって眺められる。つまり、大きさ、重さ、長さ、色、形……等々、モノのある側面だけを取り出してきて記述をおこなうことができる。だが社会科学の場合に決定的な問題となるのは、観察者が対象を記述する以前に、社会成員は自らが誰であり、どんな行為をしているのかということを理解してしまっている、あるいはふたたびアンスコムの表現を借りるなら、記述のもとで理解してしまっているということである。シェグロフの言うとおり、まさにこの特徴によって、記述の複数性は社会科学にとってのトラブルになる。

このとき、社会科学がおこなう記述と、社会成員みずからがおこなう記述の関係は微妙なものにならざるを得ない。一方で社会科学は人びとやその行為を記述するわけだが、他方で社会成員が記述をおこなうことはそれ自体、ひとつの行為である。であるなら、「記述すること」は、社会科学にとって記述の対象となるのでなくてはならない。では、いったい社会科学自身は何をしているのだろうか。社会科学がおこなう記述だけは「単なる記述」でありうるのだろうか。

　このふたつの問題はいずれも、社会成員がすでに多様なしかたで記述をおこないながら社会生活を営んでしまっていることに根を持つという点で、密接に結びついている。そして、この問題に対する解決策としてシェグロフが提示したのが、「参与者の指向にもとづいた記述」という方針だった。

> 記述の恣意性という問題に対処するための可能な代替案は、記述を参与者の指向にもとづかせるというものである。この原理にしたがう社会科学の記述は、おそらく「単なる記述」でありうるだろう。なぜならそこでは、無限の多様性をもった記述可能性からの選択は、研究者の指向や文脈ではなく、記述される出来事へと参与している人びとたち自身の指向、すなわち記述される出来事に内在する選択原理を反映するものであるからだ。（Schegloff 1988b: 21）

　研究者の指向によってどのような記述がなされるかが変わってしまうなら、社会科学は研究者の関心の数だけそれに応じた記述を産み出すことができてしまうことになり、安定した記述を手に入れることができないだろう。実際社会学の内部だけを見渡してみても、無数の「理論」が乱立し、無数の記述が日々生み出されている。しかもこのことは、どの理論が正しいかを決めれば解決されるような問題ではな

い。かりにいかなる理論言語からも独立の観察言語がありえたとしても、その観察言語による記述も、ひとつの選択であることに変わりはないからである。

　だが、社会科学者がみずからの関心によって対象を記述するのではなく、対象であるところの社会成員たち自身がどのように自己や他者の行為を理解し、またそれを記述しながら行為をおこなっているのかということそのものを記述の対象とすることができるなら、研究者は無限の可能性の前で悩む必要は一切なくなるだろう。

　そして、シェグロフが批判的談話分析の論者たちを批判したのは、まさにそうした方針からだった。批判的談話分析では、会話データは特定の政治的立場（もちろんフェミニズムもそのひとつである）から記述され、そこに、いわば「悪しき規範」が探される。したがって人びとの行為はその悪しき規範のもとで、「権力」や「支配」といったタームによって、研究者の関心から記述されることになる。シェグロフの批判は、そのときの「会話データ」の扱い方に向けられている。

> 批判的談話分析が、相互行為の局所的で協同的な構成とは異なった問題に照準しており、それゆえ会話分析とは異なったプロジェクトを持っていることは理解している。だが、権力や支配のような問題を、あくまで言語的素材へと結びつけようとするのなら、その素材に対して真剣な扱い方がなされるべきである。そして、会話あるいはより一般的に相互行為の中のトークについて言えば、その真剣な扱いということが意味するのは、権力や支配のような問題は、会話の参与者に対して例証可能なしかたで関連づけられうるものと両立可能でなくてはならないということである。……でなければ、批判的分析はそのデータと「結びつく」ものではなくなり、単にイデオロギー的なものになってしまいかねない。
> （Schegloff 1997: 183）

実際、特定の規範を批判するだけであれば、わざわざ会話を研究する必要はないだろう。しかじかの規範があって、それはこれこれという理由によって良くないものである、と言えばよい。現実にはしばしば複数の規範が錯綜しながら対立しているのだから、検討すべき規範をきちんと個別化したうえで明晰な規範的評価をおこなっていく作業は、それだけで価値のあるものであるはずだ。たとえば倫理学や法哲学などがおこなうのはそうした作業だろう。にもかかわらず、批判的談話分析が何らかの言語的素材を対象に研究をおこなうのは、現実にその素材の中にそうした規範や支配や権力が現れていると言いたいがためだろう。だが、確かにそうであると言いうるためには、その記述は参与者の指向にもとづくものでなくてはならない。でなければ、無限の記述可能性というかの問題によって、批判的談話分析がおこなう記述の適切さを保証するものはなくなってしまう。これがシェグロフの主張である。

2-2　ウェズレル vs. シェグロフ

　シェグロフのこの批判に対して、まずウェズレルが、次いでビリグが反論をおこない、それぞれシェグロフと議論の交換をおこなうことになる。順番に見ていこう。

　最初におこなわれたウェズレルからの反論は、おおまかにまとめるならば、「参与者の指向」という考え方を拡張すべきであるというものだった。会話分析ではしばしば、「なぜ今この発話が為されたのか（why that now）」という問いかけがなされる。だがウェズレルによれば、会話分析者はこの問いに答えるために必要な情報を、皮肉なことにみずからそぎ落としてしまっている。会話分析は、特定の会話断片、特定の発言順番へと焦点を当てることで、それ以前の発言順番、それ以前の会話を視野から外してしまっており、その結果当の発話を導い

ている「より広い」コンテクストを見落としてしまっているというのである。

　彼女は例として、ひとつの会話データを提示してみせる。データは若い男性数人に対しておこなったインタビューデータで、焦点となるのはそこで彼らのうちの一人が「パーティに行って出会った四人の女性と性的関係をもった」という物語を語る部分である。この物語は、多義的な評価を受ける可能性があるものだろう。関係をもった女性の人数を誇るような（男性中心的と言いうる）性別規範に照らせば、肯定的な評価を受ける物語であるかもしれない。その場合、その物語はいわば「武勇伝」のような性格を帯びることになるだろう。他方で、性的放縦そのものを好ましくないと考えるような保守的な性道徳に照らせば、まったく反対に否定的な評価を受けるものでもありうるだろう。ウェズレルが注目したのは、この物語の語り手が、別の会話参加者から「最初からセックスの相手を探しにパーティに行ったのか」という質問をされたときにおこなった「言い訳」だった。「最初からそういうつもりだったのではない」「そんな性欲の自制が効かないような人間ではない」「ただ運が良かった」「相手のほうもそういう出会いを求めていたのだからお互い様」などである。ウェズレルが言うには、こうした「言い訳」がなぜその場所で為されたのかを理解するためには、この会話断片の外にあるものへと目を向けなければならない。たとえば、どのようなセックスが良いもので、どのようなセックスが悪いものであるかについての、彼らのコミュニティ内での規範などが参照されなければならない。それゆえ

> 「なぜ今この発話が為されたのか」という問いに対するより適切な分析は、この素材の中では語られていないこと、この素材の中には見えないものを探求することでもあるだろう。（Wetherell 1998: 404）

そしてこうした観点からすれば、女性側の自発性に訴えることで言い訳をするような行為も、フェミニスト的関心から見て興味深いものになるはずだ、というように、政治的関心と会話データの研究を繋げることが正当化されるのである。

　これに対するシェグロフの再反論はシンプルなものであった（Schegloff 1998）。「なぜ今その発話が為されたのか」という問いが研究者にとって重要なものになるのは、その問いが会話参与者たち自身のものでもある限りにおいてである。だから、そのことが示されない限り、「素材の中には見えないもの」を持ち出してきて発話を理解することは、「参与者の指向」を示したことにはなり得ない。シェグロフが指摘するのは、ウェズレルのデータがインタビューデータであるということである。つまり、それは単純に「あるコミュニティ内の会話」なのではない。実際、問題となっている若者の行動に対して「評価をおこなう」という活動を最初に始めたのは、実はインタビュアーだった。「最初からそのつもりだったの」と質問した若者も、インタビュアーに「君はどう思う？」と尋ねられたすぐ後で、その質問をおこなっているのである。であるなら、それに対する応答として為されたさまざまな「言い訳」は、単純にコミュニティ内の性別規範を参照しているとは限らなくなる。「言い訳」をした若者は、仲間からの質問ではなく、インタビュアーの質問のほうをこそ「非難」でありうるものとして聞いたのかもしれない。つまり、その「言い訳」は、直接の宛先は質問をした仲間であっても、実際にはインタビュアーへと向けてなされていたのかもしれないわけだ。そして、そうしたことを明らかにするために必要なことは、その会話の外部を参照することではなく、ひとつひとつの発話がどのような位置で産出され、その中で行為連鎖がどのように組織され、それらを通して発話の「宛先」「向け先」といった参与地位がどのように割り当てられているかといったこ

とを、データに即して吟味することでしかないはずだろう。つまり「参与者の指向にもとづく」という、ウェズレルがその「狭さ」を批判した会話分析の方針に、より厳密に則ることでしかないはずだろう。それをしないで特定の政治的視点から研究を始めるのであれば、もはや「会話データ」を対象にする必要も、「参与者の指向」を拡張する必要もなくなってしまうのである。

2-3 ビリグ vs. シェグロフ

ウェズレルの反論が、シェグロフの主張を部分的に認めた上でそれを拡張しようとするものであったのに対し、次いでおこなわれたビリグからの反論は、より全面的な対立の姿勢を示すものだった。というのも、それは「参与者の指向にもとづく」という方針そのものの成立不可能性を主張するものだったからだ。ビリグの指摘は多岐にわたっているが、ここでは本章の論点にとって重要な二点を取り上げよう。

一点目は、会話分析が用いるさまざまなテクニカルタームに関する批判である。

> 会話分析者が、データに対して身を引いた位置にいて、ただ観察だけをすることができるという考えは間違っている。あらゆる学術領域の研究と同様に、会話分析もまた書かれなければならない。つまり、「書く」という独自の実践が要求されるのである。そこには、読者をして他ならぬ会話分析のテクストを読んでいると理解させ、著者が「会話分析をおこなっている」ことを理解させる独特の単語やフレーズがある。会話分析が高度にテクニカルな語彙を用いているのは疑いえない事実である。これはパラドクスであろう。なぜなら、会話分析では、会話参与者はほとんど脅迫的に「参与者自身のタームで」研究されると言われるにもかかわらず、決してそのタームで書かれることはないのだから。反対に分

析者は、参与者自身のタームを観察するために分析者自身のターム
　を使っているのである。(Billig 1999a: 546)

　会話分析は「隣接ペア」「優先構造」「受け手へのデザイン」「自己修復」といった独特の用語を持っている。そして確かに、こうした用語それ自体は、会話参与者たち自身が用いるものではありえない。ビリグによれば、会話分析とはそうした用語による記述を「ヴァナキュラーな（日常語による）」記述と対照させ、前者による記述を奨励するものである。つまり、そこでは「ヴァナキュラーな」記述は「悪い」ものであるという評価がなされている。にもかかわらず会話分析では、会話参与者が用いない独特の用語による記述を、データからいかに導けるのかがあきらかにされていない。そこには素朴な経験主義があるのだとビリグは言う。会話分析者はトランスクリプトを指さして「ほら、ここに隣接ペアがあるだろう」と言っているだけだというわけである。
　二点目は、その「素朴な経験主義」から導かれる帰結に対する批判である。会話分析が独特の用語でデータを記述することは、単に正当化されていないだけなく、より悪いものだということだ。問題となるのは「参与者の指向」というときの「参与者」とはいったい誰のことなのか、あるいはそもそも「会話分析」というときの「会話」とはいったい何のことなのかということである。ビリグによれば、「参与者」「会話」といった特徴づけそのものが、分析者の前提の押しつけである。なぜなら、それは不当にも、会話に参加しているすべての人びとが平等な発言権をもつかのように扱うことだからだ。だが実際には、発言権は必ずしも平等ではない。にもかかわらずあたかも平等な権利があるかのような用語でもって記述をおこなえば、それは実際に存在する権力や支配といったものを覆い隠してしまうことになるだろう。だからビリグにとっては、「参与者の指向にもとづく」という方針は、

結局のところ、中立な記述が可能であるという誤った想定を採用することなのであり、会話分析が社会に対して無批判な視点を取っていることを示すものなのである（Billig 1999a: 556）。分析者はむしろみずからの前提に自覚的になり、批判的な分析をおこなっていかなければならない、というわけだ。

これに対するシェグロフの応答は、基本的にはビリグの批判を「誤解」として退けるものだった（Schegloff 1999a）。上記二点について確認しておこう。まず「テクニカルターム」についてのシェグロフの主張はこうである。確かに会話参与者は分析者が用いるタームを用いて話したりはしない。だが話し手は隣接ペアの中で話し、優先構造を参照して行為を連ね、語の選択等をおこなうことで受け手へのデザインを示し、会話の軌跡を操作することで自己修復をおこなう。「参与者の指向」とは、参与者が直接そうしたタームを口にしていることではなく、そうしたタームによって表現されているものへと参与者が指向していることなのである。

続いて「会話」という特徴づけが「話し手としての平等な権利」を想定しているかどうかについて。これは、順番交替の規則と、実際に特定の会話で起こった順番交替の特徴との区別が理解されていないがゆえに生じている誤解である。2章で見たように、順番交替の規則は、現在の話し手から次の話し手への移行にかかわる規則であって、会話全体の中での発言回数の割り当てにかかわる規則ではない。したがってそれは、誰もが次の話し手となりうる可能性を最大化し、反対に会話全体をとおして誰もが均等に話し手となる可能性を最小化するのであり、「平等な発話の権利」などとはむしろ無縁のものである。実際に特定の会話で起こる順番交替では、結果として平等（均等）に順番が割り当てられていることもあれば、そうでないこともありうる。このとき、どのような次第でそうなっているのかは、その会話における順番交替の詳細を見ていくことで明らかにするほかない。もしそこに

抑圧や不平等を見ようと思うなら、それもまた、順番交替にいかなるリソースが用いられているのかという、参与者の指向のうちに見てとられるべきものになるのである。

　この後、シェグロフとビリグはもう一度議論を交換するが、それはほとんど不毛なものだった。ビリグはまったく納得せず、あらためて、そもそも「参与者の指向」にもとづく記述が可能だと考えることが「認識論的に素朴」なのだと述べ、分析者がみずからの前提に自覚的であることの重要性をくりかえし強調する（Billig 1999b）。結局シェグロフのほうも、誤解を解くよりも、方法論の前提にまでさかのぼって応答するほかなくなる。すなわち、ビリグのように「分析者の前提」を持ち出すようなやりかたでは、無限の記述可能性という問題への解決とならないのだ、と（Schegloff 1999b）。

　以上が「論争」の概要である。シェグロフとウェズレルおよびビリグとのやりとりが、前節で述べたふたつの「問題」にそれぞれ対応していることを見て取るのは難しいことではないだろう。ウェズレルの主張は、会話データを理解するためにはその外部にあるものを見なくてはならないというものであり、これはミクロ－マクロ問題と関わっている。他方ビリグの主張は、記述とはつねに観察者の前提を持ち込むことなのであり、それゆえ観察者はその前提に自覚的に批判的記述をおこなうべきだというものである。これは行為記述と価値判断の関係をいかに考えるべきかという問題と関わっている。そして、両者が「無限の記述可能性」および「記述の身分」という、シェグロフの挙げていた問いと密接に結びついていることもわかると思う。記述が無限に拡張可能である以上、データの「外部」を持ち出すことは原理的にはいくらでも可能である。それゆえ、特定の政治的視点を取るならば、それと関連した規範による説明が必要なのだという考えはつねに出てくるだろう。同様に、観察者がおこなう記述の身分を、社会成員自身がおこなっている記述と同列のものだと考えるなら、「単なる記

述」をおこなうことは諦めて批判的記述をおこなうべきだという考え方も出てくるだろう。こうした点において、会話分析と批判的談話分析の論争は、社会学の中で繰り返し登場してきた問題の変奏なのである。次節以降で、ふたつの論点をそれぞれ検討していくことにしよう。

3 ミクロ-マクロ問題

3-1 関連性と手続き的帰結

はじめにミクロ-マクロ問題のほうから検討しよう。ウェズレルの提案は、「参与者の指向」を拡張することで会話の研究とフェミニスト的関心とを接合することだった。実を言うと、会話分析とフェミニスト的関心とのあいだの齟齬が問題になるのはこの論争が初めてのことではない。ひとつの前史として、C. ウェストと D. H. ジンマーマンによる研究を挙げることができる（Zimmerman and West 1975; West and Zimmerman 1977）。ウェストらは、会話において「割り込み」や「あいづち」といった行為をおこなう頻度が男女間で異なることを示し、そこに男女間の権力関係を見ようとしたのだった[5]。そこで生じてくる問題は、基本的にはウェズレルのそれと同じである。すなわち、「男女間の権力関係」という「大きな」秩序と、「割り込み」「あいづ

---

5) 日本でも江原たちによって、これを参考にした同様の（統計学的にはより詳細な）研究がおこなわれ（江原ほか 1984）、またシェグロフがウェストたちに対しておこなったのと同様の批判が江原たちの研究に対しても為された。その経緯については山崎（1994）、芦川（1994）、岡田（1994）、椎野（1996）などを参照のこと。だが残念なことに、海外ではそうした論争を経ることで、会話における性別カテゴリー使用の詳細な研究をおこなうことへの関心はますます高まり、実際に（同様の論争が繰り返されつつも）研究が積み重ねられているのに対して、日本ではそれ以降、論争どころかそうした研究へと向かう人すらほとんどいなくなってしまった。

ち」といった会話内の行為を結びつけることの問題である。ちょうど、ウェズレルの問題が「コミュニティ内の性別規範」という「大きな」秩序と、「言い訳」という行為を結びつけることにあったのと同様に。

この問題に対するシェグロフの態度は、きわめてはっきりしている(Schegloff 1987, 1988b, 1991, 1992)。シェグロフが繰り返し述べているのは、なんであれ社会構造的なタームと会話データが結びつけられるためには、次のふたつのことが考慮されなくてはならないということである。

ひとつは、その社会構造を、当の会話への参与者たち自身が、みずからのおこなっている会話に対して関連あるものと理解していなければならないということ。これは、無限の記述可能性という問題から直接導かれる帰結である。社会構造のようなマクロな秩序を見て取ることができるということは、そうした構造にかかわる諸カテゴリーを用いることができるということと深くかかわっている。男女間の権力関係やコミュニティ内での性別規範を見出すことができるためには、会話をしている人びとを「男性」「女性」といったカテゴリーによって特徴づけることができていなくてはならないだろう。同様に、階層や職業、人種や民族を見て取ることができるためには、それに応じたカテゴリーによって人びとを特徴づけることができなくてはならない。だが、これまでも論じてきたように、人びとが「誰」であるのかということは、すぐれて〈意味〉的な問題である。生物学的個体としては同一の人物が、性別・階層・職業その他無数の「構造」の中で、異なる複数のカテゴリーによって特徴づけられることができる。つまり、同じ人を記述するしかたは原理的には無限にあるのである。であるなら、仮に研究者がデータの中に社会構造を見て取ったとしても(すなわち、種々の社会構造に応じたカテゴリーによって人びとを特徴づけたとしても)、実際に会話している人びと自身がそのカテゴリーのもとで自らの行為を理解しているのでなければ、研究者による特徴づけ

は（少なくともそのデータによっては）正当化されるものではなくなるだろう[6]。

　もうひとつは、なんであれ社会構造を、当の会話参与者たち自身が関連あるものとして理解しているということが、その参与者たちのふるまいを手続き的に導いているということを示せなければならないということである。すなわち、特定の社会構造のもとで会話をすることが、その会話の軌跡、内容、性格などにどのような形で現れているのかを示せなければならない。これができなければ、「関連がある」という主張はふたたび、研究者による特徴づけにとどまることになってしまうだろう[7]。

　そして、このふたつの点、とりわけ後者に関していえば、ウェストたちもウェズレルも不十分であることは間違いない。会話の中で、一人の話者の順番が終わる前に次の話者が発言を開始し、結果として発話が重なってしまうことはよくある。だがその現象が他ならぬ「割り込み」として当の参与者たち自身に理解されているかどうかは、発話の重なりだけを見ていてもわからない。重なりそのものはさまざまな理由で生じるからである。だから、発話の重なりは必ずしも「悪い」

6）ここには、社会学の中で重要な役割を果たしてきた「地位−役割」概念を用いた研究に対する根本的な批判と、代替的な研究の方向性が含意されている。サックスが「成員カテゴリー化装置」というアイディアを展開させたのは、まさにこの点からだった（Sacks 1972a, 1972b; Schegloff 2007b; 小宮 2007b）。

7）シェグロフがいわゆる「制度的会話分析」に対してしばしば懐疑的な姿勢を見せるのもこのためである。もし何らかの「制度的」特徴が会話データの中に例証可能な形で見出されるのであれば、わざわざ「制度的」と呼んであらかじめ会話の種類を区別しなくてはならない理由は消えてしまうからだ。ただし、この点については、そもそもいわゆる「制度」を研究するために、会話データからそれをおこなわなければならない必然性があるのかということのほうが問題になるべきである。この点は後で述べることになる。

ことだとも限らない。たとえば、できるだけ早く相手の行為に対して理解を示すべきときなどは、相手の発言が終わる前に自分が理解したことを示すための発言を開始することが適切になる。このとき、その「重なり」は、会話参与者たちによっては「割り込み」だとは理解されない。したがって、発話の重なりがまさに「割り込み」として理解されていること、しかも会話参与者の帯びる性別カテゴリーゆえにその割り込みが生じているということは、データに即して示されなければならない事柄になる。「男／女」とカテゴリー化しうる人びとの会話において発話の重なりがある、ということだけからは、男女の権力関係によって「割り込み」が生じたとは言えないのである。このことは当然、発話の重なりを数えることによって統計的に解決される問題でもあり得ない。

　ウェズレルのデータについてもまったく同じことが言える。「言い訳」が「コミュニティ内の性別規範」への参照ゆえに生じたものであることは、それ自体示されなければならないことである。仮にそのコミュニティの人びとに対して意識調査をおこなって、ウェズレルが想定するような結果が得られたとしても、それはまったく問題の解決にはならない。シェグロフが指摘したのは、若者の「言い訳」は「コミュニティの一員」としてよりもむしろ「インタビュイー」としてふるまうことによって生じたものではないかという可能性だったのであり、それに反論しようと思うなら、答えは「データの中」に探されなければならないからである。

　こうしたシェグロフの方針には、無限の記述可能性という問題に対するその解答が、ミクロ−マクロ問題に対する解答にもなっているのだという姿勢が現れている。社会学者は人びとの行為を理解しようとし、その主観的意味や動機へと着目してきた一方で、同時にその行為をさまざまなマクロカテゴリーによって説明することで社会秩序を研究しようと試みてきた。ミクロ−マクロ問題は、そのふたつの水準で

の記述をどのように整合させるべきかという問いを立てたときに生じてくる「問題」だと言える。観察者の側で分析的に「行為者」や「社会秩序」を定義すれば、両者を完璧に整合させることができるかもしれない。だがそれは、人びと自身による行為理解という、〈意味〉の秩序である社会秩序にとって決定的に重要な特徴を無視することになってしまいかねない。

　それに対してシェグロフの方針は、マクロカテゴリーによる特徴づけをおこなうことで行為を理解するということそのものを社会成員自身の作業として捉え、記述していこうというものである。J. クルターが述べるように、社会構造にかかわるマクロカテゴリーを用いることができるということは、社会構造なるものの一般的な経験可能性と本質的にかかわっている（Coulter 1996）。たとえば、私たちはたった一人の人間の発言を聞くだけで、それを「アメリカの決断」だと理解し、国際情勢の変動というような「マクロ」な秩序を理解することができてしまう。その理解は、アメリカ国民がその一人の発言をどれくらい支持しているかといった事実によって初めて可能になるようなものではなく、むしろその人間を「アメリカ大統領」というカテゴリーのもとで理解することによってこそ可能となるものであろう。こうした「マクロ」な秩序の経験はきわめてありふれたものである。であるなら、人びとが実際にそうしたカテゴリーを用いて行為していることの記述は、人びと自身によって理解された行為の記述であると同時に、社会構造なるものの理解可能性についての記述でもあるはずだ。このとき、ミクロ－マクロ問題は（解決されるというよりもむしろ）解消されている。人びとの行為を理解することと社会構造を理解することは、研究者によって結びつけられるべきものなのではなく、初めから結びついているものなのである（ルーマンが作動と構造の連関を「社会秩序の統一性」と呼んだことを思い出しておきたい）。ミクロ－マクロ問題は、両者の〈意味〉的な（論理的な）連関を一旦切り離した

うえで、時間的な長さや空間的な広さによってそれぞれを別々に概念化することから生じてくる疑似問題である。

シェグロフのこの方針は、(後に述べるように限定つきではあれ)追求する価値のあるものだと私には思われる。実際、こうした論争を経て、シェグロフの勧めにしたがって性別規範やジェンダー／セクシュアル・アイデンティティを記述しようという試みはいくつも出てきている (Kitzinger and Frith 1999; Stokoe and Smithson 2001; Fenstermaker and West 2002; Kitzinger 2002, 2005; Weatherall 2002; Speer 2005; Kitzinger and Peel 2005)。こうした研究の中で彼女たちはしばしば、自らの仕事がバトラー理論の具体的な展開であると明示的に述べている。すなわち、実際に行為がおこなわれる中で、その行為をおこなうための資源として用いられている性別カテゴリーの記述をおこなっているのだということである。パフォーマティヴィティ概念が、行為とアイデンティティの関係へと注目を促すことであったことを思えば、そうした仕事は確かにバトラーの考えを受け継ぐものであるに違いない。

3-2 「会話データ」でなくてはならないか

ただし、ひとつだけ注意しておかなければならないことがある。実は、ウェストたちやウェズレルに対するシェグロフの批判には、ちょっとしたトリックとでもいうべきものがある。それは、その議論の中では、「会話データを研究するにあたっては」ということがつねに不動の前提になっているということである。1991年の論文の冒頭を見ておこう。

> この25〜30年のあいだ、社会科学のいくつかの領域における一連の探求は、「相互行為の中のトーク」に特別の注意を払ってきた。その広範な関心の最も凝縮されたものが、「会話分析」とい

う名のもとにまとめられる諸研究であると言っても、不公平ではないだろう。「トークと社会構造」についてのこの論考のなかで私がかかわるのは、そのような「トーク」の諸研究である。(Schegloff 1991: 44)

つまり、シェグロフの関心は徹頭徹尾「トークの分析」にあるのであって、「社会構造」と伝統的に呼ばれてきたものの分析にあるわけではない。それゆえ、彼は「トーク」と「社会構造」を安易に結びつけようとする研究を手厳しく批判する。批判の対象となるのは、ウェズレルたちのようなトークの「外部」を参照しようとする研究だけでない。シェグロフはジンマーマンによる警察への電話の研究を次のように批判している。ジンマーマンの研究の知見のひとつは、警察への電話においてはしばしば非常に長い「挿入連鎖」と呼ばれる行為連鎖上の特徴が見られるということだった[8]。ジンマーマンによれば、このことは電話の受け手（つまり警察）が、ほんとうに出動要請に応じるべき事件なのかどうかを判断しなくてはならないがゆえに、電話のかけ手に対して質問を繰り返すことから生じてくるものである。それゆえ、長大な挿入連鎖は「社会構造」のひとつの表れだとされるのである。だがシェグロフによれば、同様の特徴はまったく非制度的な場面においても見られるものである（ある品物を貸して欲しいという依頼に対して、その目的や用途、品物の種類などを詳細に尋ねる場合など）。であるなら、その特徴をもって「社会構造」の表れだというわけにはいかないことになる。

だがこうした関心は、「社会構造」や「制度」と呼ばれてきたもの

8）挿入連鎖とは、隣接ペアを構成するふたつの発話のあいだに、別の隣接ペアが入り込むことで構成される行為連鎖のことである。2章の5-3で見た事例がそれにあたる。

の研究に向けられるときには、奇妙な帰結を導いてしまうように思われる。シェグロフの方針は、

　（1）参与者にとって関連あることを
　（2）実際の会話の詳細と結びつけて示さなければならない

ということだった。だが、ふたつめの制約が満たされたといえるための基準は、必ずしもあきらかではない。順番交替や行為の連鎖といった会話の中に見られるさまざまな秩序が、「社会構造」や「制度」への会話参与者の指向によって独特の形を取ることがあるのは確かなことである[9]。だが、特定の社会構造や制度と会話の諸特徴とが一対一で対応しているのでない限り、同じ特徴をもつ、異なった場面での会話を探し出すことはつねに可能だろう。そのとき、会話の諸特徴は、特定の「社会構造」なり「制度」なりのメルクマールとしては、決して用いることができないことになる。

　だがそもそも、そうしたメルクマールとなるような対応を探そうとすることは、倒錯的な態度であるように思われる。2章で述べたように、私たちのおこなう行為には、複数の秩序が同時に矛盾無く同居している。順番交替や行為連鎖のような秩序は、どれも「会話をおこなうこと」と深く関わっている。だが、行為は（あたりまえだが）つねに会話の中で為されるわけではない。私たちは警察に電子メールで「通報する」こともできるのであり、そのときその行為の理解可能性を支えるのは、当然にも会話の諸特徴ではなく、テクストの形式や内容、そしてそこで用いられるさまざまなカテゴリーであるだろう。であるなら、電話で通報が為される場合でも、そのやりとりが「警察とのやりとり」であることが会話の諸特徴のみをメルクマールとして示されなければならない理由はないはずだ。会話を分析するときにでき

9）たとえば日常会話とは異なった順番交替システムがあることで成り立つような制度的場面がある。典型的には裁判や授業などがそうである。

ることは、「通報すること」が会話の中ではどのように為されているのかを見ること、すなわち「通報する」ことをするために利用しなくてはならないマクロカテゴリー（たとえば「警官」や「目撃者」といった成員カテゴリー）と、会話の諸特徴とが相互にどのように関係しているかを示すことだけだろう。そこから一歩踏み込んで、会話の諸特徴こそが社会構造や制度なのであると考えてしまうなら、それは会話還元主義とでも呼ぶべき誤りとなるように思われる[10]。

それゆえ、この問題に対しては次のように考えておくべきだろう。「会話」であれ何であれ、個々の「行為」があらわれる素材からでは「大きな」社会秩序の研究をおこなうことはできない、という考え方は、行為の〈意味〉を不当に切り詰めて行為を概念化することで生じてくる誤りである。2章で検討したとおり、行為が〈意味〉をもつとき、その行為の上には当該の行為自身がどのような構造のもとで生じているかが示されているはずである。であるならば、シェグロフの言うように、その行為がなぜその場所で生じているのかを、手続き的に導くようなしかたで示していくこと[11]は、ミクロ‐マクロ問題を解消するための有効な方針となるだろう。そしてその方針は、シェグロフの前提を超えて、扱う「素材」が会話データでなくても、基本的にはしたがうことができるものであるはずだ。

---

10) このことは、会話分析に対してエスノメソドロジストがおこなってきた批判と深くかかわっている。Sharrock and Anderson（1987）、Hester and Francis（2001）、五十嵐（2004）、中村（2006）などを参照。

11) ルーマンの端緒テーゼの中に「社会システム」が最初から複数形で登場していたことを思い出しておこう。このことが意味するのは、研究者が現実のシステムについて語るときには、今どのシステムに照準しているのかをつねに明示しなければならないということである。この「制約」は、ちょうど無限の記述可能性に対するシェグロフの解答と対応していることになる。

4 「価値判断」と記述の身分

4-1 「会話そのもの」をすること

続いてもうひとつの問題、行為記述と価値判断の関係について考えよう。会話分析が独特の用語でデータを記述することに対するビリグの批判はふたつあった。まず簡単な方から確認しておこう。「日常会話」「参与者」といった用語に対する批判は、それが「話し手としての平等な権利」を仮定するものであり、現実に存在する不平等を覆い隠しているというものだった。この理解は、シェグロフが述べるとおり、端的な誤解である。日常会話の順番交替システムは、現在の発言順番から次の発言順番への移行だけを管理するシステムであり、発言順番が最終的に誰にどのくらい割り当てられることになるのかについてはまったく関与しない。それゆえ、それは発言の権利が不平等に配分されることを許容するシステムである。というよりもむしろ、あらかじめ誰にどれくらい発言の機会を与えるかということを定めないというその性質によってこそ、そのシステムはまさに日常会話の順番交替システムでありえているのである[12]。

このことは逆にいえば、実際に参与者間で発言機会に偏りが生じてきたとき、その理由は順番交替システム以外のさまざまな秩序に求めることができるということである。たとえば、「質問‐応答」という行為連鎖は、応答の後にさらに質問者が発言する機会を生じさせることで、三人以上の会話であっても結果的に二人の人間に対する順番の割り当てが多くなるような偏りを生じさせる。あるいは、性別のような会話者のアイデンティティから導かれる偏りも現実にはあるかもし

---

[12] 会話における「順番交替」の組織については、何よりもまずSacks et al. (1974=2010) を見よ。簡便な解説としては小宮 (2007a) を参照のこと。

れない。そのとき私たちがそれを「不平等」だと感じることもあるだろう。だがそれは、あらかじめの順番の割り当てがないにもかかわらず生じてきた偏りだからこそ、不平等なものとして経験されるのであるはずだ。「授業」のようにあらかじめ偏って権利が配分されているなら、その偏りは必ずしも不平等とは理解されないにちがいない（むしろ教師とすべての生徒に平等に発言順番を配分したならば授業は成り立たなくなってしまう）。この点で、日常会話の順番交替システムの働きを理解しておくことは、不平等について研究するためにも必要なことである。

　「参与者」という用語についても基本的には同様だ。2章でも述べたように、会話の中で「話し手」「聞き手」であること自体が実践の産物であること、そして多様な参与地位が音声だけでなく身体の配置を含めた多様な実践によって割り当てられていることを会話分析はあきらかにしてきた。だから、もし会話の中で「会話に入れない人」や「発言させてもらえない人」がいたとしたら、そのような地位もまた実践の産物であることを会話分析は記述することができるだろう。「参与者」とは、いうならばそうした実践をおこなっている人びとのことなのであり、「平等な権利を持った話し手」というようなものとは水準を異にする概念なのである。

　いずれにおいても、ビリグが理解しそこなっているのは、会話分析が照準している「会話をすることそのもの」という秩序である。私たちは会話の中でさまざまなことをおこなうが、同時に会話そのものをおこなってもいる。「参与者の指向」は、いわば、複層的なのである。したがって、前者ではなく後者に照準したからといってただちに「研究者の前提を持ち込む」ことになるわけではない。むしろ会話の中で何がおこなわれているかを記述しようと思うならば、同時に進行している会話そのものの秩序を無視するわけにはいかないはずだ、というのがシェグロフの考えなのである。

4-2　行為の公的な理解可能性

　他方、より慎重な検討が必要なのは、実際に会話分析がおこなう記述に対するビリグの指摘のほうである。すなわち「隣接ペア」「選好構造」「自己修復」といった用語による記述は「素朴な経験主義」にすぎないという指摘である。シェグロフはこれに対してはそれほど大きな問題だとは思わなかったようで、前節で紹介したような答え方（「参与者は直接そうしたタームを口にしなくても、そうしたタームによって表現されるものへと指向している」）をしているだけである。だが、これは実際にそうした用語を会話参与者が口にすることがあるかどうかという問題ではないはずだ。問題はむしろ、そもそも参与者のやっていることに対して「隣接ペア」のような記述を与えることはどのように正当化されるのか、という点にある。「専門的なタームによって表現されるものへと会話参与者が指向している」ということが正当化されなければ、「参与者の指向」へと向かうという方針そのものが成立しなくなってしまうだろう。

　比較的単純な「隣接ペア」と、その拡張である行為連鎖の組織を例にとって考えてみるのがよいだろう。たとえば、次のような行為連鎖はありふれたものであるように思われる。

　01　A：明日暇？
　02　B：うん
　03　A：じゃあ映画でも行こうよ
　04　B：いいよ

01と02、および03と04の発話がそれぞれ隣接ペアを構成している。それぞれ「質問－応答」、「誘い－受諾」だと言ってもよいだろう。だが、これは単にふたつの隣接ペアが並んでいるわけではない。

最初の隣接ペアは、後者のそれに対する「前置き」になっている。前置きであるというのは以下のふたつの点においてである。ひとつは、「明日暇？」という発話が、それに対する答えのあとで、さらに続けて行為がなされるであろうことを予示していること。つまり、「明日暇？」という質問とそれに対する答えだけでこのやりとりが終わったら変だということである。もうひとつは、「明日暇？」という質問に対する答え次第で、その後にいかなる行為が為されるかが変わるということ。「忙しい」という答えがくれば、「誘い」は為されないだろうということである。このふたつの点で、最初の隣接ペアは続くそれに対する「前置き」になっている。1章補論でも紹介したとおり、こうした連鎖が「先行連鎖」と呼ばれるゆえんである。

　注意を促したいのは、そうした先行連鎖という特徴ゆえに、最初の隣接ペアは単なる「質問－応答」としてだけではなく「誘いの前置き－誘いへ進むことへの促し」という行為連鎖としても記述することができるということである。この行為記述は、あきらかに「ヴァナキュラー」なものではない。このとき、そうしたヴァナキュラーではない記述をおこなうことは、ビリグのいう「研究者の前提の押しつけ」なのだろうか。私はそうは思わない。なぜなら、ここで隣接ペアが拡張されて先行連鎖をかたちづくっているということのうちには、ある種の論理的な性格があるからだ。J. クルターは隣接ペアについて次のように述べている。

　　「隣接ペア」は、きわめて基礎的な組織上の単位を構成するものである。しかも、それが基礎的であるというのは、単にふたつの発話が順番に配置されているという点においてではなく、それぞれの第一ペア成分（質問、提案、要求、招待、呼びかけなど）がその適切な第二ペア成分（応答、受諾／拒否、承諾／拒絶、受諾／拒否、返答など）を参照することによってのみその意味を与

えられるという点においてに他ならない。「質問」という概念は「応答」という概念を参照することなしには特定化することはできない。同じことが隣接ペアにおいて前後しているすべての発話類型について言える。これは、応答が不変に質問に後続するとか、N%の確率において後続するといったことではない。むしろ、それは規約的に後続するのである。(Coulter 1983: 365)

　ここで言われているのは、隣接ペアを構成するふたつの行為が、概念的に結びついているということである。「概念的に」というのはここでは、それが経験に先立っており、経験の可能性を支えるものであるというほどの意味である。私たちは、「質問」「応答」とそれぞれ理解可能な行為があることをまず学んだ上で、その後に両者が隣接しておこなわれることを経験から学ぶのではない。そうではなく、「質問」という行為が理解できるということは、それが「応答」という行為を要求するものであることを理解できることと同じでなくてはならない。同様に、「応答」という行為を理解するということは、その行為の前に「質問」があったということを理解するのと同じことであるはずである。もちろん実際には、質問が為されても応答が生じないことはいくらでもあるだろう。だがそのとき私たちは「応答がない」ことがわかってしまうのであり、その理解にとって両者の結びつきは前提となっているのである。

　同じことは、「誘い」の先行連鎖についても言えるはずだ。「誘い」をすることと相手の予定を尋ねることは、やはり概念的に結びついている。「誘い」がほかならぬ「誘い」であるためには、それは相手に対して一定の時間の使い方を求めるものでなくてはならないだろう。それゆえ、誘いをおこなうにあたって相手の予定を尋ねることは理に適っている[13]。だからこそ、私たちは「明日暇？」という質問とそれに対する答えだけではそのやりとりが完結しないことがわかってし

まうのである。質問をすることがその後に応答が為されるべきであることを示してしまうように、予定を尋ねることは（それに対する答えに応じて）その後に本題の行為が為されるべきであることを示してしまう。もちろん、前置きをしないで誘いがなされることも、予定が尋ねられたのに誘いがなされないこともあるかもしれない。だがそのときにはやはり「あるべきものがない」ことが理解されることになるだろう。

　重要なのは、行為どうしのそのような概念的結びつきは、研究者が勝手に定義できるものではないということである。たとえば「映画でも行こうよ」「いいよ」というやりとりを、「非難」「言い訳」と記述したとしたらどうだろうか。私たちはその記述を「間違っている」と思うはずだ。ここで研究者が「いや、私はこの行為を非難と定義するのだ」と言い張ることはとても奇妙である。このことが示しているのは、どのような発話を「非難」「言い訳」「誘い」「受諾」といった行為として理解するのかについては、個々人を超えた公的な基準[14]があるということだろう。そして、「非難」「言い訳」はあきらかに「ヴァナキュラー」な行為記述である。そのヴァナキュラーな行為記述を用いても「間違った」行為記述が為されればそれがわかってしまうの

---

13) もちろん、相手の予定を気にかけなければならない行為は誘いだけではない。「依頼」などもそうだろう。だから同じ相手の予定を尋ねる先行連鎖でも、本題の行為に応じてそれは少しずつ違った形でなされることになるだろう。Schegloff（2007）、小宮（2007b）を参照。

14) ヴィトゲンシュタインにならって、その基準のことを「概念の論理文法」と呼ぶことができるかもしれない。エスノメソドロジーの仕事の（少なくともひとつの）重要な部分は、私たちの言語使用に対するヴィトゲンシュタインの洞察を、多様な社会的実践を記述する技法へと展開させてきたことにある。Coulter（1979=1998）、Lynch（1993）、西阪（1997, 2001, 2008）、前田（2005, 2008）などを参照のこと。

だとしたら、問題は、ヴァナキュラーな記述をおこなうべきか、テクニカルな記述をおこなうべきかという点にあるのではないのである。重要なのはむしろ、研究者がおこなう記述が、その行為の公的な理解可能性をどれくらい適切に表現しているかということのほうにある。

　この点で、「誘いの前置き‐誘いへ進むことの促し」という行為記述は、それを単に「質問‐応答」と記述することよりも、その行為の理解可能性の適切な表現になっていると思われる。単なる「質問‐回答」という記述では、その後に何も来なかった場合の不自然さを表現することができないからである。「先行連鎖」という記述がもっともらしいのは、それが行為を理解する際の、個人を超えた公的な基準の表現になっているからだと考えることができるのである。したがってまた「先行連鎖」というような「専門的な」タームも、研究者の関心のみにもとづく「分析的」概念ではなく、「会話」をおこなう能力をもった（研究者も含めた）社会成員がしたがっている基準の要約的表現だと考えることができる（西阪 2008: 序章）。

4-3 「リマインダー」としてのデータ

　このように考えるならば、「データ」とその記述の関係についても、異なった考え方をすることができるようになる。研究者の「分析的」な関心しだいで「データ」はいかような記述可能性も持つものだと考えるならば、「ヴァナキュラーな」記述に対する「科学的記述」の優位性を確保するために「客観性」が必要とされることになる。「価値判断」から距離を取ってみせるのは、そうした要求に応えようとするときに採用される態度のひとつである。あるいは「観察者の価値判断から逃れた記述はありえないのだから、観察者はみずからの前提に自覚的に記述をおこなうべきだ」という考えは、無限の記述可能性に対する開き直りのひとつである。

　それに対して、記述されるのが、ある発話やふるまいがしかるべき

連鎖の中でしかるべきしかたでなされるとき、いかなる行為なり活動なりを構成することになるのかという公的な基準であるならば、「データ」と「観察者」の関係は異なったものとなる。そうした基準の記述が可能なのは、研究者もまた、参与者とともにその基準に習熟しているからにほかならない。それゆえ観察者は、単に「身を引いた」観察者として対象を記述しているというよりもむしろ、みずからの社会成員としての能力を用いて対象であるところのデータを理解し、そのうえでデータを詳細に吟味することで、その理解を支えているさまざまな基準、そしてその理解が示される多様な技法を描き出そうとしているのである。

そしてこの点で、「データ」は「なまの事実」でもなければ、「特定の理論のもとで真とされる命題」としての事実でもない。むしろそれは、ピーター・ウィンチが「概念の用法のリマインダー」と呼んだものだと考えることができる（Winch 1958:10=1977:12）。ウィンチは、「社会」の研究は「概念」の研究でなければならないと主張する。なぜなら、人間の行為の理解は、特定の概念の連関のもとでのみ可能となるからである。紙切れにマルをつけて箱に入れる動作が「投票」という行為になるためには、行為者が特定の政治制度をもつ社会に住んでおり、行為者自身がその制度に関する一定の知識をもっていなければならない。このとき、その行為の理解可能性は、行為者の物理的身体動作それ自体のうちにあるのでもなければ、行為者自身の心の中の思念にあるのでもない（代表制をもっていない社会で「投票」はできないし、行為者が「これは投票だ」と思い込めば特定の動作が投票になるわけでもない）。それはむしろ、「投票」という行為記述と結びつくさまざまな概念の公的な連関のうちにある[15]。これはちょうど、「質問」と「応答」の理解可能性が両者の概念的な結びつきのうちにあることと同じである。

社会学があきらかにすべきなのが、行為を理解可能にしているそう

した概念の連関であるならば、「経験的な」素材に言及することは、そこから「未知の事実」を引き出してくるためだ、と考える必要はなくなる。ウィンチは有名な G. E. ムーアの「証明」に触れている。「外的世界の証明」という講演のなかで、ムーアは次のような「証明」をおこなった。「ここに一本の手があり、ここにもう一本の手があります。したがって少なくとも二つの外的対象が存在します。それゆえ一つの外的世界が存在します」。ウィンチによれば、これは「証明」としては間違っている。なぜなら「外的世界」への哲学的懐疑は、当然ムーアの手の存在に対しても向けられているからだ。しかしながら、このムーアの言葉は、「外的世界」という概念の用法を想起させるものだと考えるならば、懐疑論に対する応答として適切なものとなる。すなわち、「Xが存在する」という経験的言明にとって、「外的世界が存在する」ことは、その言明の理解可能性を支える概念的前提なのであって、それゆえ「X」と同列に経験的事実による正当化を待っているものではないのである。ヴィトゲンシュタインにならって言いかえるならば、「外的世界が存在する」ということは、それが疑われないことによって初めて外的対象の探求が可能になる、探求のための「蝶番」だということになる[16]。したがって、「外的世界は存在するか」という問いを引き受けて、外的世界の存在を正当化してからでなければもろもろの「X」の存在の探求ができない、などと考えてしまうのは誤りなのである。

同様に、「質問」と「応答」の結びつきや、「誘い」の先行連鎖は、

---

15) 逆にいえば、ある行為を「投票」という行為として記述できるということは、特定の政治制度のもとでの行為として(その制度の構成要素として)その行為を記述できるということと同じである。そしてまたそれは、投票をおこなう行為者を「有権者」というアイデンティティのもとで記述できることと同じである。これまで繰りかえし述べてきたように、行為の理解と制度の理解、そして人びとのアイデンティティの理解は、概念的に結びついているのである。

そうした行為がおこなわれるときには疑われることのない、概念的な前提である。したがって、「データ」の詳細を「観察」することで「隣接ペア」や「先行連鎖」といった現象を見いだしていくのだとしても、その「観察」は、新たな事実の発見のためにおこなわれているのではなく、研究者が社会成員として習熟している概念の連関（行為を理解可能にしている概念的前提）を明晰なかたちで取り出してくるためにおこなわれているのだと考えることができるだろう。すなわち、「データ」とは、ムーアの言葉をウィンチが解釈したような意味で、概念の用法を「思い起こす」ためのもの（「リマインダー」）なのである[17]。

　「データ」に対するこうした見方は、社会学がおこなう記述において「観察者／観察対象」という区別を無条件に前提することへと疑問を投げかけることになるだろう。そもそも社会学が記述をおこなう以前に、すでに社会成員自身がみずからの行為を理解してしまっている以上、人びとの行為を理解することにおいて、研究者は他の社会成員よりも何ら特権的な立場にいるわけではない。多くの社会学者にとっ

---

16) 晩期の著書『確実性について』から引用しておこう（Wittgenstein 1969=1975）。

　私はこう言いたい。ムーアは、彼が知っていると主張することを、実は知っているのではない。ただそれはムーアにとって、私にとってと同様、ゆるがぬ真理なのである。それを不動の真理とみなすことが、われわれの疑問と探求の方法をさだめているのである。（§ 151）

　つまり科学的探求の論理の一部として、事実上疑いの対象とされないものがすなわち確実なものである、ということがあるのだ。（§ 342）

　ただしこれは、われわれはすべてを探求することはできない、したがって単なる想定で満足せざるをえないという意味ではない。われわれがドアを開けようと欲する以上、蝶番は固定されていなければならないのだ。（§ 343）

てこのことはトラブルであった。だが、上記の先行連鎖についての簡単な例からもわかるのは、研究者自身も含めた社会成員が実際にやっていることに適切な表現を与えることは、それだけで認識利得があるということである。「明日暇？」という発言に「誘いの前置き」という表現を与え、先行連鎖という行為連鎖の構造がクリアになることは、会話分析による記述を経て初めて可能になったことである。その記述は、「分析的」記述によっても、「批判的」記述によっても得られない、独自の利得をもっていると言えるだろう（Schegloff 1996; 串田 2006）。社会の研究は、「いかに観察すべきか」という認識論的問いからではなく、みずからもひとりの社会成員としておこなっていることを記述することから始めることができるのである。それゆえ、その指針となる「参与者の指向」とは、純粋に「参与者」のみに帰属させられるべきものであるよりも、さまざまな実践へと参加していく能力を持っている者（もちろん研究者もその一人である）すべてにとって理解可能

---

17) このことは「経験的」素材の価値を引き下げるものではまったくない。むしろ「会話」という現象を見るだけでわかるように、私たちが持っている概念的前提は非常に複雑であり、直観だけではなかなか明晰にすることが難しい。それゆえ、「精巧なリマインダー」（Coulter 1983: 367）としての「経験的」素材がまさに必要となるのである。西阪がいうように、「概念的」な探求が「経験的」におこなわれるべき理由がここにある（西阪 2001: 序章）。

　そしてこの点では、「参与者の指向にもとづく」記述は「単なる記述」でありうる、というシェグロフの言葉はおおいにミスリードだと言わなくてはならない。そこには、会話分析がおこなう記述からは独立にその存在を検証できるような、なまの「参与者の指向」なるものがありうる、という考え方が透けてみえているように思う。しかしながら、ある発話の詳細にどのような指向が観察できるかということは、それ自身、会話分析の記述によって想起させられるものに他ならない。ちょうど、「明日暇？」という発話が「誘いの前置き」であることの理解可能性が、先行連鎖という行為連鎖の組織の記述を通して想起させられるように。

であるような「指向」であるといったほうがよい。サックスの言葉を借りれば、「参与者の指向にもとづく」記述は「単なる記述」であるよりも、ひとつの「可能な記述」[18]、すなわち、特定の概念的前提のもとで現象に理解可能性が与えられている、その与えられ方の記述なのである（Sacks 1972b）[19]。

4-3 「価値判断」の記述可能性

最後に、そうした記述をおこなうことと、「価値判断」の関係について述べておこう。これまでの議論が示唆しているのは、「参与者の指向にもとづく」という方針が、「価値判断」に対する脅迫的な態度決定を迫られなくてもよいものだということであると思われる。社会

---

[18] サックスは、二歳の女の子が語った次のような言葉に注目している。「赤ちゃんが泣いたの。ママがだっこしたの」。この言葉を聞いたとき、私たちは、そこで文字通りには言われていない、いくつかの事柄を理解してしまう。たとえば、「ママ」がその「赤ちゃん」のママである、という人間関係、ママが赤ちゃんを「だっこ」したのは、赤ちゃんが「泣いた」からであるという行為の理由などである。つまり、その言葉を、文字通りに言われていることを超えて、私たちは出来事の自然な記述として理解してしまう。

こうしたことが可能なのは、サックスによれば、そこに記述を産出／理解するための手続き的な仕組みがあるからだ。私たちは、人に適用することができるカテゴリーを、「カテゴリー集合」という単位で用いている（「ママ」というカテゴリーは「家族」というカテゴリー集合の要素でありうるし、「赤ちゃん」というカテゴリーは「家族」という集合や「人生段階」という集合の要素でありうる）。それゆえ、ある人にあるカテゴリーが適用されるとき、そのカテゴリーが特定のカテゴリー集合の要素であると理解することができるならば、その人もまた、単に特定のカテゴリーが適用されるべき人というだけでなく、カテゴリー集合を適用可能な母集団のメンバーと理解される。この場合、「ママ」「赤ちゃん」がともに「家族」というカテゴリー集合に属するカテゴリーであることが、それらのカテゴリーが適用された二人の人物の人間関係を理解可能にしているのである。

また、カテゴリーどうしが結びついた集合として扱われるのと同様、特定のカテゴリーには、しばしば特定の活動が結びついている。「赤ちゃん」というカテゴリーには「泣く」という活動が結びついているし、「ママ」というカテゴリーには「子どもの世話をする」という活動が結びついているだろう。こうした結びつきは、事実としてそれに反する事態が生じたときにも覆されることがなく、むしろ「泣かない赤ちゃん」「子どもの世話をしないママ」という「違背」を理解可能にするという点で概念的なものであり、かつそうした理解にもとづいて賞賛や非難がおこなわれるという点で道徳的なものでもある。そして、やはりそうした結びつきのもとで、あるカテゴリーと結びついた活動がおこなわれていると理解することができ、またその活動をおこなっている人が、その活動と結びついたカテゴリーによって特徴づけられることができるなら、私たちはその活動を、ある人がそのカテゴリーに属するがゆえにおこなわれたものだと理解することができるのである。

　こうした手続きのもとで産出／理解されるがゆえに、ある記述は、そこに文字通りに言われていることを超えて、出来事の自然な記述、すなわち「可能な記述」でありえている。サックスが、「成員カテゴリー化装置」という標題のもとにまとめたのは、こうした理解の手続きのことだった。「成員カテゴリー化装置」について簡便な解説としては小宮（2007a）を見よ。

19）もちろん、記述を誤ることはいくらでもありうる。だがそれは本質的な困難ではない。誤ったら記述し直せばよいのであり、それを繰り返して適切な記述を探っていけばよいだけである。

　対人的コミュニケーションの慣習的前提や理由づけ構造を解明していく作業をすすめていくにあたって、なにも、かの両概念［「正しさ」と「反駁」］がこの作業自体に適用できるかどうかなどということに煩わされる必要はない。具体的なデータを手がかりに、論理的に一貫しかつ節約的な仕方で、理由づけとコミュニケーションの一定の側面が明らかにできるならば、それで分析は健全であると思う。様々な諸関係や諸慣習が、いままで知られているけれど気づかれていなかったり、指向されているけれど明示化されていない。それがはっきり見えてくるかどうかは、観察力の鋭さと概念の扱いの巧みさの問題である。もちろん、この二つについて、公式のようなものがあるわけではない。（Coulter 1979=1998: 51-52）

学がおこなう行為記述と社会成員自身がおこなうそれとの関係が問題になるのは、無限の記述可能性のもとではいかなる記述も「単なる記述」であることができないからだった。だが、「記述」という作業のその特徴を、乗りこえるべき障害や、開き直るしかない前提と考えることをやめるなら、もはやその問題に煩わされる必要はない。すなわち、その記述があらかじめ価値判断から逃れたものでなければならないとか、反対に研究者の価値判断を明示しなければならないとかいうように考える必要はない。むしろ、オースティンの次のような言葉を思い出しておくのが有益だろう。

> 私の考えでは、倫理学においては善悪、正邪が研究される。したがって、倫理学は概して行為ないし行為をなすことを何らかのしかたで研究の射程へ入れざるをえない。しかし、どのような行為が善く、どのような行為が悪いのかということ、あるいは、どのような行為が正しく、どのような行為が誤っているのかということを考察する前に、まず、そもそも「行為をなすこと」あるいは「何かをなすこと」という表現によって何が意味され、何が意味されないのか、そしてまた、どのようなことが含まれ、どのようなことが含まれないのかということを考察するのが順序というものであろう。(Austin［1956］1970=1991: 282)

これは倫理学について言われていることだけれども、同じことは社会学についても言えるだろう。「善い／悪い」と同様に、客観的であるとかないとか、価値判断をするとかしないとか言ったことは、研究者の語彙であるだけでなく、社会成員たち自身の語彙でもあるはずである。であるなら、研究者はそうした語彙によってみずからの記述を統制しようとするだけではなく、むしろそれらを記述のトピックにしていくこともできるはずだろう。

と同時に、上記の洞察のもうひとつの帰結は、「参与者の指向にもとづく記述」もまた「単なる記述」ではありえないということである。その記述は、対象にどのような実践を選び、どのような主張とそれを対照させるかということに応じて、それ自体ひとつの行為として何らかの理解可能性を持つことになるはずだ。前節で紹介したような、フェミニスト的関心と会話分析との統合を試みるような「応用会話分析」は、記述の持ちうる規範的含意を積極的に打ちだそうとする、ひとつの試みであるだろう。「参与者の指向にもとづく記述」という方針が示しているのは、「単なる記述か価値判断か」の二項対立の外に出た上で、なお統制のきいた記述を進めることは不可能ではない、ということなのである。

5 おわりに

　本章の議論をまとめておこう。個々の発話や行為だけを記述しても、より「大きな」秩序へと近づくことはできないのではないかという想定は誤っている。「大きな」秩序は個々の行為の上に示されることで初めて理解可能となるものである。また、客観的な記述か政治的な価値判断かという二項対立のもとで研究者がおこなう記述を考えることも誤っている。記述の統制方法は、価値判断からの距離によるものばかりではないからだ。そして、いずれの誤解も、社会学の記述はその対象に対する「分析的」記述でしかありえないという認識論的前提から生じてくるものである。シェグロフの議論を検討することで論じてきたのは、その前提を採用するのとは異なった記述の方針があるということにほかならない。

　そして、そうした方針のもとでバトラーのパフォーマティヴィティ概念を受け継いでいくならば、会話データに限らず多様な経験的素材を通じて、因果説明をおこなうのとは違ったしかたで、性現象を記述

していく可能性が見えてくるはずだ。またその際に、そうした記述を通して「フェミニスト的関心」へと寄与していくことを阻むようなものも何もない。ルーマンの言葉でいえば、社会システムの作動の記述を通して、みずからもまた何らかのシステムにおけるひとつの作動であることを示すという道筋があるのである。「実際のシステムの分析を通して認識論的問題設定へと立ち返る」という言葉は、そのように理解することができるだろう。

そもそも、ウェストたちの場合もウェズレルの場合もそうだが、こうした問題を論じるにあたってなぜ殊更にフェミニスト的関心が問題になるのかということは、それ自体考察に値することであるように思われる。バトラーの登場以前から、フェミニスト的関心をもつ社会学者は古典的な「地位 − 役割」理論には批判的であった。なぜなら、「地位 − 役割」はしばしばすでに性別化されているからである。それゆえ、その理論では捉えきれないような、性現象の「より詳細な」記述へと関心が向かっていくことにはもっともな理由があったように思われる。会話分析という方法が繰り返し論争の焦点となってきたのも、そうした理由と無関係ではないだろう。もしそうであるなら、パフォーマティヴィティ概念をこれまで論じてきたようなしかたで展開していくことにも、やはりもっともな理由があると言うことも許されるだろう。そしてそのとき、一枚岩の「性別役割」のようなものを想定す

---

20) そうした方向性をもった海外での先行研究は既に本文中で挙げたが、日本での研究として、皆川（2002）、上谷（2004, 2009）、鶴田（2009）などを参照。もちろん、それとは別に、積極的に望ましい社会秩序を論じる作業はあってよいし、私はそうした作業を是非とも必要だと考えている。しかしながら、そのような規範的な作業と、性現象の記述という作業を混同させても、得られるものはあまりないように思われる。必要なのは、それぞれの作業が互いに与えることができる示唆を適切に見定めることであろう。この点についてはⅡ部の記述の中でまた振り返りたい。

ることが難しいのと同じ理由で、「単一の性別システム」のようなものを探さなければならない必要はおそらくない。性別カテゴリーは多様な実践の中で、多様なしかたで用いられることで、無数のシステムを形作るための道具になっているだろう。「性別」という社会秩序とはおそらくそうした実践の集まりのことなのであり、それゆえ必要なのはそうした実践の記述の積み重ねであると思われる[20]。本稿の第II部でおこないたいのも、そうした作業のささやかなひとつなのである。

II部
法的実践の中のジェンダー

第Ⅰ部では、バトラーの「パフォーマティヴィティ」概念の検討から出発して「性現象の社会性」を記述するための方向性を提示してきた。私たちが「何者」であるかということ、どのような身体をもち、どのような意図や意志を持って行為し、どのような権利や義務をお互いに帰属しながら生活しているのかといったことは、すぐれて社会成員たち自身（もちろん研究者も含む）にとっての実際上の関心事である。そして、社会学者がみずからの一人の社会成員としての能力をもって、そうした実践に対して展望を与えていくという作業が可能であることを論じてきた。この道は、因果説明という議論平面に乗らずに「性現象の社会性」について語ることを可能にするための、ひとつの有望な選択肢だと思う。

　他方で、そうした作業の可能性が理解されるなら、それは決して私たちが生きている「性別」という社会秩序に対して一挙に一般的な見取り図を与えてくれるようなものではないことも述べた。パーソンズ的な意味での分析的な概念化というやり方を取らないということは、そうした一般的な見取り図から出発しないということだからだ。したがってまた、そこには記述の「正しさ」をあらかじめ保証してくれるような理論的基準は何もない。そうした作業が目指すのは、私たちが社会生活を営む中で用いている、さまざまな概念の結びつきを丁寧に辿ってゆくこと、そしてそれをとおして、「私たちはたしかにそうやって理解をしている」という展望を少しずつ得ることである。

　それゆえ、それはとても気の長い道のりであり、対象となる素材をひとつひとつ検討していくことでしか前に進んでいかない。その意味では、本書が提示できることはとてもささやかなものでしかない。けれど、オースティンが文字通り辞書を使いながら行為動詞を網羅しようとしていったり、サックスやシェグロフが膨大な会話データと格闘しながら会話という秩序を見いだしていったりしたことを思えば、まずはとにかく踏み出さなければ何にも始まらないだろう。

本書の第Ⅱ部では、「法」というひとつの社会領域を対象に選んで、そのささやかな一歩を踏み出したいと考えている。「法」はある意味ではもっとも「マクロ」な領域であり、またもっとも「規範的」な領域である。それゆえ、前章で論じた「価値判断」の分析可能性の一端を示していくことにとって、そうした領域を対象とすることは示唆的なものとなるにちがいない。やはりオースティンが、「事実確認的」と「行為遂行的」の区別を取り下げ、行為の力の分析へとそれを統合したとき、同時に「規範的」なるものと「事実的」なるものの二項対立をも廃棄しようとしていたことを思い出すのがよい（Austin 1960=1978）。価値判断や評価をおこなうことも、事実を述べることも、等しく行為の力の分析の対象になるはずだと、彼は考えた。それにならっていえば、ある実践に法的実践[1]としての理解可能性を与える手続きもまた、他の社会秩序と等しく分析の対象とすることができるだろう。ちょうど、ルーマンが「社会システム」としての法についてこう述べているように。

> 法の《自然＝本性》（Natur）や《本質》について議論してみても成果をあげることはできない。そして、考えるべきは法の境界という問題である。少なくとも以上の点については、了解が成立

---

[1]「法的実践」という言葉は耳慣れないものであるかもしれない。4章であきらかにしたいと思うが、ここでの「実践」という表現には、特別の含意がある。すなわち、「法にしたがう」という営みが、規則を解釈したうえでそれにしたがうことにではなく、「実際にやること（＝実践)」に支えられているという含意である。法命題の意味や、ある行為が「法にしたがった」ものであることの理解は、その実践の中で初めて可能になる。ちょうど1章補論で、行為の理解がコンテクストによって規定されるだけでなく、コンテクストを作るものでもある、と述べたことと同じである。法と私たちがおこなう行為との、この実践的結びつきを表現するために、本書では「法的実践」という言葉を使おうと思う。

していると考えていいだろう。そこでおなじみの問題が浮上してくる。法の境界は分析的なのか実在的なのか、つまり境界を規定するのは観察者なのかそれとも対象のほうなのか、と。《分析的である》という答えを選んだ場合（多くの論者が、「学の立場からすればこう答えざるをえない」と誤って信じているのだが）、それぞれの観察者が固有の流儀で対象について語る権利をもつということを、承認しなければならなくなる。だがそうなれば前述のように、学際的な討論など不可能だという結論になってしまうだけだろう。だからわれわれは、《境界は対象によって引かれる》という答のほうを選ぶことにしよう。(Luhmann 1993=2003: 7-8)

まさに、対象によって境界線が引かれるそのありようを、第Ⅱ部では見ていきたいのである。ただし、このようなルーマンの方針にしたがおうとするがゆえに、私はあらかじめ用意されたシステム論の語彙を現象に適用していくようなやり方は取らない。その理由は、第2章で述べた。法的実践の中にあらわれる人びとのアイデンティティや行為への理解が、その法的実践としての理解可能性にとって構成的であることを描くこと、それだけがここでの私の関心事である[2]。

何より、法という領域はフェミニズムにとってはずっと、いわば「主戦場」であった。参政権の獲得という法的平等を目指したときにも、その獲得のあとでなお「女性の抑圧」が存在すると主張してきた

---

2) それゆえ、あらかじめ断っておかなければならないが、Ⅱ部の各章で参照されるいくつかの判決文は、必ずしもそこに重要な法解釈が示されているという理由で選ばれたものではない。個々の判決文を素材としておこないたい作業は、それが独特の効力を持った「法的」言説として理解可能になっている、その仕組みをあきらかにしていくことである点には注意を促しておきたい。その意味で、本書第Ⅱ部は、「法の言説分析」（棚瀬編 2001）と呼ばれる作業に近いと言ってもいいかもしれない。

ときにも、「法」をいかなるものと考えるかは議論の重要な焦点であり続けてきた。現在でも、ポルノグラフィと表現の自由や、ポジティヴ・アクションの正当性といったイシューをめぐって、リベラリズムとフェミニズムのあいだの緊張関係は続いている。したがって、法という領域がどのような実践においてひとつの社会秩序として成立しているのかを描くことは、なぜそこが「主戦場」であるのかを理解するために役立つだろう。

　本書のII部では、とりわけ常識的知識や規範と法的実践との関係を考察することで、そうした作業をすすめていく。法的実践にとって、常識的な知識や規範は欠かすことのできない構成要素である。もちろん、性別にかかわる知識や規範も例外ではない。しかもこのことは、決して法の中に「バイアス」があるという意味ではない。むしろ、法が法であるために常識的知識や規範は不可欠なものなのである。4章ではまずこのことを論じ、続く三つの章では、法的実践の中で性別カテゴリーを含むさまざまな常識的概念の使用が果たしている役割に焦点をあてたい。

第 4 章

法的推論と常識的知識

1 はじめに

　以下の章では、私たちの行為やアイデンティティに記述を与え／記述のもとで理解することが、いかにして法という社会領域の構成要素となっているのかを描いていきたい。3章で述べたように、人びとがおこなう行為や人びとのアイデンティティは、人間社会の中では無数の記述可能性を持っている。そしてそれゆえ、それらにいかなる記述を与えるかは、何よりもまず社会成員自身にとって、不断の解決を求められる問題である。このことは、法という領域においても変わりはない。むしろ、第1章で述べたように、行為やアイデンティティを記述のもとで理解することは、同時に行為者に意図や動機や責任を帰属することでもあるがゆえに、法という領域においてはいっそう重要な意味を持つ。本章ではまず、そうした記述の選択が、法的推論をおこなうこととどのようにかかわっているか、とりわけそこで常識的知識の果たす役割について素描しておきたい。この作業は、第II部全体が、法という専門的領域を対象にしつつ、同時に社会成員の実践に焦点をあてるものであるということの意味をあきらかにすることにも役立つだろう。

　一方で、法的推論がきわめて専門性の高い営みであることは疑いえない。法や判例に関する膨大な知識がなければ、目の前の事実にどの法をいかに適用すべきか判断を下すことは難しいだろう。しかしながら他方で、法が適用される「事実」は、行為や出来事や関係者のアイ

デンティティを、さまざまな常識的カテゴリーによる記述のもとで理解することで初めて適切な理解が可能になる、社会的事実である。それゆえ、法的推論にとって常識的知識は不可欠の要素であるが、これまでの法社会学研究において、常識的知識のそうした側面はあまり探求の対象となってこなかったように思う。むしろ、法社会学研究を駆動していたのは、常識的な知識や規範を「法の外」にあるものと位置づけ、それと「法」との関係を問う思考、すなわち「法と社会」とでも呼ぶべき思考であったように思われる。2節では、アメリカの法社会学研究の諸潮流を概観することでこのことを確認しよう。

　また、法的推論における常識的知識の役割を考察することは、法をめぐるいくつかの哲学的考察、とりわけ判決の正当性をめぐる議論とかかわることになるだろう。一方で、判決は（それが自らに不利なものとなる当事者に対しても）それを受け入れることを要求するものであるがゆえに、そこにはなんらかの形で正当性が付与されていなければならない。たとえば、判決は裁判官個人の恣意によって左右されるものであってはならないと考えられている。他方で上級審の存在に端的に示されているように、実際には裁判はいつどこで誰がやっても同じ結果になるものではないことも私たちは知っている。では、いったい正当な判決を下すというのは、どのような営みなのだろうか。こうした主題は法哲学的には大きな問題だが、3節ではその問題に直接アプローチをする代わりに、法的推論の中で常識的知識がどのように用いられるかに焦点をあてることで、判決が持つ正当性の一側面について考察したいと思う。重要なのは、法命題の解釈からだけでは、目の前の事実にその法が適用可能かどうかを決めることができないということである。3節では有名な「ヴィトゲンシュタインのパラドクス」の議論を概観することでこのことを確認する。その上で4節では、ひとつの判決文を素材としながら、判決の正当性（「これこそが法にしたがった結果だ」ということ）が、実際に法的推論を「やる」ことを

とおして法命題の意味をあきらかにする実践に支えられていることを見ていきたい。その中で、その実践にとって常識的知識や規範が構成的役割を果たしていることを例証しよう。

2　「法と社会」という思考法

2節で見ておきたいのは、アメリカにおける経験的な法現象研究の中に、一貫して「法と社会」と呼びうる思考法があるということ、すなわちそこでは、「法」と「法の外のもの」との関係が研究の対象になってきたということである。その思考の典型的かつ象徴的な例は、文字どおり「法と社会」運動と呼ばれた研究群だが、それに対する批判として登場してきた批判法学や解釈法社会学といった諸潮流にも、じつは同様の思考法が異なったかたちで現れていると思う。

2-1　「法と社会」運動

「法と社会」運動の中心的な関心事は、「法外的なもの」から「法内的なもの」を説明することであったと言うことができる（Friedman 1986）。「社会」と「法」は、そのそれぞれに対して与えられた名前である。ここで、「社会」と呼ばれるものの中には、法的決定に携わる人びとの意識や、法的決定をこうむる人びとの行為、人びとどうしの関係、あるいはより広い政治状況や経済状況など、さまざまなものが入りうる。たとえばL. フリードマンとJ. ラディンスキーは、合衆国における労働者災害補償に関する法律の成立過程を、雇用者と被雇用者との関係の変化によって説明してみせた（Friedman And Ladinsky 1967）。18世紀前半まで、被雇用者が就労中の事故によって受けた被害は、コモンロー上の不法行為概念にもとづいて処理されていたが、事故が同僚の過失によるものであるような場合には、「共働者規則（fellow servant rule）」によって、雇用者の責任を問うことができない

ことになっていた。フリードマンらはこうした考え方の背後に、著しい経済成長のもとでの経済学的個人主義の価値観を見いだしている。

ところが、まさにその経済成長によって雇用形態のほうが劇的に変化していくことで、そうした考え方は次第に受け入れられなくなっていく。雇用者個人にではなく、企業に雇われるという形態が一般的なものになっていくにつれ、もはや雇用者個人の不法行為を問うということが意味をなさなくなっていくのである。また、19世紀後半には、労働災害そのものの数も爆発的に増えていく。そのため雇用者側にとっても、予測不能なリスクに対して個別の訴訟で対処するよりも別の方策をとったほうが、経済的にも健康な労働力を確保するためにも合理的になってくる。こうして次第に「共働者規則」は廃止され、「過失があるかどうかに関わらない雇用者の責任」という考え方が確立していったというのがフリードマンらの主張である。つまり、労働者災害補償という制度は、「雇用－被雇用」関係の歴史的変化によって生じてきたものだ、というわけだ。ここでは、「法と社会」という区別のうち、前者に特定の判決（共働者規則のもとでの雇用者の責任の認め方）や立法（労働災害補償法制の確立）が、後者に特定の時代の経済状況や人びとの意識が、それぞれ代入されているのがみやすいだろう。

2-2 批判法学における経験的研究

続いて批判法学における経験的研究について検討しよう。多様な側面をもつ批判法学について一般的に語ることは難しいが、ここでは経験的研究という側面にかぎって、D. トゥルーベックのまとめを参照したい（Trubek 1984）。トゥルーベックは法学における経験的研究を行動主義と解釈主義というふたつの理念型のもとでとらえ、批判法学がおこなう経験的研究を後者に分類している。ここで行動主義と呼ばれているのは、社会秩序を人びとのふるまいが示すパターンととらえ、

法を人びとのふるまいに影響をあたえる外的な制約ととらえるような考え方のことである。そうした考え方のもとでは、法と人びとのふるまいとのあいだの因果関係をあきらかにすることが研究の課題となる。念頭におかれているのは「法と社会」運動である[1]。他方解釈主義と呼ばれるのは、人びとの行為に対する説明をおこなうにあたって、意識やそれを構成する信念といったものを重視し、法をひとつの信念体系としてとらえるような考え方のことである。こうした考え方のもとでは、信念体系としての法と、人びとの意識や行為との関係を問うことが研究の目的だとされる。

そしてトゥルーベックは、批判法学の研究者の多くが後者の立場をとっていると述べる。それはたとえば、既存の法体系を、資本主義という経済制度をつくりあげている信念体系として考えることで、法と社会秩序との関係を描き出そうとする試みである。そこでは、法と社会との関係は、因果関係ではなく、相互構成的（mutual constructing）なものとしてとらえられるのだとトゥルーベックは言う（Trubek 1984: 609）。「法と社会」についてのこうした考え方は、ロバート・ゴードンが次のように述べることと重なっているだろう。

> 実際には、ある実践にかかわる人びとの法的諸関係を記述することなしには、いかなるものであれ「基礎的な」社会実践の集合を記述することなどほとんど不可能である。というのも、法的諸関係とは、人びとがお互いにどのように関係するかについての単

---

[1] ただフリードマンらの研究のように、経済状況や人びとの意識が法に与える影響が考えられている研究もあったことを考えれば、「法と社会」運動に対する「行動主義」というまとめはやや一面的だろう。むしろ、そうした研究では、どちらが原因でどちらが結果とされるかにかかわらず、「法」と「法外なもの」のあいだの因果関係が研究対象であった、という点に注目しておくのがよいと思われる。

る条件ではなく、重要な点において、その関係を構成するための用語（主人と奴隷、雇用者と被雇用者、公共料金納付者と公共事業、納税者と地方自治体など）を定義するものだからである。(Gordon 1984: 139)

ここで言われているのは、法において定義されている諸概念（「雇用者／被雇用者」など）がなければ、そもそも人びとはその概念があらわす人間関係を取り結ぶことができないのだから、法はそうした人間関係にとって構成的であるはずだ、ということである。法は人びとの関係に影響を与えるのではなくそれを定義するものだ、というわけだ。

さて、たしかにこうした考え方のもとでは、法と社会との関係は、「法と社会」運動においてそうであったような因果関係としては把握されてはいないかもしれない。けれど、そこでは決して「法と社会」という区別そのものが消え去っているわけでもないことがわかる。たとえば、ある法テクストや法学的教義の中に資本主義社会における支配的なイデオロギーを読むとき、そこでおこなわれているのは、「法内的なもの」の中に「法外的なもの」を読みこむという作業ではないだろうか。いいかえれば、一見普遍的で中立的にみえる「法」なるものの中に、歴史的で政治的な「意識」や「信念」を読むという作業によって、批判法学はまさしく批判法学として成立することができているのではないだろうか。こうした考え方の中で放棄されているのは、あくまで法と社会の関係を因果関係としてとらえる考え方のみであって、両者を区別した上でその関係を問うという枠組みそのものは維持されていると考えられる[2]。この点で、こうした研究を駆動しているのもまた、法内的／法外的という区別、すなわち法と社会という区別なのである。

2-3 解釈法社会学

このことは、批判法学ともその流れの一部を共有する解釈法社会学について検討することでよりわかりやすくなると思われる[3]。批判法学的な経験的研究との差異は、トゥルーベックが「解釈主義」的な研究の中に解釈法社会学を含めようとしたこと (Trubek and Esser 1989) に対する、解釈法社会学者の反論の中で述べられている。

たとえば、C. ハリントンと B. イングヴェッソンは、トゥルーベックらがイデオロギーを「意味の体系」として位置づけていることに対して、それが解釈法社会学の見解といかに異なるかを述べている。トゥルーベックらの見解では、イデオロギーと社会関係が、より単純にいえば意識と諸行為が、それぞれ別個のものとしてとらえられており、両者の影響関係が問題にされている。そのかぎりで、それは「法と社会」という旧来の区別を引きずっている。ハリントンらによれば、法がイデオロギーであるという命題が意味すべきなのは、そうした影響関係ではなく、法がイデオロギー的実践をとおして、さまざまな場所で発見され、発明され、つくられるものだということである (Harrington and Yngvesson 1990: 142)。

同様に A. サラは、トゥルーベックらが要求する研究の「妥当性」という考え方に異論を唱えている。サラによれば、研究の妥当性が問

---

2) 実際、阿部が指摘するように、トゥルーベックの主張する解釈主義的な方法を「意識」や「信念」なるものと人びとの行動との関係についての仮説としてとらえるならば、それは伝統的な法意識研究に近づくことになるだろう (阿部 1994)。

3) 和田のまとめによれば、解釈法社会学とは、1980年代前半からマサチューセッツ州アマーストで開催されているセミナーに集う研究者たちが依拠する立場のことであり、「法と社会」運動への批判を批判法学と共有しながらも、批判法学の手法とも異なった方針をとろうとしている研究群のことをいう (和田 1996: 126-130)。

題になるのは、そこに「意識と行為との影響関係を観察する」という実証主義的な態度が残されているからである。だが、観察することそれ自体をひとつの実践としてとらえるならば、対象の正確な記述をめざすような議論はもはや維持できない。研究されるものの意味は、発見されるのではなく、観察者と観察対象との相互作用によって構築されるものだと言うのである（Sarat 1990: 164）。

こうした主張が、前章で考察した社会科学における記述をめぐる問題の変奏になっていることは見やすいと思う。すなわち、研究者がおこなう記述が社会成員のおこなう記述と併置され、それに対して優位性を持つものではないという認識のもとで方法的立場が宣言されている。ただ、今指摘したいのはそのことではなく、このように批判法学との差異が強調されている一方で、やはりそこでも「法と社会」という思考法自体は維持されているということのほうである。サラが W. フェルスティナーとともにおこなった、離婚専門の弁護士事務所の研究を例にとってみよう（Sarat and Felstiner 1989, 1996; Felstiner and Sarat 1992）。

サラたちは離婚の相談にやってきた依頼者に対して弁護士が何を言うかを記述しながら、そこでおこなわれていることが一般的に法曹に期待されていることといかに異なっているかを述べている。たとえば、弁護士は依頼者に法の内容を伝えない。それゆえ、依頼者はなぜそうなるのかが不明のまま弁護士の説明を聞くことになる。あるいは依頼者に対して裁判官が法の外の要素（たとえば法廷における依頼者の態度）によって判決を導いていることを伝えて裁判官を批判してみせる。そのようにして、そこでは「法の非決定性の暴露」とか「法的形式主義の脱神秘化」といった、批判法学が為そうと試みてきたことが、実は弁護士たちによって日常的におこなわれてしまっているというのである。また、一方でそのようにして法への懐疑を依頼者に伝えながら、他方で法曹に対するコネクションや内部情報についての知識によって、

弁護士たちは自分たちの専門家としての権威や役割は守る、ということもおこなっているという。サラたちは弁護士がおこなうそうしたさまざまな営みの中に、専門家としての権力性を見いだしている。

　確認しておきたいのは、弁護士の業務に「法の非決定性の暴露」を見たり、またそこに「弁護士の権力性」を見て批判したりするといった研究が、どのような理屈で成立しているか、という点である。まず、こうした記述がほかならぬ「暴露」や「批判」として意味をもつためには、やはり従来考えられてきた、あるいは一般的にそう考えられているところの「法的なるもの」の存在を前提しなければならないように思われる。たとえば「一般に法曹は法の命じる正義にしたがって行為する」と前提するからこそ、「実際はそうなっていない」と言うことが「暴露」や「脱神秘化」になる。誰もが「法律家なんて恣意的で権力的なものだ」と考えていたら、サラたちが弁護士の活動に与えた記述は「暴露」にはならないだろう。

　そしてもうひとつ重要なのは、M. トラヴァースが指摘するように、弁護士の活動を「暴露」だと記述したり、そこに「権力」を見いだしたりしているのは、あくまで研究者であるサラたちだ、という点である。彼女たちの記述からは、当の弁護士たちや依頼者たち自身が、みずからの行為をどのように理解していたかはまったくわからない（Travers 1993）。したがって、ここでは一般的・理念的な「法的なるもの」の想定も、それに「現実の弁護士の行為」を対置してそれを「暴露」だと記述するのも、研究者の視点からのものなのである。その点で、こうした研究もやはり、法内的なものと法外的なものを分析的に対置する思考法に駆動されているように思われる。

2-4 「法と社会」という思考法における常識的知識の位置

　このように、「法と社会」運動と同様に、批判法学と解釈法社会学も、「法と社会」という区別へと志向し、そのもとで経験的研究をお

こなっていると考えられる。注意しておけば、本書はそうした志向そのものを批判したいわけではないし、実際に積み重ねられてきた経験的研究の意義を否定したいのでもない。ただ指摘しておきたいのは、このように「法と社会」を区別し、その区別に具体的な事象を代入しながら現実を記述し説明していく研究においては、研究の対象である人びとの活動が「法的な」ものとしての理解可能性を持つことは、あくまでもその研究を背後で支えている前提になっている、ということである。人びとの意識や社会状況から判決や立法を因果的に説明する場合はもちろん、法曹の活動に「イデオロギー」を読み取ったりその現実を暴露したりする場合でも、そうした活動が（少なくとも見かけ上は）「法的」なものとして理解可能であることが論理的に要請されるだろう。

そしてこのことは、法に対する常識的知識の関係を考察するときには、非常に大きな思考上の制約として働くことになると思われる。すなわち、そうした思考のもとでは、私たち社会成員のもつ常識的知識や規範は、ほとんど必然的に「法と社会」の「社会」の側に位置づけられ、「法」との関係を問われるものとなるのである。「法と社会」運動における経験的研究では、常識的知識や規範は、法的行為や活動と因果的影響関係を持つ変数として扱われている。他方で批判法学や解釈法社会学の枠組みでは、それらは法という信念体系や法曹の活動に不当に入り込んだ「イデオロギー」や「権力」とされ、しばしば暴露の対象となる。いずれにおいても、法体系や法曹の活動がまさに「法的」なものであることを前提にして、常識的知識や規範はそれらとの関係において研究の中に位置を与えられているのである。

それに対して私がここで主題としたいのは、法体系や法曹の活動がそもそも「法的な」ものとしての理解可能性を持つのはいかにしてか、ということのほうである。言いかえるなら、法的な活動がなされるにあたって、人びとがそこに法的理解可能性を与えるその方法（論）

を、研究のトピックとしたいのである[4]。そのとき、私たちの持つ常識的な知識や規範は、「法と社会」という枠組みのもとでとは異なったかたちで、法という専門領域に対して関係づけられることになる。このことをあきらかにするために、次節では法的推論の正当性をめぐる哲学的考察に触れ、その実践的性格について論じておこう。

3 実践としての法的推論

3-1 法的活動における「正当化」の要請

前節で見たような「法と社会」という思考法のもとでは、常識的知識や規範は、基本的には法の外部にあるものと位置づけられる。それ

---

[4] 実は、このように法的活動の理解可能性を問うことは、批判法学や解釈法社会学のような、「法と社会」の関係を因果的に把握することを批判する立場にとっても重要であるはずだ。というのも、法の道具主義的なとらえかたを批判し、構成的なとらえかたの重要性を強調するそうした立場（Sarat and Kearns 1993）においては、ゴードンが述べるように、法はどこにでもあらわれてくる（omnipresent）ものとなるからである（Gordon 1984: 145）。たとえば、親子のなにげない会話や、ゼミにおける学生同士の議論、コンビニでのちょっとした買い物のようなものも、そこにあらわれている「親」「子」「学生」「店員」「客」といったアイデンティティを、家族制度や教育制度、経済制度といった法制度上の地位とみなすならば、みな法現象だということになる。つまり、そのように考えるならば、ほとんどあらゆる社会現象を法現象とみなすことが可能になるのである。けれど、こうした考えは、少なくとも私たちが日常的におこなっている区別からは、著しく離れていくことにもなるはずだ。私たちはゼミで議論することと弁護士に法律相談をすることを、いずれも同じ程度において法にかかわる現象であるとは考えないだろう。明確な定義によるものではなくとも、法的なものとそうでないものとのあいだの区別をつけながら私たちは生活しているはずである。それゆえ、法を構成的な視点でとらえたうえで経験的な研究をめざすならば、「法現象とは何か」という問いは、解決されるべき問いとして前景化してくるはずなのだ。

ゆえ、もしそれが法の内部に入ってくることがあれば、それは「権力」や「イデオロギー」のような、いわば不純物として扱われることになる。それに対して、法的活動の、法的活動としての理解可能性に目を向けるならば、その常識的知識や規範との関係は、異なったしかたで考察されなければならない。

　法的活動の理解可能性に目を向けるにあたって、まず確認しておくべきことは、そこには「正当化」という行為が含まれているということである。主張を異にしてあらそう両当事者に対して、裁判官はみずからの決定（判決）が「正しい」ものであることを提示しなければならない。すなわち、主張を退けられることになる当事者に対しても、その決定が受け入れ可能であるような理由とともに、決定を提示しなければならない。このことはもちろん、裁判官の活動だけに当てはまることではない。法的な活動がそうした「正当な」決定への指向をもつものであるかぎり、紛争の当事者もまた、自らの訴えに同種の正当性を持たせるようつとめなければならないだろう。

　法的活動が最低限そのような要素を含むものであるということは、そこに参加する人びとの行為に対して、きわめて重大な制約をあたえることになる。N. マコーミックが述べるように、当事者たちは実際には私利私欲から訴えをおこなうことがあり、法曹たちは偏見にまみれた決定をおこなうことがあるにしても、そうした「不誠実さ」は決して、そのまま口に出されてはならないのである。

　　本当に正しいと信じているからではなく、報酬を確実に手にするために勝訴したいと思っている弁護士はなぜ、そのことを口に出して言わないのであろうか。魅惑的な形の良いつんとした鼻をもっているというただそれだけの理由で、マクダウィッシュ夫人に離婚を認めた裁判官はなぜ、その理由をはっきりと述べないのであろうか。そのような事由は、請求を認容したり離婚を認めたり

することに対するよい理由として、当該法システム内で受け容れられていないからである。誠実に提出されようがされまいが、x がなぜなされるべきかを示す議論のみが、x がなされるべしと請求すること、または x をすることを支持する理由である。そのようなシステムの内部で仕事をする人びとは、x がなされるべきであるという、圧倒的な重みをもつ理由があるということを、関係する聞き手に確信させることによって説得をおこなうのである。(MacCormick 1978=2009: 17)

　ここでマコーミックが述べているのは、訴えをおこなったり決定を下したりするという法的活動のなかで要求されるのは、決して動機の誠実さではなく、「よい理由」だということである。「不誠実な」動機が口に出されないのとは反対に、どれだけ誠実な動機を表明しようとも、よい理由が提示できなければ、みずからの訴えや決定の正当性を認めさせることはできないはずだ。そしてこのように法的活動が「よい理由」を要請するものであるならば、常識的知識や規範がその中で働く場合にも、その「よい理由」との関係においてそれらが占める位置が問われなくてはならない。

3-2　演繹的正当化
　もちろん、では法的な訴えや決定を正当化する「よい理由」とはどのようなものであろうか、というのが次の問題である。あきらかに、「私が高額の報酬を手にできるから」「彼女は私好みの顔をしているから」といった理由は、法的な正当化の役には立たない（それらは、仕事選びや恋人選びの理由としてならば、他人を説得する役に立つかもしれないのに）。ここでは議論を法的推論に限って、再びマコーミックの議論を参照してみよう。
　判決を正当化するための手続きとして、マコーミックが真っ先に挙

げるのは、彼が「演繹的正当化」と呼ぶものである。すなわち、下記のような演繹的推論にしたがって判決が導かれているとき、それは法的に正当化された（よい理由を持った）ものと見なされる（MacCormick 1978=2009: 26）。

　　（A）どのような場合でも、pならばq
　　（B）本件ではp
　　（C）ゆえに、本件ではq

「pならばq、p、ゆえにq」という推論は、前件肯定と呼ばれる、妥当な三段論法とされるものである。ここで「演繹的推論」として提示されている推論がそれと同型であることは容易に見て取れるだろう。法的推論の場合、大前提（A）には法命題が、小前提（B）には当該事案における事実が代入されることで、判決（C）が導かれることになる。たとえば、次のように。

　　（A）人を殺したものは、死刑又は無期若しくは5年以上の懲役
　　　　（刑法199条）
　　（B）被告人は人を殺した（事実）
　　（C）被告人は死刑又は無期若しくは5年以上の懲役（判決）

こうした演繹的推論は、一般に「法的三段論法」と呼ばれる（亀本 1990）。重要なのは、「（A）かつ（B）が（C）を含意するということは、必然的に真であり、（A）、（B）のいずれかまたは両方が現実に真であろうがなかろうが、真である」（MacCormick 1978=2009: 25）という点である。個々の裁判官は、私利私欲や偏見や政治的イデオロギーによって、自分に都合の良いように法解釈をおこなうかもしれない。その結果、（A）に代入される法命題の内容は変わりうる。同様に、

自分に都合の良いように事実を認定するかもしれない。その結果、(B) に代入される事実命題は変わりうる。しかし、ひとたび (A) と (B) が与えられるならば、必然的に (C) が導き出されること、このことには偶然的事情が入り込む余地はない。そして、そうであるならば、判決を導き出すにあたっては、みずからがまさにこの演繹的推論にしたがっていることを示すことは、導き出された判決が正当なものであることを示すための、きわめて有力な方法であるに違いない。むしろ、(A) と (B) から (C) を導き出すことは、「法にしたがって裁判をおこなう」裁判官にとっての「義務」だと理解されるのである (MacCormick 1978=2009: 36)。

さて、マコーミックにしたがって、法的推論の正当性の中心にこうした演繹的推論の必然性があると考えるならば、仮にそこで常識的知識や規範が用いられるにしても、その役割は部分的なものにとどまると思われるかもしれない。それらは (A) や (B) に代入される命題に影響を与えるだけであって、法的推論そのものはいわば「純粋な」領域として残されるのではないか、と。こうした考え方は「法と社会」という思考法とは相性がよい。どのような立法がおこなわれるか、裁判官がどのような法解釈や事実認定をおこなうかなどは、時代によって変わったり、裁判官個人の考え（ときには偏見や政治的イデオロギー）を反映して変わったりするかもしれない。だがそれが法的推論そのものの変化ではないなら、法と「法の外部」との関係を問うことがつねに可能になる。

それに対して私が以下で例証したいと思うのは、常識的知識や規範が法的推論の中で果たす役割は、決して部分的なものではないということである。言いかえれば、裁判で個々の判決が演繹的に正当化される際に、そこでしたがわれている法的三段論法そのものに対してそれらが果たしている役割を問いたいのである。この問いをあきらかにするために、少々迂回路にみえるかもしれないが、次項では演繹的推論

3-3　演繹的正当化への懐疑

マコーミックは前項で取り上げた演繹的正当化について論じる中で、演繹的正当化それ自体の正当性（なぜ法命題と事実から判決を導くことができるのか）については、何も述べていない。むしろ、そうした推論の正当性を疑うような議論に対しては「まったくのナンセンスか、よくても、真理への非常に不明瞭ではっきりしないアプローチ」であるとしてそれを退けている（MacCormick 1978=2009: 38）。こうした態度は、実践的にはきわめて正しいと、私も思う。

しかしながら、演繹的推論の必然性は、疑いを向けようと思えば向けられるものであることもまた確かである。有名なルイス・キャロルの「亀がアキレスに言ったこと」に出てくる亀の態度が、ちょうどそうした懐疑に相当するだろう。アキレスは亀に、以下の（A）と（B）から（Z）を認めさせようとする。

(A) 同一のものに等しいものは、たがいに等しい
(B) この三角形の二つの辺は同一のものに等しい
(Z) この三角形の二つの辺は、たがいに等しい

アキレスは「AとBが真ならば、Zも真でなければならない」と主張するのだが、亀はそれを認めない。「あなたがその仮言命題を書き加えてくれたら認めましょう」、亀はそう言う。アキレスは書き加える。

(A) 同一のものに等しいものは、たがいに等しい
(B) この三角形の二つの辺は同一のものに等しい
(C) AとBが真ならば、Zも真でなければならない
(Z) この三角形の二つの辺は、たがいに等しい

あらためて、「君がAとBとCを認めるなら、（Z）も認めなければならない」とアキレスは言う。「論理的に導かれるからだ」と。しかし亀は認めない。「AとBとCが真ならば、Zも真でなければならない、ということが真であるということをまだ私はわかっていない」。アキレスは

（D）AとBとCが真ならば、Zも真でなければならない

と書き加える……。

　アキレスが無限後退に陥っていることはあきらかだ。どこまで続けていっても、アキレスは決して結論（Z）が真であることを亀に納得させることはできない。そして、亀の懐疑は、まったく同じように先の法的三段論法に対しても向けることができる。

（A）どのような場合でも、pならばq
（B）本件ではp
（C）ゆえに、本件ではq

ここには「AかつBならばC」という仮言命題は書き込まれていない。それゆえ、「それを書き加えてくれない限り、Cを認めることはできない」と亀は言うだろう。そのようにしてこの演繹的推論の必然性が疑われるなら、そこに依拠した判決の正当性もまた、根拠の怪しいものとなってしまうに違いない。

　では、こうした懐疑を前にしたとき、法的活動が示す正当性は失われてしまうのだろうか。私はそうは思わない。何より、私たちの社会ではこうした懐疑の可能性などものともせず、日々法的活動がおこなわれている。言いかえるなら、こうした懐疑が可能であることは、法

的活動に対して実際上何の困難ももたらしていない。であるならば、法的活動において「正当化」と見えていたものは実は正当化されていなかったのだ、などと考える前に、問題の懐疑のほうが間違っているのではないかと考えるべきである。

3-4 懐疑論と「規則のパラドクス」の誤り

亀の懐疑のどこが間違っているのかを考える際、「規則のパラドクス」と呼ばれるヴィトゲンシュタインの議論が役に立つ。(Wittgenstein 1953: § 185-188)。この議論はきわめて有名なものだけれど、あらためてその概要をふりかえっておこう。

「2を足しなさい」と言われた生徒が、0から始めて2、4、6…と足し算を続けていく。しかし、1000を超えたとき、生徒は突然1004、1008、1012…と書き始めるのである。当然私たちは、「そうじゃない、これまでと同じように2を足すんだ」と言うだろう。しかし生徒はこう答える。「ええ、これまでと同じように2を足してるんです」。この生徒は、「2を足す」ということを「1000までは2を足し、2000までは4を足し、3000までは6を足し」ていくことだと理解しているのである。このように言う生徒に対して、私たちは何を言うことができるだろうか。ヴィトゲンシュタインはここに以下のような「パラドクス」を見てとっている。

> われわれのパラドクスは次のようなものであった。規則によっては行為のしかたを決定することができない。なぜなら、いかなる行為のしかたもその規則と一致させることができるからである。(Wittgenstein 1953: § 201)

「1002、1004、1006…」とやっていく私たちの行為のしかたも、「1004、1008、1012…」とやっていくこの生徒の行為のしかたも、ど

ちらも「2を足す」という規則に一致したものとして解釈することができてしまう。「いや、後者は2を足すという規則が意味するものではない」と（健全にも）言いたくなるかもしれない。しかし、私たちはそのことをこの生徒に対して正当化できる理由を持っていない。「これまではこうやってきた」という過去の事実は役に立たない。この生徒は「これまではこうやってきて、これからはこうやっていく」という行為のしかたを「2を足す」の意味だと解釈しているからである。「違う！　こうやるのが2を足すということなんだ！」。そう言いたくなる。しかし生徒も同じように言うのである。「いや、こう（1000までは2を、2000までは4を…と）やるのが2を足すということなんです！」。こうして、「いかなる行為のしかたもその規則と一致させることができる」。

　亀の懐疑の場合も、ある規則から行為のしかたが決まることが否定されているという点では同じだろう。生徒の場合は「2を足す」という規則のもとで「1002、1004、1006…」というように続けることを拒否するのであり、亀の場合は「pならばq」という推論規則のもとでpからqを導くことを拒否するのである。いずれにしても、このようにして規則から行為のしかたが決まらないのであれば、「規則にしたがう」ということはおよそ成立しそうもなくなってしまう[5]。

　しかし、ヴィトゲンシュタインは上記のようにパラドクスを定式化した直後に、それを誤解であるとして退けている。

> ここに誤解があるということは、こうした思考過程において、われわれが解釈に次ぐ解釈をおこなっているという事実に示されている。まるで個々の解釈がわれわれを安心させるのは、その背後にもうひとつの解釈を思いつくまでの一瞬のあいだだけであるかのように。(Wittgenstein 1953: § 201)

もし規則にしたがうことが、規則の定式を解釈したうえでそれにしたがって行為することであるなら、「規則にしたがう」ということは成立しない。なぜなら、すでに見たように、解釈はいかようにもおこなうことができるので、どのような行為も規則に一致したものと理解することができてしまうからである。そうなれば「規則に背く」ことが意味をなさなくなり、それゆえ「規則にしたがう」こともまた意味をなさない。だがヴィトゲンシュタインは、この「規則のパラドクス」について、「規則にしたがう」ことをそうした解釈の営みであると考えることから生じてくる誤りだと述べているのである。

　ここで、懐疑論の誤りがどのように生じていたのかを丁寧に考えることは「規則のパラドクス」の議論の意義について論じるときの大きな主題であるが[6]、ここでは法的推論の（上記の意味での）実践的性質に目を向けることが目的なので、「規則にしたがっていることの正当化」という点に限って懐疑論の問題点について論じておこう。「な

---

5) よく知られているとおり、S. クリプキはヴィトゲンシュタインのこの議論を「規則に対するまったく新しい懐疑論の発明」だと考え、独自の解決を与えた（Kripke 1982=1983; 飯田 2004）。法哲学の文脈では、基本的にクリプキの議論に乗った上で（つまり「規則にしたがうこと」に対する懐疑を受け入れた上で）、法の正当性について論じようとする試みがある（大屋 2006）。他方、私がここで論じておこうと思うのは、そもそもこの懐疑を受け入れることは「正当化」という営みじたいを不可能にするということである。したがって法の正当性について考えるにあたっても、そうした懐疑にもとづくよりは、懐疑論を誤りとしてしりぞけるオーソドックスなヴィトゲンシュタイン解釈にしたがって、法的推論の実践的性質へと注目しておくのがよいと思われる。クリプキ流懐疑論の誤りについては、G. P. Baker and P. M. S. Hacker（1985）や P. M. S. Hacker（2001）などを参照のこと。

6) 晩期ヴィトゲンシュタインの諸論考が、どのようにしてさまざまな懐疑論への応答になっているのかについては、山田（2009）が非常にていねいに論じているので参照のこと。

ぜその規則にしたがうとこう行為しなければならないのか」という懐疑論の問いかけに対して、私たちは「正当化」という営みを守ることができるだろうか。

　まず、ある行為を規則にしたがったものと認めさせるために、当の規則に訴えることが役に立たないことはあきらかである。「これが正しい足し算のやりかただ」と言ったところで、生徒はまったく違ったやりかたを「正しい足し算のやりかただ」と理解しているのである。そして「2を足す」という規則は、いずれのやりかたにも合致するよう解釈することができるのだった。同様に、「これは前件肯定という妥当な推論なのだ」と亀に言っても、亀は「ではそれも書き加えてくれたまえ」と言い、そして「それを認めたらなぜ結論を認めなければならないのか」と言うに違いない。

　また、その裏返しとして、規則にしたがっていると見なせる他の行為（他人の行為や、過去の自分の行為）に訴えることも役に立たない。1000まで「2、4、6…」と続けてきたことが「1002、1004、1006…」と続けることの根拠とならないなら、他人の行為を持ち出しても同じことである。同様に、亀は「他人もそうやっている（あるいは過去そうやってきた）」ということも書き加えてくれ、と言うだろう。

　要するにここでは、「規則にしたがうことは、規則を解釈して行為することである」という前提によって、規則と行為があらかじめ切り離されている。一方で、規則の説明にどれだけ言葉を尽くしても、異なった解釈の余地が残されている（決してひとつの行為に到達しない）。他方でそれゆえ、行為はあらゆる規則に合致させることができてしまう。そこでは行為は「無色の振るまい」（松阪 1995）にされている。そしてその地点から、「規則の解釈と無色の振るまいを結びつけよ」という「正当化」が求められているのである。振るまいそれ自体は無色であらゆる規則に合致させられるのだから、それを特定の「規則にしたがった」行為として理解しうるためには、私たちはそこに何かを

付け加えなければいけないとされるのである。

　だが、私たちはここで次のように問うべきである。この地点は、そもそもそこから「行為が規則にしたがっていること」の正当化が求められてよい地点なのだろうか。なにより、「無色の振るまい」に何かが付け足されることで初めてそれは「規則にしたがった行為」として理解可能になる、という想定は、間違っていると考えることができる。規則と行為を解釈によって結びつけることができないなら、そもそもそうした解釈は、私たちが普段難なくおこなえている「規則にしたがう」ことの姿ではないのだと考えるべきだろう。では、「規則にしたがう」とは何をすることなのだろうか。ヴィトゲンシュタインの有名な答えは、次のようなものである。

　　このこと［規則にしたがうことを、規則を解釈して行為することだと考えるとパラドクスが生じること］が示すのは、解釈ではない規則の把握のしかたがあるということ、そしてそれは、そのつどの適用においてわれわれが「規則にしたがう」とか「規則に背く」とか呼ぶもののうちに示されているということである。（Wittgenstein 1953: §201）

　　したがって「規則にしたがう」ことはひとつの実践である。（Wittgenstein 1953: §202）

ここで述べられているのは、規則の意味は、その解釈によってではなく、実際におこなうことにおいて示されている、ということである。言いかえれば、「1002、1004、1006…」と実際に続けていくこと、あるいは「1004、1008…」と続けることに対して「間違っている」と言うことそのものを通して、「2を足す」という規則の意味を示しあう、そういう実践を私たちは生きている。初めて「2、4、6…」とい

う数列を学ぶとき、私たちはまずあらゆる規則に合致させることができる文字列を見て、しかる後にそれを「2を足す」ことだと理解するために付け足すべき何かを教わるのではないだろう。そうではなく、実際に「2、4、6…」とやっていくことを、「これが2を足すことである」と教わるはずだ。つまり、規則と行為とを、最初から結びついたものとして私たちは同時に学ぶ。でなければ、それぞれの理解可能性は失われてしまうにちがいない。「2、4、6…」とやることから独立に「2を足す」という規則だけを学ぶことはできないし、「2を足す」という規則を学ぶことなしに「2、4、6…」とやることだけを学ぶこともできない。これは3章で述べたように、「応答」との結びつきを理解することなしに「質問」という行為だけを学ぶことができないのと同じことである。「規則にしたがう」ことが意味を持つのは、そうした実践の中でのことなのである。規則がいかようにも解釈できるように見えたのは、この「実際にやること」を離れた場所で規則の意味を考えようとすることから生じてくる誤りにほかならない。

　そして、「行為が規則にしたがっていること」の正当化が意味を持つのも、そのようにして規則と行為が実践的に結びついているかぎりにおいてのことだろう。ある規則から、「規則にしたがう」行為と「規則に背く」行為が何であるかを導けるからこそ、言いかえれば規則にしたがった行為と背いた行為を区別して理解することができるからこそ、「この行為は規則にしたがっている」と言うことが意味を持つのであって、その区別が無効にされた場所では、もはや正当化すべき対象であるはずの「この行為は規則にしたがっている」ということの意味がわからない。つまり、どう正当化していいのかがわからない前に、そもそも何を正当化すればよいのかがわからない。いわば正当化の対象が失われてしまっている。この点で、懐疑論はもはや「規則にしたがっていること」の正当化を求めているのではなく、その正当化が可能になっている基盤（規則と行為の結びつき）を破壊している

のであり、それゆえ「なぜ」と正当化を求めることができる地点に立てていないのである。私たちが規則にしたがったり背いたりするとき、またその中で行為が「規則にしたがっている」ことの正当化を求めるとき、規則と行為の実践的結びつきそのものは、正当化を免れていなければならない。ちょうど、ヴィトゲンシュタインがこう言うように。

> われわれの誤りは、生じていることを「原現象」と見るべきところで、すなわち、「このような言語ゲームがおこなわれている」と言うべきところで、説明を求めてしまうことなのである。(Wittgenstein 1953: §654)

「2を足す」にしたがって「1002、1004、1006…」と続けていくこと、「pならばq」にしたがってpからqを導くことは、私たちがそのようにおこなっている言語ゲームであり、「原現象」なのである。私たちはそのやりかたにおいて一致している。その一致を支えにして、私たちは子どもになぜ足し算の試験の点数が悪かったのかを説明したり、被告人になぜ懲役5年の刑が与えられるのかを説明したりするときに、規則に訴えることができる。「正当化」は「原現象」としての一致のうえでおこなわれるのであって、その一致に対して求められるものではないのである。それゆえ、ここで「なぜそのようにおこなうのか（その一致はいかに正当化されるのか）」という説明を求めることは、「規則にしたがう」ことを理解不可能にするがゆえに、「説明する」という活動をも不可能にしてしまう[7]。正当化と説明には、それが尽きる地点があり、まさにそのことによって正当化と説明は可能になっている。だから、ヴィトゲンシュタインの生徒やキャロルの亀に対しては、私たちは端的にこう言うべきなのである。「君は間違っている」[8]。

さて、ようやく法的推論の議論に戻ろう。「規則にしたがう」とい

う活動の根幹に、「原現象」としての「そうやっていること」があるのだとするならば、法的推論の理解可能性もまた、法にしたがうことを「やる」、そのやりかたのうちにあることになるだろう。ウィンチが言うように、「推論を学ぶとは、何かをおこなうことを学ぶことなのである」（Winch 1959=1977: 70）。ふたたびマコーミックの「演繹的正当化」を思い出しておこう。

---

7) 念のため述べておけば、このことは「だから結局規則にしたがうことには根拠などない」ということではない。そうではなく、規則に訴えて「正当化する」ということの理解可能性が、私たちのやりかたの一致が疑われないことに支えられているということである。言い方を変えれば、規則の根拠への疑いは、「規則にしたがう」言語ゲームのなかに居場所がない。もちろんその一致には理由はない。それは「原現象」である。だがそのことは、その一致に支えられた私たちの言語ゲームの内部で「規則にしたがう」ことに根拠がないこととは水準が異なっている。疑ったり正当化したりすることができるのは、言語ゲームの内部においてのみなのである。

したがってまた、ここでの「支えられている」は、その一致を理由にして規則にしたがう行為が正当化される、ということでもない。「2 を足す」が「1000、1002、1004 …」と続けることであるのは、「皆がそうやっているから」という理由によるのではなく、単に「そういうものだから」なのである。この点でこの考えは、「規則にしたがっていることは、共同体のチェックによって正当化される」という共同体説のような考えとも異なっている。

8) この点でいえば、アキレスの理解と亀の理解を、あるいは生徒の理解とわれわれの理解を、ともに規則に対する等価な理解であるかのように描く懐疑論は、その出発点からしてそもそも「規則にしたがう」ことについての考察になっていないのだとも言える（Lynch 1993; 前田 2005）。出発点は正誤の判断ができる地点でなければ、「規則にしたがう」ということが意味をなさない。それゆえ私たちのゲームについて考えるならば、生徒と亀の理解は間違っている、という非対称性が出発点でなければならないのである（ただし亀は —— なにしろ亀なので —— 私たちの言語ゲームを営んでいるのかどうか定かではないけれども）。

（A）どのような場合でも、p ならば q
　（B）本件では p
　（C）ゆえに、本件では q

この推論を疑うことを端的に「ナンセンス」だと片付けるマコーミックの態度を「実践的には正しい」と先に述べたことの含意は今ではあきらかだろう。判決を正当化するという営み（の少なくとも一部分）は、推論をこのようにやることそのものによって可能になっているのである。この意味で、法的推論はひとつの「実践」である（それゆえ本書では、「法的実践」という言葉を、法的な正当性へと指向して人びとが「おこなっていること」の総体を指すものとして用いることにする）。

　と同時に、演繹的正当化がそのような実践に支えられているということは、法的三段論法の必然性についても、それを実践から切り離された場所に成立していると考えるわけにはいかないということも意味しているだろう。それゆえ、実際に判決が下されるとき、演繹的正当化はどのようにおこなわれているのだろうか、と問う余地は残されている。実際の事案においては、（A）の位置にくるのは「p ならば q」ではなく、特定の法命題であり、（B）の位置にくるのは「p」ではなく認定される事実である。そこでは、そもそもどのような規則が与えられるのかも、与えられた規則が事実に適用可能なものであるのかどうかも、決して自明ではない（だからこそ裁判で争われる）。したがって、法的推論を演繹的に正当化するという実践のうちには、法命題を「p ならば q」を命じる規則として提示し、また認定する事実が、まさにその規則が適用されるべき「p」として提示する実践が本質的に含まれるはずである。そして、そのようにして演繹的正当化をすること、すなわち、法的推論をまさに法的推論として理解可能なものと

することの中で、常識的知識や規範の運用は構成的な役割を果たしている。これが本章の残りの部分で例証したいことである。

4　判決文の理解可能性

4-1　法解釈と正当化の岩盤

以下では実際の判決文の一部を検討しよう。素材とするのは、準強姦が争われた事案の判決文である[9]。事件の概要は以下のようなものだった。当時 18 歳だった女性 A は、友人 D と駅前で被告人に声をかけられ、被告人の車で自宅に送ってもらうことになった。途中被告人はハンバーガーショップに立ち寄り、ハンバーガーとウーロン茶を購入して A と D に与えた。被告人はその際ウーロン茶にハルシオン（睡眠導入剤）を混ぜている。A 宅に到着したあと、激しい眠気を訴えていた D は A 宅に入ったが、A は被告人の車に残った。その後 A を乗せた被告人は車を近所の店の駐車場に移動させ、停車中の車両内で A と性交した。

適用が争われていた罰条は、刑法 178 条（当時）の準強姦罪である。刑法 178 条には次のように書かれていた。

> 人の心神喪失若しくは抗拒不能に乗じ、又は心神を喪失させ、若しくは抗拒不能にさせて、わいせつな行為をし、又は姦淫した者は、前二条の例による。

---

[9] 前橋地判平 15・2・7（判例時報 1911 号）。ただし、142 ページの注でも述べたように、ここで引用する判決は、法解釈上の重要性によって選ばれたものではない。けれど、たとえば刑法 178 条に言われる「抗拒不能」という概念の実践的意味に注目することは、そこに被害者にとっての構造的問題がひそんでいるという問題を示唆することで、事実認定において注意されるべき点を考える役に立つかもしれない。注 10 も参照のこと。

「前二条」とは176条の強制わいせつ罪と177条の強姦罪のことである。いま問題になっているのは準強姦罪なので該当するのは強姦罪のほうである（当時の法定刑は2年以上の懲役）。また、問題となっている被告人の行為は、Aの抗拒不能に乗じたものではなく、被告人みずから睡眠導入剤を用いてAを抗拒不能にさせたかどうかが争われていた。それゆえ、本件で適用が争われていた法命題をもっとも単純なかたちで書けば、次のようになるだろう

　（A）人を抗拒不能にさせて姦淫した者は、2年以上の懲役

　他方事実に関しては、姦淫があったこと自体は争いがなかったので、もっぱらその姦淫が、被告人がAを抗拒不能にさせることでおこなわれたかどうか、言いかえれば、被告人がウーロン茶に入れた薬が原因でAが抗拒不能状態にあったかどうかが争われた。もしAが抗拒不能状態にあったと言えるなら

　（B）被告人はAを抗拒不能にさせて姦淫した

という事実が認定されることになり、（A）と（B）からの演繹的推論によって

　（C）被告人は2年以上の懲役

が導かれることになる。

　さて、問題は、（A）と（B）のあいだの距離である。当然ながら刑事裁判で争う両当事者は、事実についてしばしば異なった主張をする。では、それぞれいったいどのような事実を提示すれば、Aが「抗拒不

能であった／なかった」と示すことができるのだろうか。また、裁判官は事実認定をとおして（B）が成立するかどうかを決定しなくてはならないわけだが、そのためにはいかなる事実を認定すればよいのだろうか。被告人の行為への、法命題の適用可能性が問題になるこの場所に、「規則にしたがう」ことの問題があることはあきらかだろう。

まず、この問いの答えは、当然にも「抗拒不能」という表現の意味に依存する。また、これがすぐれて専門的な語彙であることもたしかである（日常生活でそんな語彙を使うことはない）。この点で、この表現の意味に正しくしたがって事実認定をおこなうには、それがどのような状態を指して用いられるかについての専門的知識が必要である。

しかし他方で、ひとたび専門的知識が与えられるならば、提示／認定されるべき事実が一義的に指示される、というわけでもない。「抗拒不能」とは、たとえば次のように解説される状態である。「物理的（手足が緊縛されている場合など）または心理的（錯誤、畏怖状態に陥っているなど）に、わいせつな行為または姦淫に対して抵抗することが著しく困難な状態」（山口 2005: 109）。実際、この事案の判決文の中でも、「抗拒不能」はしばしば「抵抗が極めて困難な状態」に言いかえられている。こうした解釈は、より日常的・常識的な表現であり、その意味で専門的知識についての理解しやすい説明にもなっている。だが、この解釈さえ用いれば個別の事案でいかなる事実を提示／認定すべきかが定まるわけでない。いったい「著しく困難」であったことを提示／否定するためには、どの程度の困難さがあったことを示せばよいのだろうか。上記の解釈には「著しさ」の内実を教えてくれる基準は何も含まれていない。

ここにあるのは、もはや法解釈上の専門的問題ではなく、「著しさ」という私たちの自然言語の語彙の意味の問題だろう。「著しい」という程度表現の意味をさらに説明しようと試みるのはなかなか難しい。「とても」「非常に」といった言葉に置きかえることが解決にならない

ことはあきらかだ。そこにはやはり提示／認定すべき事実を決めてくれる一義的な基準はなく、それゆえ今度は「とても」「非常に」の意味が問題になるだけだろう。そして、ここで「さらなる解釈によってその言葉をどう使用すべきかを決めなくてはならない」と考えるなら、例のパラドクスがやってくる。

だが、事態はむしろ、ヴィトゲンシュタインがこう述べる場合に近いのではないだろうか。

> 「どうやったら私は規則にしたがうことができるだろうか？」これが原因を尋ねる問いでないなら、それは私が規則にしたがって行為するしかたの正当性についての問いである。
> 　私が正当化を尽くしたならば、私は岩盤に達したのであり、そこでは私の鋤ははねかえってしまう。そのとき私はこう言いたくなる。「まさにこうやるのだ」。(Wittgenstein 1953: §217)

どうやったら人が「抗拒不能」状態にあったかどうかを正しく知るための基準を得ることができるだろうか。もちろんこれは事実認定の正当性についての問いである。その問いに対しては、「抵抗が著しく困難」であったかどうかが基準なのだ、と説明することができる。では、「抵抗が著しく困難」であったかどうかの基準はどうやったら正しく知ることができるだろうか。ここでさらなる説明を試みても、もはや鋤は岩盤にはねかえされてしまう。ここではもう、実際に示してみせるほかないように思われる。たとえばこういう場合がそうなのだ、と。そして、法的推論をする、という作業は、まさにそのつど「実際にやってみせる」実践となっているのである。

4-2　常識的知識を用いて法的推論を「やる」こと

さて、判決文によれば、Aは第2回公判期日で次のように供述して

いる。

［抜粋1］
ア　B店駐車場を出発し、A宅前に着くまでの間
　「携帯の字とかがはっきり見えなくて、それがすごい印象深くて、でもいつもコンタクトを入れているので、目が悪いので。コンタクトがすごく霞んでいるのかなみたいな感じで思ったから、すごい変な感じはしました。」、「目が回るというのではないのかもしれないけど、（字が）ぼやけている感じ。」、「細かいものは余りはっきり見えなくて。」、「すごく眠いというか、くらくら、くらくらしていて……」、「目が回るというか、すごくぼうっとしていて、考えるのが面倒くさいというか、何もする気が起きないと言うのではないけれども、すごくぼうっとしていました。」
イ　C店駐車場での性交前後
　右側にいた被告人を、自分の右手で払いのけようとしたが、払いのけられなかった、「（払いのけることができなかった理由について）力もだから本当に入らなかったから、ただここに手がぶるんって動くぐらいで、力を入れてどかしたのではなくて、ただ手が動くみたいな感じで。」、「ここまで力を入れたら、がっと、手がただ落ちるというのではないけれども、力が抜けるとふっとなるではないですか。それくらいのような感じがしたから、あっ、力が入らないのだなってその時に思った気がします。」、「体がすごく重いというか、だるいというか。」、「普通振り払う時って、最後まで力入れると思うのですけれども、そういうのではなくて、ここまで上がるのだけれども、手が落ちるというか。」、「力が抜けてしまうみたいな感じ。」
ウ　自宅に戻った後
　自室に向かう際、階段も立って歩けなくて、「はいはい」のよ

うな感じで上った気がする。

　真っ直ぐ歩けなかったので、Ｉにおぶってもらい、病院や警察に行った。ふらふらして、手に力が入らなかったのと同様に、足に力が入らない状態だった。

ここでＡは、「ぼうっとしていた」「くらくらしていた」「力が入らなかった」ことなどを訴えている。しかし、その内実は必ずしもはっきりしていない。「携帯の字とかがはっきり見えない」「コンタクトが霞んでいる感じ」ということ以外、「ぼうっとしていた」「くらくらしていた」というのがどういう状態だったのかは、この供述からはわからない。また、「力が入らなかった」ことについても、はっきり述べられているのは「まっすぐ歩けなかった」ということだけで、それ以外は「みたいな感じ」「気がする」といった表現で述べられている。それゆえ、ここからだけでは、Ａが当時何をすることができる、あるいはできない状態だったかを正確に知ることは難しい。この点では、これは「曖昧な」供述に思えるかもしれない。

しかしながらこの「曖昧さ」には、一定の合理性がそなわっているようにも見える。「ぼうっとしていた」という状態は、まさにそのぼうっとしていた当人が正確な記憶によって自らがその状態にあったことを示そうとするならば、遂行的に否定されてしまうような状態である（ぼうっとしていたならば正確に憶えているはずがない）。つまり、自分がどのように「ぼうっとしていた」かを正確に記憶していればいるほど、かえって供述の信用性は怪しくなってしまう。それゆえ、Ａの供述は、まさに曖昧なものであることによって、自分が本当に「ぼうっとしていた」ことを証拠立てようとしていると考えることもできるだろう[10]。

そして、被害を訴えるＡの供述においてそうした記憶の曖昧さが提示されることは、裁判官に対して「事実」を提示して法的推論を

「やってみせる」ことになるはずだ。すなわち、当時の状況をきちんと憶えていないというまさにそのことにおいて、「抵抗が著しく困難な状態」すなわち「抗拒不能」がどのような状態であるのかについての理解が実践的に示されているだろう。そしてその理解の提示は、

　　(B) 被告人はAを抗拒不能にさせて姦淫した

という小前提が成立すること、それゆえ「(C) 被告人は2年以上の懲役」という結論が導かれるべきであることの主張となるはずだ。ここではまさに、「規則を適用することにおいて規則が把握されている」。そして、それは法的な専門的知識だけではなく、記憶の確かさについての常識的知識を用いておこなわれているのである。

　実際、Aの供述が持つこうした理解可能性は、裁判官によっても適切に受けとめられているように思える。というのも、結局裁判所は「抗拒不能」の事実を認定しなかったのだが、そのさいにおこなわれているのは、Aの供述に含まれる曖昧性を覆すことだからである。以下では裁判所の判断部分について、少し長くなるがAの意識状態について検討している部分を見てみよう。

---

10) この点で、いかにみずからが「抗拒不能」状態にあったかを供述によって準強姦の被害者が示そうとすることには、ひとつの構造的ジレンマが備わっていると言えるかもしれない。すなわち、一方で当然にも供述は正確であったほうが証拠として好ましいのだが、他方で正確であればあるほど、それは被害者が「抗拒不能」と言えるような精神状態にあったことを遂行的に否定してしまうのである。それゆえ、被害者はただ正確に供述すればよいというわけにはいかなくなる。本文で検討しているのとは別の準強姦事件において、被害者が「性行時の状況を詳しく記憶している」「具体的に供述している」ことが、「覚醒していて、周囲の事情を認識し、これに対応した行動をとることができる状況にあったものと認められる」理由のひとつとして挙げられ、「抗拒不能」であったことが否定された事案のレビューとして、中島 (2010) を参照。

[抜粋2]
(1) まず、Aが本件錠剤を摂取したこと、Aが、自宅に戻った後、他の者とのやり取りにおいて、その程度は甚だしいものではないものの、酒に酔った場合よりろれつが回らないしゃべり方をし、だるそうな感じで、足がふらついており、1人では、真っ直ぐスムーズに歩けない様子だったことから、少なくともAが自宅に戻った以降には、Aに薬物の影響がある程度発生していたことは否定できない。
(2) しかしながら、他方で、本件においては、次の各点を指摘することができる。
　ア　Aが、横川付近を走行中に、Dから「ここはどこ」と尋ねられ、即座に「横川」と答えたこと、A宅前まで被告人運転車両を誘導したこと、及び、被告人が通常逮捕されて事情聴取を受ける以前の段階（したがって、捜査官による誘導等も考えられない。）において、B店駐車場を出発して横川方面に走行し、途中脇道に入って方向転換し、A宅前を経て、C店駐車場に停車し、再びA宅前に至るまでの場所及び走行経路を正確に再現したことからすると、Aは、深夜で、日中に比べ周囲の様子が分かりづらい状況にもかかわらず、B店駐車場を出発してから自宅に入るまでの間の周囲の状況、場所や道順を正確に認識し、記憶していたと認められる。

　　Aは、よく通る道なので、場所等は何となく分かっていた旨供述するが、脇道に入って方向転換した場所や、C店駐車場で停車した位置等は、本件当日に特有の場所であり、本件当日の記憶の正確さを裏付けるものである。
　イ　［略（Aの自宅前でDを降ろした際に、座席からDを降ろしたり背もたれを移動させたりといった動作がおこなえてい

たこと）]
ウ　のみならず、被告人と2人で車中に残っていたAが、近づいてくる車両を認めて「あ、パパだ。」と言い、これを聞いた被告人が「まずいから、移動しようか、顔を見られてしまったよね。」などと言って、車を発進させ、走行した後、C店駐車場に車を停めたのであるから、（あ）当時Aは目ざとい反応ができる状態にあったと考えられ、（い）また、いずれはA宅前以外のところで性交するのであったとしても、本件性交場所であるC店駐車場に行くことになったきっかけはAの言動にあり、被告人が初めから計画して本件性交場所に赴いたものではないと考えられ、（あ）の点は、当時のAの明確な感受力を示すものであり、（い）の点は、後記第5における被告人の準強姦の犯意を否定する事情になるものと考えられる。
エ　[略（性交後、被告人から携帯電話を取り上げて自分の携帯に着信履歴を残す行動ができたこと）]
オ　[略（自室に戻った後、被告人や他の知人に電話をかけることができていたこと）]
カ　他方、本件錠剤1錠分を摂取したと考えられるDは、JR高崎駅前において、被告人車両に乗車したときには、既に眠気を訴えていたものではあるが、ウーロン茶を飲んでからは、急激に眠気が強まり、その後はときに目覚めるもののもっぱら寝ている状態となり、殆ど断片的な記憶しか有していないものであり、Aの状態は明らかにこれとは異なる。

(3) Aと被告人の各供述の信用性
　Aの前記「自宅に到着するまでの車中で、すごくぼうっとし、くらくら、くらくらしていた。携帯電話の字がぼやけてはっきり見えなかった。性交前後に、被告人を右手で払いのけようと

したが、手に力が入らず、力が抜けてしまい、払いのけること
ができなかった。」旨の供述は、(2) で指摘したとおりの同人
の動作、行動、意識状態等と明らかに反するものであり、信用
し難い。……
(4) 以上を総合して判断するに、……Aが、性交時、薬物の影
響により、抗拒不能、すなわち、抵抗することが不可能又は極
めて困難な状態にあった事実は認め難い。

　こうして、Aが「抗拒不能」であったことは否定される。(1)で述
べられているとおり、ここではAに薬物の影響があったこと自体は
否定されていないので、問題はそれがどの程度のものであったかとい
う点にある。そして、その「程度」についての理解の提示はふたたび、
「抗拒不能」概念の意味を実践的に示すものとなっている。
　Aの供述では、いわば自分が「できなかったこと」が述べられるこ
とで、「抵抗が著しく困難な状態」にあったことが示されていた。そ
れに対して、Aの供述を否定し、逆の認定をおこなった裁判官がここ
で述べているのは、Aができたことである。「ぼうっとしていた」と
いう意識状態について、Aの供述によって示されていた理解可能性が
覆されるしかたを見ておこう。
　第一に、Dから「ここはどこ」と尋ねられたさいに、Aが「横川」
と答えたことが挙げられている。ここで、「横川」という答えが判決
文にいわれる「的確な状況把握」となるのはいかなる概念的前提のも
とでだろうか。文字どおりの意味で「正確な」記述ならば、ほかにも
いくらでもある。「何市何丁目何番地」という答えのほうがより「正
確」だろうし、「群馬県」「日本」「地球」といった答えだって「正し
い」答えには違いない。そして、そのように「正しい」記述が無数に
ある以上、今いかなる記述が用いられるべきかは、文字どおりの「正
しさ」「正確さ」によって決めることはできないはずだ。今いかなる

記述が用いられるべきかの基準を知るためには必要なのはむしろ、記述が用いられるそのつどの実践にとって、当の記述が持つ関連性を理解する能力だろう[11]。たとえば、外国に旅行に行って現地の外国人に自分がどこから来たかを述べるとき、「八王子市南大沢 1-1 から来た」と言っても（それがたとえ「正確」であっても）、おそらく自己紹介の役には立たないだろう。適切な表現はむしろ「日本から」であるにちがいない（それは郵便を送るには「曖昧な」表現であっても）。同様に、群馬県の高崎駅から車に乗ってハンバーガーショップに行き、安中市内の被害者の自宅に向かう途中で友人に現在地を伝えるときには、県内の地名を答えることは実際上の目的に照らして合理的な答えとなるだろう。ここで「日本」と答えたらふざけていることにしかならないし、「何丁目何番地」と答えていたらそのあいだに車はその番地をとおりすぎてしまう。また、地名を答えるのが同じ県に住む友人に対してではなく、たまたま出会った旅行者に対してであったなら、「横川」だけでは伝わらないかもしれない。それゆえ、「横川」という答えは、自分が置かれた状況への適切な理解を含んでいると理解されうるのである。このように、今自分がいかなる状況で、誰に対して、どのような活動をおこなっているのかについての理解が、場所に与えられる記述を定める。言いかえれば、人や活動に与えられる記述との概念的連関のもとで、「場所」の適切な記述も決まる。Aの答えが「的確な状況把握」だと言われるのは、用いる記述の選択にその連関

---

11) とりわけ法廷における記述の場合、そこが事実があきらかにされる場所であるがゆえに、用いられる記述はできるだけ「正確な」ものが望ましいと考えたくなる。だが、A. ポメランツが示しているように、たとえ法廷においてであっても、どのような記述が用いられるべきかは、そこでおこなわれているそのつどの活動に依存する（Pomerantz 1987）。この意味で、法廷で認定される「事実」は、観察を正確にしていけば真実に近づくような類のものではなく、むしろその「真実らしさ」が記述の選択に依存する「社会的事実」なのである。

への指向が見て取れるからなのである。

　第二に、「走行経路を正確に再現した」ことが、Aの供述と反する点としてあげられている。ここでもまた、その「正確さ」の基準は、何をする中で「走行経路を再現する」かによって変わってくるだろう。F1レースでゼロコンマ何秒のタイムを競っているような場合であれば、「走行経路の正確な再現」とは、文字どおりタイヤがミリ単位でコース上のどこを通ったか、ということの再現でなくてはならないかもしれない。逆に、日本列島を旅行した経路の再現であれば、立ち寄った駅や都市さえ示せば「経路を再現した」ことになるかもしれない。そしてここでの問題は、市内のハンバーガーショップからAの自宅、またそこから近所の駐車場へと至る経路である。したがって、通った道路、方向転換した場所、停車した位置などを挙げられることには、「正確な再現」と言われるだけの合理性があるだろう。

　第三に、Aが、近づいてくる車両を見て「あ、パパだ」と言ったこともまた、「的確な把握」だと言われている。ここで、Aは「パパに気づいて」いる。「気づく」ことはきわだった特徴をもつひとつの行為である。「気づくこと」は、いつでもどこでもおこなわれてよい行為ではない。たとえば、私がいま「目の前にPCのモニタがあることに気づいた！」などと言うならば、それを聞いた人は私が何を言っているのかわからないだろう。同様に、「ブラジルで蝶が羽ばたいたことに今気づいた」と言っても、何を言っているのかわからないに違いない。疑いようのないことや、知りようもないことについては、それに「気づく」ことが意味をなさないのである。逆に言えば、「気づく」という表現を有意味に用いるためには、自分がおかれた状況において、何が自明で何がそうではないのか、何が知りうることで何がそうではないのかといったことを、適切に理解していなければならない。この点で、「気づくべきこと」が何であるかは、そのつどの状況と密接に結びついているのである。Aの場合、たとえば、「車が来たこと」や

「男が来たこと」にも、Ａはある意味では当然「気づいて」いただろう。だが、そうではなく、ほかならぬ「パパに気づいた」ことのうちには、いま気づくべきことへの理解、すなわち状況への理解が含まれている。なにより、Ａは駅前でナンパされた男の車に乗っている。そして、一般的に、父親には、娘が見知らぬ男の車に乗っていたりすれば、なにをしているのかを尋ねることが期待されるだろう。そして、ナンパした男についていったということがわかれば、叱ることが期待されるかもしれない。「パパに気づく」というＡの行為は、まさに、自分が問いただされ、場合によっては叱られるかもしれないという理解を示しているように思う。実際、それを聞いた被告は、「まずいから、移動しようか」といって車を移動させる。「パパに気づいた」ことが「的確な把握」だと言われるのは、自分がおかれた状況や自分のアイデンティティとの関連で適切な常識的カテゴリーを用いて「気づくべき対象」を同定することができており、そしてまさにそのようなものとして裁判官がその供述を理解しているからなのである。

　こうして、Ａの事件当時の意識状態についてのいくつもの判断が積み重ねられることで、Ａの意識は実ははっきりしていたのではないかということが示される。そして、そこから「抗拒不能、すなわち、抵抗することが不可能又は極めて困難な状態にあった事実は認め難い」という認定がなされるとき、裁判官はやはり、「極めて困難な状態」がどのような状態であるのかを、解釈によってではなく実践によってあきらかにしているはずだ。すなわち、常識的知識を用いてＡに帰属される判断能力を複数結びつけることで、「抵抗が困難な状態ではない」と実際に判断を下しているのである。ここでは、Ａの状態が「規則（刑法178条）の適用対象ではない」ことが、「抗拒不能」概念の実際の使用において把握されている。そして、そうした把握に用いられているのは、きわめて常識的なカテゴリーのもとで、場所やアイデンティティや行為に与えられる記述である。「ぼうっとしていた」

という供述に示唆されていた「抗拒不能」状態の理解可能性へと疑いが向けられるのは、それとは相反するような、さまざまな記述の連関を支えにしてのことなのである。

そしてもちろん、この実践は法的推論の本質的な一部分である。Aが「抗拒不能」状態にあったと言えないなら

　（B）被告人はAを抗拒不能にさせて姦淫した

という小前提は成立しない。これが成立しないということは、被告人が準強姦の罪を犯したという証明が与えられなかったということである。このとき、もはや大前提におかれるべき法命題は

　（A）人を抗拒不能にさせて姦淫した者は、2年以上の懲役

ではない。むしろ、次のような法的推論がおこなわれなくてはならないし、実際におこなわれたのである。

- （A）被告事件が罪とならないとき、又は被告事件について犯罪の証明がないときは、判決で無罪の言渡をしなければならない（刑事訴訟法336条）
- （B）被告人が罪を犯したことは証明されなかった[12]
- （C）被告人は無罪

5　おわりに：全体社会のサブシステムとしての法システムの作動

本章の議論をまとめておこう。法的活動が法的活動としての理解可能性を獲得するための重要な要素は、そこに演繹的推論にもとづく正

当化が含まれていることである。だが、演繹的推論（法的三段論法）にもとづく正当化とは、単に法命題に解釈を与えて事実に適用し判決を導くことではない。規則の解釈は、それだけでは、個々の事例へのその適用のしかたを教えない。法命題を事実に適用するというのはむしろ、そのつどの個別的な事実を、一般的な規則の適用対象であるものとして実際に扱うこと、すなわち、規則の適用それ自身のうちで規則の命じることをあきらかにすることなのである。こうした実践に支えられることで、法的推論はその理解可能性を獲得している。言いかえれば、特殊な哲学的文脈では（私たちの言語ゲームから足を踏み出せば）疑うことが可能であっても、実践的には疑うことが無意味であるような知識を軸にして法的推論は回っている。

　そして、そのような「軸」として、常識的知識は決定的な役割を果たしている。法命題に与えられる解釈と、個別的な諸事実を繋ぐこと（すなわち法的推論）の理解可能性は、常識的な諸概念の用法に徹頭

---

12) 念のため述べておけば、もちろん犯罪事実の検討はAの意識状態のみからおこなわれたわけではなく、Aの行動の検討、被告人の犯意の検討をとおしておこなわれている。もちろんそのそれぞれについて、ここでAの意識状態についておこなったのと同様にその理解可能性のありかを描くことはできるだろう。

とりわけ、Aの行動について、Aが「できたこと」の記述がそのまま、性交がAの意思に反するものであったことを疑わせる事情としても扱われていることには別途考察の価値があるかもしれない。自宅前でDを降ろし、ふたたび被告人の車に乗ったことなどが、性交が「意思に反する」ものではなかったと疑いうる根拠として挙げられている。そしてこうしたAの行動が性交場所の駐車場に移動するきっかけとなったことは、（飲み物に薬物を入れていた！）被告人の犯意を否定する事情として扱われているのである。この点で、Aの意思の理解は、犯罪事実があったかどうかの認定にきわめて大きな影響をおよぼしていると考えられる。性犯罪事件の事案において、被害者の行動の記述と被害者の意思の理解がどのように結びついてなされるかについては6章でくわしく検討しよう。

徹尾依存しているのである。この点で、法命題の意味は、常識的知識や規範を用いながら個々の事案に法を適用していく実践のうちにある、と言ってもよいかもしれない。このことは、いわゆるハードケースではない、単純な事案のひとつひとつにおいてもそうなのである。ここには、G. ライルの次のような言葉がよくあてはまる。

> むろん、科学や法律や財政についての思考をくだけた口語的な言い回しだけでおこなうことが不可能だということは、まったくもって正しい。しかし、たとえユートピアにおいてであっても、人びとが話すことや考えることの最初のレッスンを受けるのはあれこれの専門的装置の用語によってであるというのは、まったくの間違いである。指や足は、多くの特殊な目的のためにははなはだ能率の悪い道具である。だからといって、幼児の指や足をペンチやペダルに置き換えるのは、得策とならないであろう——ことに、ペンチやペダルの使用そのものが指や足を使うことに依存している以上は。(Ryle 1954=1997: 57)

常識的知識や規範は、法というペンチを握りペダルをこぐための手足なのである。

他方で注意しておきたいのは、どのような常識的知識をどのように用いるべきかということのほうは、あくまで「正当化」という法的実践の文脈によって限定されているということである。「ぼうっとしていた」とか「適切な判断力があった」とかいった状態や能力がある人に帰属されるのは日常生活でも普通におこなわれることであるが、当然ながらそのときにいつも「著しく抵抗が困難であったか」どうかが問題になっているわけではない。「ぼうっとしていた」「適切な判断力があった」といった記述自体は、さまざまな文脈でさまざまな目的に応じて用いられているだろう。それに対して、法的文脈において「抗

拒不能」という概念の適用可能性を判断するためにそうした記述が用いられるときには、そうした記述と「抵抗」という行為記述との結びつきが、独特なしかたでハイライトされることになる。被害者の行為はすべて、「抗拒不能」であったかどうかという観点から記述を与えられ、並べられ、その一貫性を吟味される。車の走行経路を再現できることと人物を識別できることという、場合によってはまったく別々のものである能力が、「同じ能力（抗拒可能）」の一側面として理解されるのは、まさにそのようにしてであり、そうであるからこそ、それは「法的な正当化」という実践の一部分なのである。この意味で、法的推論は常識的知識を不可欠の要素としつつ、その使用に独特の文脈を与えてもいる。法的な文脈と、その文脈における常識的知識の使用の関係は、互いが互いを理解可能にしあう関係、ちょうど2章で述べた構造と作動の相互構成関係なのである。したがってこのように、常識的知識を用いた多様な実践の一部分に、独特の境界を持った法的推論という実践が位置づいている様子は、ルーマンがいう意味で「全体社会のサブシステムとして法システムが作動している」と呼ぶのがふさわしいものなのではないかと、私は思う。

　ともあれ、こうした考え方は、経験的研究のあり方として、「法と社会」という思考法のもとでの場合とは大きく異なった方向性を示すことになると思われる。「法」は（「法の外」にあるものとしての）「社会」との関係を問われるような対象であるよりもむしろ、それ自身ひとつの社会システムと呼ぶべき特徴を持っている。法的推論を実際にやってみせる活動のうちに「法にしたがう」ことの理解可能性が与えられるとき、「したがわれている法」の理解可能性もその活動の上に同時に示されているのである。そしてまさにそれゆえに、両者の相互構成関係を支えるさまざまな常識的概念の連関の中で、法という社会秩序がいかに成立しているかを描くことができるはずである。中山が述べるように、言語のこうした役割への注目のもとで、法哲学的

思考と法社会学の研究は接点を持つ（中山 2002）。

　何より、実際には法命題の正当性や法的推論の正当性が争われることはいくらでもある。批判法学や解釈法社会学の研究も、そうした争いの一部分だと考えることもできるだろう。そして、本章で述べてきた考えからすれば、そうした争いは、決して事実と法命題とを原理的に一致させることができないがゆえに生じているのではない。むしろ、常識的知識を用いて規則と事実を繋ぐ実践の中で、何を自明な知識とみなし、どこに疑いの視線を向けるのかという、個々の文脈に応じた複雑な事情のもとで、争いは生じているのである。そうした複雑さに分け入って法という秩序を描くためには、「法と社会」という思考法や、法的推論全体に対する哲学的懐疑よりも、本章で述べてきたような方針が役に立つだろう。5章と6章では、強姦罪を例にとって、法命題と法的推論の正当性をめぐる争いを見ていくことにしたい。

第 5 章

強姦罪における性的自由

1 はじめに

　前章では、法的実践にはその中心部分において、常識的知識の使用が構成要素として含まれていることを論じた。判決が「法にしたがった」ものとして演繹的に正当化されるためには、目の前の事案がまさに特定の法が適用されるべきものであることを、事実認定をとおして示さなければならない。この当然に思えることを可能にしているのは、しかるべく解釈された法と、特定の事実とを繋ぐ実践であり、そしてそれは、常識的知識のもとで行為や出来事やアイデンティティに与えられる記述の連関に支えられている実践なのである。

　このように述べると、法的推論の正当性はかえって恣意的なものに感じられてしまうかもしれない。裁判官が判断を下しさえすれば、それは正当なものになってしまうのではないか、と。しかし、実際に法命題や法的推論の正当性に疑問が投げかけられている様子へと目を向けるならば、そうした疑問は法的実践のありようから離れたところでのみ成立するものであることがわかる。法解釈や事実認定が対立するとき、それぞれの主張は恣意的であるのではなく、それぞれに理解可能性を備えているのである。

　したがって、重要なのは次の点である。すなわち、それぞれに理解可能性を備える複数の主張の対立もまた、法命題にその意味を与える常識的知識の使用の水準で生じている部分があるはずだということである。そして、そうであるならば、法の正当性が問題になるとき、単

純に「純粋な」法的推論のなかに「不純物」としての偏見やイデオロギーが入り込んでいるというように問題を理解することはできない。むしろ、そのように一方的に「不純物」を指摘できない場所においてこそ、対立は生じるのである。それゆえ、法命題や法的推論の正当性をめぐる争いを理解するためには、法的実践の中で常識的知識が果たしているそのつどの役割をたどっていかなければならない。前章の議論が示唆しているのはこのことだと思われる。

　本章と次章では、日本の強姦罪をめぐる議論の中で、その問題がどのように現れているのかをあきらかにしていきたい。強姦罪の解釈およびその運用に対しては、フェミニズムの視点から多くの批判が為されてきた。そしてその批判においてはしばしば、法曹の思考の中に古い性別規範や偏見（「ジェンダーバイアス」と呼ばれる）が残っているがゆえに問題が生じるのだと言われてきた。本章の議論は、そうした批判と問題意識を共有しているが、問題の描き方については、もう少し違った方法を取りたいと考えている。そこには、法的実践の中で、どのような常識的知識をどのように用いるのかということをめぐる対立がある。そして、常識的知識が法的実践にとって構成的である以上、単なる「不純物の混入」を超えた、構造的問題がそこにはあることを論じたい。

2　強姦罪の正当性をめぐる争い

2-1　強姦罪の保護法益

　まず、現行刑法に規定された強姦罪について、これまでどのような批判がなされてきたかを確認しておこう。強姦罪は、刑法 177 条に次のように規定されている。

　　刑法 177 条

暴行又は脅迫を用いて 13 歳以上の女子を姦淫した者は、強姦の
　　罪とし、3 年以上の有期懲役に処する。13 歳未満の女子を姦淫し
　　た者も、同様とする。

　この強姦罪に対しては、その最も中心的な要素である保護法益の解
釈をめぐって多くの批判が為されてきた。すなわち、ここに規定され
た強姦という行為が、いかなる法益を侵害するものと考えるべきか
（なにゆえ違法なのか）が争われてきたのである。
　現在の通説では、強姦罪の保護法益は個人的法益であるところの
「性的自由」であると言われている。しかし、最近までは強姦罪の保
護法益は社会的法益であるところの「貞操（ないし貞操観念）」であり、
被害者の女性の権利を守るものではなかったと、しばしば批判的に指
摘される。よく言われるのは、現行刑法典 22 章「わいせつ、姦淫及
び重婚の罪」には強姦罪や強制わいせつ罪とともに、公然わいせつ罪
やわいせつ物頒布罪が規定されており、章の編成から見れば「社会の
性的風俗を乱す」という社会的法益に対する罪として位置づけられて
いると考えられるということである[1]。実際、強姦罪の保護法益は「個
人の性的自由ないし貞操」（団藤 1990）と解説されることもあった。
　また、このように強姦罪の保護法益に社会的法益の側面があるよう
に見えることは、そこに「女性を所有権の対象とする」考え方がある
からだ、としばしば説明されてきた。角田は、旧体制下のフランスで
は「女性に対してなされた侮辱は夫に対してなされたものとみなさ
れ」たという G. ヴィガレロの議論（Vigarello 1998）を紹介しながら、

---

[1] 高島の指摘によれば、1907 年に現在の刑法が公布された際、ドイツ刑法に
ならって強姦罪が社会的法益に対する罪として配置されたことで、保護法益と
して公益の比重が増したのではないかということである（高島 2009: 74）。だ
がこのことは逆に言えば、それ以前には個人的法益にもそれなりに比重があっ
たということも意味する。この点は 3 節で検討する。

日本でも明治民法下では結婚すると女性は法的に無能力者となったことなどから、実質的には女性は夫の所有権の客体であるという考えがあったと指摘する（角田 2001a）。そして、こうした考えのもとでは、妻に対する夫の所有権を守るために強姦罪（および現在は廃止された姦通罪）が必要だったのだと言う。たしかに、もともと強姦罪に婚姻免責規定のない日本でもかつては夫婦間では強姦罪が成立しないという解釈が通説とされていたこと（所 1965）などから考えるならば、強姦罪が守るのが必ずしも被害者の性的自由ではなく、貞操観念（女性は誰とであれば性的関係を取り結んでよいかという規範）であったという指摘にはもっともな点があるように思える。そして、被害者の性的自由こそ守られなくてはならないものだと考えるならば、強姦罪の保護法益に社会的法益を含めるような解釈は不当なものだということになるだろう。したがってこうした考えのもとでは、「法制定当時の思想である貞操保護」（角田 2001b: 45）から脱却し、被害者の性的自由のみを保護することが重要だと言われるのである。

2-2 強姦罪における「暴行又は脅迫」

続いて、強姦罪についてよく批判されるのが、刑法 177 条にいう「暴行又は脅迫」の解釈である。現在の通説では、強姦罪の「暴行又は脅迫」は、「被害者の抵抗を著しく困難にする程度のもので足りる」とされている。これは強姦罪の構成要件であるから、少なくともここに言われている程度の「暴行又は脅迫」を加害者がおこなったのでなければ、強姦罪は成立しないことになる。そして、しばしば批判されるのはまさにこの点である。批判の内容は、おおむね次のようなものである。

一定程度の「暴行又は脅迫」が必要だとされるのは、それが被害者の抵抗を困難にさせるための手段、つまり強姦の手段だと考えられているからである。被害者が抵抗することは当然ながら性交への非同意

の意思表示として理解できるのであるから、「抵抗していたならば同意がなかった」は正しい推論である。そして「暴行又は脅迫」は、その抵抗を困難にするための手段として用いられるのだから、「暴行又は脅迫」があったならば被害者は同意していなかったのではないかと推論することも正しい。

だがここから、一定程度の「暴行又は脅迫」の存在を構成要件とし、それがなければ強姦罪が成立しないと考えることには問題がある。なぜなら、「暴行又は脅迫がなかったなら被害者は同意していた」という（上記の命題の裏の）命題は正しいとは限らないからである。むしろ、手段としての「暴行又は脅迫」の「程度」は、加害者が首尾良く目的を遂げることができる場合ほど小さいものですむ。被害者の抵抗の程度が小さいときほど、抵抗を困難にするために必要な「暴行又は脅迫」もまた小さいもので足りるからである。実際、性暴力の被害にあうとき、被害者はショックや恐怖で抵抗するどころか声さえ出せないことは決して珍しくないと言われる。性暴力被害にあって警察に届け出た被害者の協力を得て内山がおこなった調査によれば（内山 2000）、強姦事件の被害状況において「何もできなかった」と答えた被害者は実に 33.6% にのぼる。にもかかわらず、構成要件として「暴行又は脅迫」に「程度」を要求するならば、結果として被害者の意思は軽視されることになってしまう[2]。それゆえ、「程度」は問うべきでなく、程度はどうあれ「暴行・脅迫があること自体、すでに女性の意思に反する行為」だと考えるべきだと言われるのである（福島 1997）。

そして、そのようにして「暴行又は脅迫」に程度が要求されることは、やはり強姦罪の保護法益を「貞操」だとする古い考えにもとづくものだと批判される。よく引き合いに出されるのは、「些細な暴行・脅迫の前にたやすく屈する貞操の如きは本条によって保護されるに値しないというべきであろうか」（所 1965）という「解説」である。こ

れに対して、たとえば角田（2001b）はこう述べている。

> これは、「貞操観念の強い女性は必死に抵抗するはずだ」という男性の勝手な願望と思いこみの産物であろうが、問題はこのような考え方が「性的自由」を保護法益とすることと矛盾すると理解されないことである。（角田 2001b: 51）

ここでは、強姦罪の保護法益は貞操観念であるという考え方が法解釈に残っており、その考えが被害者の性的自由の保護と矛盾するがゆえに、問題が生じるのだと述べられている。つまり、「古い考え」が残っているがゆえに問題が生じていると言われているのである[3]。

---

2) 暴行・脅迫と被害者の不同意の関係をめぐる考察として、森川（2002）および神山（2011）を参照。実際、「被害者は同意していなかった」と認められたにもかかわらず、一定程度の「暴行又は脅迫」が存在したと認められないがゆえに強姦罪の成立が認められないという（強姦罪の保護法益を性的自由だとするならば奇妙な）判決が下されることがある。

［抜粋1］
被告人の姦淫行為は、被害者の任意の応諾にもとづいてなされた和姦であるとは到底いえず、被害者があくまで抵抗しようとはしなかったものの、もとより進んで身を許す気持ちにはならず、困惑しながらある程度拒み難い状態下においてなされたものであることは疑いないといえる。……しかし、原判決の右結論［有罪判決］を支持するにはなお躊躇せざるをえないものがある。……本件姦淫が、被害者の抗拒を著しく困難ならしめたうえでなされたと認めるには足りないものがあるといわざるを得ず、結局その心証を得るまでに至らない。（広島高判昭53・11・20判例時報922号）

強姦事件で暴行・脅迫の程度が問題になったいくつかの事案のレビューとして、湯川（2000）および川合（2005）を参照。

2-3 強姦罪と「被害者資格」

また、強姦罪の保護法益についての「古い考え」が残っているという指摘は、いわゆる「被害者資格」の問題として展開されることもある。すなわち、強姦罪の解釈および運用において、保護されるべき被害者とそうでない被害者が選別されているのではないかという問題である[4]。

まず法解釈においては、夫婦間強姦の問題が指摘される。すでに述べたように、かつては夫婦間では強姦罪は成立しないというのが通説とされていた。近年でも「夫婦間に無制限に強姦罪・強制わいせつ罪が成立し処罰しうるとすることは、刑法がフリー・パスで夫婦の寝室に入ることであり、政策的にも妥当ではない」という考えが主張されることがある(町野 1996)。実際、裁判において夫婦間での強姦罪の成立が認められるときには「実質的に夫婦関係が破綻している」と認定されるときであり、その数じたいもきわめて少ない[5]。もし強姦罪

---

3) 同様に、森川は、そうした解釈は「保守主義の理論が徹底的に排斥されていない」ものだと述べている(森川 1998: 13)。

4) もっとも単純には、強姦罪の被害者には女性しかなれない、という点も「被害者の選別」と言えるかもしれない。ただ本章と次章で述べるように、そもそも強姦罪の保護法益とされる「性的自由」の理解がどのようにおこなわれているかという点に目を向けるならば、そこにあるのが単純に「男性の排除」だと言えないこともわかるだろう。

5) DVについて2009年に内閣府がおこなった調査(男女間における暴力に関する調査)によれば、夫から「性的な行為を強要された」被害経験を持つ妻の割合は、「何度もあった」が4.7%、「一、二度あった」が11.1%である。この割合と比べるならば、実際に裁判で争われ、また有罪と認められる夫婦間強姦は「きわめて少ない」と言えるだろう。夫婦間強姦の事案の動向としては上野(2008)および大島(2009)を参照。

の保護法益が現在の通説どおり「性的自由」であるならば、ここには確かに奇妙な点があるだろう。「性的自由」とは通常、「いつどこで誰とどのような性的関係をもつか」についての自由だと言われるが、谷田川が述べるように、夫婦間においては貞操義務によって「誰と」の自由は制限されても、他の「いつどこでどのような」の自由まで無条件に制限されると考える理由は見あたらないからである（谷田川 2000）。にもかかわらず夫婦間で強姦の成立が認められないならば、強姦罪によって法益を守られる被害者には「妻」は入っていないということになってしまう。

　また、強姦事件の裁判において、被害者の職業や過去の性的経歴などが事実認定に影響をおよぼすことの問題性がしばしば指摘される（福島 1997）。すなわち、被害者が性労働に従事していたり、性経験が豊富であったりすることから、被害者が性交に同意していたのではないかと推論することの問題である。典型的には次のような事例がある。

　　［抜粋 2］
　　D 子［被害者］の供述によれば、D 子は、高校卒業後から本件発生に至るまでの間、長く水商売と呼ばれる仕事を続け、本件当時はキャバクラのホステスをしていた二十二歳の女性であり、経験した仕事の中にはアダルトビデオの出演なども含まれていたこと、同女は、少女時代から本件発生までの間に相当多数の男性と性関係を持ったことが認められる。……このような事情を総合すると、D 子は、一般人から見ればかなり自由な性意識を持った女性であると言わなければならない。……以上のような被告人および D 子の人物像に照らすと、本件当日朝の E［被告人の友人］方における状況において、被告人が、周囲の者が眠りについた頃合いをみて、抜け駆け的に D 子に肉体関係を求めるというのは必ずし

も不自然なこととはいえないし、このような求めにD子が応じ、両者合意の下、周囲をはばかりながら性交に及ぶということも、事の次第によってはないとはいえない。(東京地判平14・3・27 判例時報1791号)

　ここでは被害者の過去の職業や性経験から被害者の「性意識」が理解され、それが事件当時の「同意」を推測させるものとして扱われている。こうした推論がおこなわれるならば、特定の職業についている被害者は、それだけで「同意していなかった」ということを示すことが困難な立場に置かれてしまうことになるだろう。

　同様に、「被害者の落ち度」の問題もしばしば取り上げられる。この点は次章でも詳しく検討するが、被害者がみずから被告人の車に乗ったり、被告人の自宅に赴いたりしたことが、やはり「同意」を推測するための根拠とされ、非同意が認められる場合でも、被害者にも「落ち度」があったとされることの問題である。「彼女が「合意」したのは「車に乗る」ことであって、「セックスする」ことではない」と考えるなら（福島 1997: 273）、被害者の落ち度を指摘するこうした推論もまた、被害者の性的自由ではなく、彼女が「慎み深い（貞操観念のある）」行動をする人物であったかどうかによって「被害者資格」を与えるかどうかを区別するものだということになるだろう[6]。そうした推論は被害者がしたことに目を向けることによって、（刑事裁判において最も重要であるはずの）「被告人の行動の具体的内容につい

---

[6]「被害者にも落ち度があった」という考えは、いわゆる「強姦神話（強姦についての間違った考え方）」と呼ばれるもののひとつである。こうした考えは被害者非難を引き起こすことで二次被害の原因となるほか、事件に対する被害者自身の理解に影響を与え、結果として被害を暗数化してしまうこともよく指摘される（稲本・クスマノ 2009）。また、「落ち度」の指摘が特に性犯罪の被害者に対しておこなわれるという点について、坪井（2007）。

てはどうでもよく」扱ってしまっていると言われるのである（平井 2003）。

2-4　小括

このように、現行の強姦罪に対しては、その解釈や運用の中に、保護法益についての「古い考え」が入り込んでいるがゆえに「被害者の意思」が軽視され、その自由が守られなくなっている、という批判が向けられている。こうした批判は基本的には、強姦罪の保護法益について社会的法益と個人的法益という二つの解釈を対立させるものである。そのうえで、本節で見てきたような諸問題は、前者の「古い」解釈が残っているがゆえに生じていると考え、前者から後者への移行が徹底されるべきだと主張される。そのため、そこでの批判の矛先はしばしば、「よい解釈」をおこなえない法曹の「意識の古さ」へと向けられることになる。

しかし、ここで考察されるべきなのは、これまで見てきたような問題が本当にそうした原因によって生じているのかということである。もし問題が本当にそうした原因によって生じているのであれば、その解決のために必要なのは、よりよい法解釈であり、法曹の意識改革だということになる。だが、もしそうではない（あるいは少なくともそれだけではない）のであれば、解決の方向性も再考される必要があることになるだろう。はたして、問題は「性的自由の保護」というあるべき法解釈に対して、「貞操の保護」という古い考え方が混入しているがゆえに生じているのだろうか。次節では、強姦罪の「古い」解釈を、本章の議論に関係するかぎりで簡単に振り返ることで、本節で見てきたような問題が、単に「古い」解釈の名残として生じているのではないことを論じたい。

3 強姦罪の「古い」解釈

3-1 保護法益について

現在の刑法は、1882年に施行された旧刑法から、幾度かの改正案を経て、最終的に1907年に公布されたものである。そこで、まず旧刑法において強姦罪の保護法益がどのように考えられていたかを見てみよう。確認されるべきなのは、前節での議論のように、かつての強姦罪は社会的法益に対する罪だと解釈されていたのかどうかということである。あらかじめ述べておくなら、事態はそれほど単純ではない。旧刑法においては強姦罪は次のように規定されていた。

> 第348条
> 十二歳以上ノ婦女ヲ強姦シタル者ハ軽懲役ニ処ス、薬酒等ヲ用イ人ヲ昏睡セシメ又ハ精神錯乱セシメテ姦淫シタル者ハ強姦ヲ以テ論ス

ここでは現在の刑法における強姦罪（177条）と準強姦罪（178条）に相当する罪が同時に規定されている。さて、まず指摘しておきたいのは、この罰条の、旧刑法における編成上の位置づけである。この348条が置かれていたのは、旧刑法第三編「身體財産ニ對スル重罪軽罪」の第一章「身體ニ對スル罪」の中であった。この章は、謀殺故殺の罪や殴打創傷の罪が置かれている章である。強姦罪はそれらの罪と同じ章に、すなわち編成上は個人的法益に対する罪として規定されていたのである。現在の刑法においては強姦罪が公然わいせつ罪などとともに「わいせつ、姦淫及び重婚の罪」に配置されていることと比較するなら、旧刑法の編成のほうが、強姦罪の保護法益については明確であるようにすら思える。少なくともここからは、強姦罪はかつて社

会的法益に対する罪であったと単純に言うことはできない。

　では、旧刑法の強姦罪に対する解釈はどのようなものだったのであろうか。成瀬のまとめによれば、一部にそれを社会的法益に対する罪とする学説もあったものの、多数は旧刑法の編成にしたがってそれを個人的法益に対する罪として扱っていたという（成瀬 2006: 253）。実際このことは、強姦罪の成立をめぐる当時の議論からもうかがうことができるので、確認しておこう。宮城浩蔵は当時の学説状況についてこう述べている。

> 略言すれば強姦とは暴行強迫を以て婦女を姦する所為なりと謂ふを得べし。但し婦女承諾を与へざるにも拘はらず強て姦する時は暴行脅迫なしと雖も強姦と謂ひ得るが如し。既に或学者は強姦は婦女任意の承諾なきを以て其罪を成すと論じたり。（宮城［1893］1984: 684）

　ここで議論になっているのは、強姦罪の成立にとって必要なのは「暴行脅迫」ではなく「任意の承諾」の不在ではないかということである。強姦罪の構成要件として「暴行脅迫」の存在ではなく被害者の「承諾」を重視するこうした議論は、保護法益として「性的自由」を想定していると考えることもできるだろう[7]。宮城自身はそうした説に同意していないものの、このような議論が当時からすでにあったことは注目されてよい。なぜならここには、章編成においてのみならず

---

7) そもそも現在の刑法とは違って、旧刑法の文言には「暴行脅迫」の文字は含まれていない。ただ宮城の指摘によれば、草案には「強力又ハ重大ナル脅喝ヲ以テ」云々とあったのが「強姦」と文言を改められたのであり、その「精神」は変わっていないという。実際『日本刑法草案会議筆記』を確認すると、「強姦トハ承諾ヲ待タス暴行脅迫ヲ以テ男女間ノ情欲ヲ遂ケタル事ヲ云フ」というボアソナードの解説が記されている（西原ほか編 1997: 363）

学説としても、強姦罪を個人的法益に対する罪だとする理解の存在が示されているからである。

さて、こうした旧刑法の強姦罪は、幾度かの改正案の中で「名誉に対する罪」として編成されたり「風俗を害する罪」として編成されたりしながら、最終的には現在のとおり第22章に「わいせつ、姦淫及び重婚の罪」として編成され、1907年に公布されることになる。ここに「社会的法益に対する罪としての強姦罪」という考えがあると指摘されることはすでに述べた[8]。

だが、旧刑法の強姦罪にあった、それを個人的法益に対する罪として解釈する議論は、現行刑法への改正によって失われたわけでは必ずしもない。刑法改正審査委員会の書記であった田中正身の編纂した『改正刑法釈義』によれば、現行刑法の177条は「前段ハ舊刑法第三百四十八條前半ト同一趣旨ノ規定」であると言われている（田中［1907］1994: 764）。すなわち、条文の趣旨は旧刑法の強姦罪と同一だと言われているのである。したがって、章の編成の変更をもってただちにその保護法益についての理解も変更されたと考えるわけにはいかない。

実際、立法者の見解だけでなく当時の学説においても、「而シテ第百七十六條以下ノ罪ハ寧ロ直接ニ一個人ノ性交上ニ於ケル自由又ハ婚姻上ノ権利ヲ侵害スルモノ」（泉二 1908）であるといった記述を見ることができる。ここで言われているのは、新刑法の22章には法益の質を異にする罪があわせて規定されており、175条までの罪（公然わいせつ罪とわいせつ物頒布罪）と、176条以下の罪（強制わいせつ罪や強姦罪など）とでは、保護法益が異なるということである。そして、

---

8) 成瀬は、旧刑法の強姦罪の解釈において、個人的法益に対する罪という解釈はあったものの、その法益がいったい何であるのかについては十分な議論がなかったことが、「猥褻」概念の曖昧さと相俟って、現行刑法上の強姦罪（および強制わいせつ罪）の位置づけに影響したのではないかと推測している（成瀬 2006: 256-257）。

後者の罪が侵害するものの中には「個人の性交上における自由」があるという理解がはっきりと示されている[9]。さらに、こうした理解は刑法の章編成に対する批判として述べられることもあった。

> 性交ノ自由ニ對スル罪ハ刑法第二十二章ノ猥褻、姦淫及ヒ重婚ニ關スル罪ノ一部ニ該當シ、而シテ舊刑法ニ於テハ之ヲ風俗ヲ害スル罪ノ一ト爲シタリ。此兩刑法ノ分類ハ共ニ學理上其當ヲ得タルモノニ非ス。……
> 　學理的ニ論究スルトキハ前述舊刑法竝ニ現行刑法ノ規定ハ二個ノ相同シカラサル法盆ニ對スル罪ヲ規定シタルモノナリ。一面ニ於テ性交ノ自由ナル法盆ニ對スル罪ヲ定メ、他ノ一面ニ於テ社會ノ風俗ニ對スル罪ヲ定ム。（大場［1909］1994: 235）

このように、現在の刑法の第 22 章それ自体は社会的法益に対する罪として編成されているものの、その中には保護法益を異にする罪が同時に規定されているという解釈は、1907 年の公布当時からすでに見られるものであった。またこうした解釈は、戦前において一般的なものでもあったのである。

> 刑法が猥褻姦淫及び重婚の罪として規定する所は凡てが公共の法益に對する罪にあらず、即ち公衆の性生活を廢頽せしむる危險を實體とする罪は僅に其一部にして他の一部と個人の性生活に於ける自由又は權利（人格權）を侵害する罪なり（宮本 1931: 737）

9）ただし、同時に「性交上ニ於ケル自由又ハ正當ナル婚姻関係ヲ侵害スルコトカ即チ善良ナル風俗ヲ攪乱スル所以ニシテ此點ヨリ観念スレハ第百七十四條及ヒ第百七十五條ニ於ケル純然タル風俗犯トトモニ規定セラルルモ失當ナリと謂フヲ得ス」とも言われ、刑法の章編成自体は批判されているわけではない。

> 刑法の認める風俗犯は、一般社會の性的道徳感情に對する罪、社會上認められたる個人の性的自由に對する罪及び婚姻及び家族生活に於ける性的秩序に対する罪の三に區別することを得る。（木村［1939］1957: 208）

そして、こうした解釈は戦後にも引き継がれていくことになる。

> 第22章に規定する罪には、種々雑多なものがふくまれ、性生活の秩序を保護することを目的とする以外、共通なものはみいだしがたい。（井上 1963: 237）

したがって、こうした「古い」解釈からは、強姦罪の保護法益について次のことが確認できよう。すなわち、「強姦罪はかつては社会的法益に対する罪とされていたが、現在はそうではない」という対比は単純には成り立たない。現行刑法典第22章に位置づけられているにもかかわらず、強姦罪が現在「性的自由」に対する罪だと解釈されているのは、「古い」解釈が改まったからというよりもむしろ、その保護法益を個人的法益だとする旧刑法時代からの解釈が続いているからだという側面が確かにあるのである。

3-2 「暴行又は脅迫」の「程度」について

同様のことは、強姦罪の構成要件とされる「暴行又は脅迫」についても言える。「暴行脅迫がなくても強姦罪は成立するのではないか」という議論は旧刑法の時代にもあり、そこでは「被害者の承諾」が重視されていたことはすでに述べた。他方、改正された刑法177条には「暴行又は脅迫を用いて」という（旧刑法にはなかった）文言が加えられたことにより、構成要件から「暴行脅迫」を除くような解釈は難しくなる。そして、暴行脅迫の「程度」をめぐる議論は、そのときに

出てくるのである。

　注意しておきたいのは、暴行脅迫の「程度」が議論にのぼってくるとき、それは必ずしも、強姦罪の保護法益を貞操だと考えるがゆえに被害者に抵抗を要求し、その結果一定程度の暴行脅迫が必要だと考える、という方向性で議論されていたのではない、ということである。事態はむしろ逆で、強姦罪における「暴行又は脅迫」は相対的に弱いもので足りるのではないかということが問われていたのであった。

> 強誓ノ手段タル脅迫ハ恐喝ノ手段トノ對比ニ依リ程度ノ如何ヲ問フ可キモノナルニ止リ脅迫ノ概念トシテハ必シモ意思ノ反抗ヲ除外スル程度ノ威嚇タルコトヲ要スルモノニ非ス。（泉二 1908: 402）

> 本罪ノ成立ハ常ニ意思制壓ノ現存スルコトヲ要ス。然レドモ其制壓ノ程度ニ付テハ前陳ノ如ク猥褻行爲ノ忍容ト因果關係ヲ存スルモノタルヲ以テ足リ強盜罪ニ於ケル如ク絶對ニ意思反抗ノ抑壓ヲ來シ被害者ヲ全然機械的タラシムルヲ要セズ。（山岡 1918: 610）

　ここで問題とされているのは、刑法236条の強盗罪における「暴行又は脅迫」と、177条強姦罪（および176条強制わいせつ罪）におけるそれを、同一の「程度」を要求するものとして解釈することが妥当かどうかということである。当時、強姦罪における「暴行又は脅迫」は、強盗罪におけるそれと同様、「被害者の反抗を抑圧する程度」のものであることが必要であるという学説も存在していた（新保 1927; 平井 1934）。それに対して上に引用したような学説が示しているのは、強姦罪の場合は強盗罪よりも暴行脅迫の「程度」は弱くてよい、という見解である。財産犯の場合、強盗罪に言われている程度（被害者の反抗を抑圧する程度）の暴行脅迫がなかった場合でも、恐喝罪が成立する余地がある。したがって、程度の強い暴行脅迫を構成要件と解釈

しても財産犯となる行為そのものが狭くなることはないが、強姦罪の場合、強盗罪に対する恐喝罪にあたる罪がない。それゆえ、強盗罪と同程度の「暴行又は脅迫」を必要とすると、対象となる行為が狭くなりすぎるおそれがある[10]。強姦罪における「暴行又は脅迫」の程度が、「恐喝ノ手段トノ對比」によって理解されるべきだと言われている背景には、そうした事情があると思われる。さらに、そのようにして性犯罪となる行為の範囲を広く確保しようとするにあたっては、「猥褻行爲ノ忍容ト因果關係ヲ存スル」程度に被害者の意思の制圧があれば足りると言われているように、被害者がわいせつ行為および姦淫を認容させられてしまうという点が問題であること、すなわちそれ

---

[10] この点、強盗罪と同じ程度の暴行脅迫が必要だと主張する学説の中には、強姦罪において同程度の暴行脅迫が認められない場合、強要罪が成立しうると主張するものもあった（新保 1927）。それに対して強盗罪より弱い程度でよいとする学説では、暴行脅迫の程度が弱い場合に強姦罪をあてるのでは、強姦罪を親告罪としている立法精神を無視することになると言われていた（泉二 1908）。ここで踏み込むことはできないが、こうした見解は強姦罪の保護法益についての議論とあわせて考えるときわめて興味深い。現在では「強要罪では性的犯罪という性質が脱落するので、およそ強姦罪の補充規定として適切に機能するとは思われない」と谷田川が述べるように（谷田川 2000）、強要罪が強姦罪の補充類型と考えられることはあまりないように思う（ただし、神山（2011）などはその可能性を主張している）。強要罪では「性的自由に対する罪」という側面は完全に抜け落ちる。では当時、強姦罪は性的自由に対する罪であるという理解がそれなりに広く存在していたにもかかわらず、強要罪との補充関係が言われたり、「性犯罪」であることよりもむしろ親告罪であることが注目されたりしたのはなぜなのか。ここには「性的自由」の概念をめぐる、考察すべき問いがあるように思われる（泉二は、強盗罪と同程度の暴行脅迫を要求する説では「婦女ノ貞操ノ保護ヲ完ウスルコト能ハサル」と述べている。ここには「自由の保護」と「貞操の保護」のあいだの、対立的というよりは融合的な関係が示唆されているように思える。次章の議論ではこの問題を別の角度から考察したい）。

が性的自由に対する罪であるという理解が示されているのである。

そして、2節で見たような現在批判の対象となっている通説的解釈、すなわち「被害者の抵抗を著しく困難にする程度のもので足りる」という解釈は、じつは基本的にそうした理解を引き継いだものである。つまりそこには、「被害者に抵抗を要求するために暴行脅迫の大小強弱を問う」というのとは逆向きの理屈がある。谷田川が述べるように、「著しく困難にさせる程度」ということで判例が述べているのは、「相手方の年令、性別、素行、経歴等やそれがなされた時間、場所の四囲の環境その他具体的事情の如何と相俟って相手方の抗拒を不能にし又は此れを著しく困難ならしめるものであれば足りる」ということである。したがって、そこで要求されている「程度」は客観的な大小強弱によって判定されるべきものではなく、そのつどの「具体的事情」における被害者の主観的心理状態の相関物と理解すべきと考えることもできる（谷田川 2000: 518）[11]。つまり、あくまで被害者の意思に準拠して「程度」を判断すべきといわれていると理解できるのである。

このように、強姦罪の保護法益についてと同様、暴行脅迫の「程度」についても、被害者に抵抗を要求するような「古い解釈」が現在も残っている、と単純に言うことはできない。むしろ、保護法益という観点からも、暴行脅迫の「程度」の観点からも、古くからずっと被害者の意思に焦点をあてた議論は為されていたのである。

そうであるならば、問われるべきなのは、なぜいまだに強姦罪の「古い解釈」が残っているのかということではないだろう。そうではなく、「古く」からずっと個人的法益が保護法益だと理解され「被害

---

11)「暴行又は脅迫」の「程度」について、強姦罪の構成要件の問題ではなく事実認定の問題だと述べる松宮の指摘も、同様のものだと理解できるだろう。

被害者が恐怖等により抵抗困難な状態に陥った場合には、既に「抵抗を著しく困難にする程度」の暴行または脅迫があったと解される。（松宮 2003: 44)

者の意思」に焦点があたっていたにもかかわらず、前節で見たような問題が起こってきた／起こっているのはなぜなのかということ、このことが問われなくてはならないのである。そしてそのためには、「被害者の意思を理解する」ということがどういうことなのかを、あらためて法的実践という文脈の中に置き直して考察する必要がある。

4　法的実践の中の「被害者の意思」

4-1　弁護戦略としての被害者の意思への注目

　第4章で論じたように、法的推論の中心的な要素に「正当化」の実践がある。推論の結果として導かれる結論すなわち判決は、正当なものでなくてはならない。また、その判決の正当性を示すにあたって、常識的知識の使用は決定的な役割を果たしているのであった。もちろん、そうした正当化の実践は、判決を下す裁判官のみが携わるものではない。裁判には当事者がいる。みずからにとって有利な判決を求めて争う当事者にとってもまた、みずからの主張を正当なものとして提示することは、もっとも重要な関心事である。

　そしてまさにこのことが、刑事裁判を「被告人を裁く」だけではない場所にしている。すなわち、弁護人にとっては、被害者の行為やその動機を問題にすることが、被告人の無罪を訴えたり、減刑を主張したりする際の、正当化のための資源となりうるのである。とりわけ、無罪を訴える場合にはそうである。

　　冤罪である以上、被害者である女性が嘘を言っているということしか考えられず、それではなぜ被害者が嘘を言う必要があるのかを探求し、それを究明しなければ冤罪であることが「証明」できないからである。……現状の「憂うべき司法」と言わざるをえない「有罪推定」の下では、誠に遺憾ながら、被害者がなぜ嘘を言

うのか、その原因をアナザーストーリーとして提示しなければ、無罪の獲得は困難といわざるをえない。(森下 2003: 36)

　形式的に考えれば、無罪を勝ち取るために弁護人がおこなうべきことは、検察官による犯罪事実の立証に「合理的な疑い」が残ることを示すことだけでよいはずである。だが実際に無罪を訴えようとする弁護人がおこなう活動は決してそれだけではない。被害者証言の信用性を争うならば、より積極的に「真実はどうであったか」、とりわけ「なぜ被害者は嘘を言っているのか」という「アナザーストーリー」を示すことが、より説得力のある弁護活動につながると言われる。この点で、被告人の行動ではなく被害者の行為や心理に焦点を当てることは、弁護人の活動としては合理性を持つ（稲田 2008）。また、そのときに焦点があてられる被害者の行為や心理のうちには、単純に犯人を誤認していたというようなことだけでなく、怨恨や責任転嫁といったものも含まれる。それゆえ強姦罪の場合で言えば、「被害者はじつは性交に同意していたのに、（怨恨などの理由によって）同意していなかったと嘘をついている」という主張が法廷で為されることになる、実践的な合理性がここにあることになる。

　もちろん、被害者の行為や心理に焦点を当てることには、（2節で見た議論で批判の対象となっていたような）被害者に必死の抵抗を要求し、それを抑圧できる程度の暴行脅迫を強姦罪成立の条件とするような考え方につながる可能性もある。しかし注意しておかなければならないのは、被害者の行為や心理が性犯罪裁判の中に入ってくることの実践的合理性それ自体は、そうした考え方と必然的に結びつくものではないということである。なぜなら、無罪を勝ち取るために被害者の行為や心理に焦点を当てることが有効だということが示されているのは、「強姦」の成否の基準が「被害者の意思」にあるということだからである。被害者がその供述に反して実は同意していたということ

が立証できれば、それだけで弁護人の目的は達せられるのである。この点で、被害者の行為や心理に焦点が当たることを完全に排除することは不可能であると思われる[12]。被害者が同意していれば強姦という記述の適切性が失われるということは、その行為の理解には、そもそも被害者の意思の理解が本質的に含まれているということを示しているのである。「被害者の行為や心理」へと焦点が当たるのは、いわばその論理的帰結なのである。

4-2 「貞操観念」と「自由」の実践的結合

したがって、被害者に必死の抵抗を要求するような強姦罪の解釈について、そこに「貞操観念」と「性的自由」の対立を読み取り、後者

---

12) この点について、被害者の同意の有無が問題になることで「被害者が裁判にかけられる」ような事態を回避するために、強姦罪を「性的自由」に対する罪としてではなく「性的暴行罪」と理解すべきだという議論がある(木村 2003)。だが本文で述べたような理由から、おそらくそれで大きく事態が変わることはない。実際合衆国での強姦法改正はそのようなものであったが、被告人の抗弁としては同意を争うことができたので、結局法廷で被害者の意思が争われることはなくならなかったと言われている(辻脇 2002)。これは強姦罪の解釈の問題であるよりもむしろ、「強姦」という行為記述と「被害者の意思」の論理的な結びつきの問題だと考えられる。それゆえ、強姦罪を暴力罪として構成しようとする議論はどこか奇妙である。D. ドリップスは同意と暴力の二重要件を批判し、「力」の種類と強さによってその罪を構成することを主張する(Dripps 1992)。それに対して R. ウェストは、それは「被害者の視点」を反映するものではありえず、知人間レイプのような、暴力性の程度が低い場合は犯罪性が低いということになってしまうと批判している(West 1993)。ウェストの批判自体は正しいと思うが、そこで「被害者にとっては望まない挿入そのものが暴力なのだ」と言われて「暴力」概念が拡大されれば問題は解決されるかといえば、違うと思う。何より、そのときそこに「望まない」という被害者の意思にかかわる言葉が復活していることを見逃すべきではない。問題になっているのはやはり、暴力の程度であるよりもむしろ、被害者の意思なのである。欧米における強姦法改正の動向については、上村(2004)も参照。

ではなく前者を重視するがゆえにそうした解釈が出てきていると考えることは、おそらく妥当ではない。被害者の抵抗が注目されてきた理由の少なくとも一部は、「抵抗」の存在が被害者の意思の理解と論理的に結びついていたからだろう。実際、「被害者は抵抗できないこともある」という批判も、「被害者の意思をどのように理解すべきか」という方法の選択に向けられているのであって、そのとき「被害者の意思を理解する」という目的自体は共通の前提となっているのである。対立はむしろ、被害者の意思をどのように理解するか、すなわち自由の理解の方法にある。

そして、その自由を理解する方法こそ、強姦罪をめぐる法的推論の中で常識的知識が働く場所である。ふたたび前章で論じたとおり、法的推論の正当性は、法命題の命じることが「まさにこの事例に当てはまる」ことを示す実践に支えられており、そこにおいて常識的知識は構成的な役割を果たしている。強姦罪の場合、それを「性的自由に対する罪」と理解すればこそ、どのように「自由」を理解するのか、すなわち被害者の同意があったかどうかをどのように理解するのかが、決定的に重要な問題になるのである。

すでに述べたように、この点はとりわけ無罪を勝ち取ろうとする弁護人にとって重要である。被害者がじつは同意していたということを示すために用いることができる資源を徹底的に利用することは、まずもって弁護人にとっての関心事だからである。そうした「決意」は、たとえば次のように述べられることがある。

> 暴力的手段とまではいえないまでも、極めて強引に性交渉に至る場合もある。相手の年齢、職業、性経験などや性交渉に至る具体的状況などからみて、強姦というにはあまりに微妙なケースが実際にある。……
> 否認の方針を取るかぎりは、被害者を徹底的に弾劾しなければな

らない。密室内における性交渉が「合意」か否かを問題にするのであるから、中途半端な妥協はできない。(後藤 2003: 84)

　ここでは、否認という方針を取る場合に弁護人が為すべきことが述べられている。否認という方針を取るというのは、「合意があった」と主張するということである。そしてそのとき、その「合意があった」ことの理解に用いられるのは、被害者の「年齢、職業、性経験などや性交渉に至る具体的状況」だと言われるのである。
　2節で見たとおり、被害者の性的経験などをもとに同意の有無を理解しようとすることは、「被害者資格」を設定したり被害者の落ち度を責めたりすることに繋がるものとして批判されてきたことである。にもかかわらず、法的実践の中では、何らかの形でそうした常識的知識に頼ることに実践的合理性が生じる場合がある。なぜなら、被害者の「年齢、職業、性経験」などが、被害者の意思を理解するための資源として利用可能であると弁護人や裁判官が考えるならば、それはまさに「性的自由に対する罪」としての強姦罪や強制わいせつ罪が適用可能かどうかを争うために用いることができるものとなるからである[13]。
　したがってこの問題は、「暴行又は脅迫の程度」によって被害者の意思を理解することを退けようとする場合にこそ、強く顕在化してくるはずだ。「被害者の抵抗を困難にさせる程度」という通説的解釈を、暴力の客観的程度の要求として理解するならば、形式的には暴力の強さだけを（すなわち加害者がおこなったことだけを）吟味すればよいということになる（もちろんそこでは被害者の意思は無視される）。だがそうではなく、被害者の意思に準拠して、「相手方の年令、性別、

---

13) ［抜粋2］の事案のレビューの中でも、「少なくとも現在の裁判実務を前提とすれば、Y［被害者］の属性（たとえば、過去の男性経験や風俗営業店での勤務など）を明らかにすべく、踏み込んだ尋問を行わざるをえない」と述べられている（中島 2004）。

素行、経歴等やそれがなされた時間、場所の四囲の環境その他具体的事情の如何」を考慮に入れて「程度」を理解しようとするならば、そのとき被害者の属性や行為に関する「常識的知識」が、彼女の意思を理解するための資源として利用可能なものとなる可能性があるのである。

もちろん、だからといって直ちに、どのような「常識」でも用いてもよいということになるわけではないが、これまでの議論から次のことは言えるだろう。すなわち、もし法的推論の中で「貞操観念」と呼ばれるものが働いているのなら、それは性的自由を無視することにおいてではなく、被害者の意思を理解しようとする方法の中で（すなわち性的自由の理解の中で）のことだということである。こうして、「古く」からずっと個人的法益が保護法益だと理解され「被害者の意思」に焦点があたっていたにもかかわらず、2節で見たような問題が起こってきたのはなぜなのかという問いに答えることができる。すなわち、対立は「貞操観念か自由か」にではなく、自由を理解する方法の内部にあったからなのである。

5　おわりに

以上の議論は、強姦罪をめぐる解釈の対立や、その運用の問題点について、これまでとは違った探求の方向を定めてくれるだろう。第一に、強姦罪の解釈をめぐる争いは、法命題の恣意的な解釈可能性によって生じているわけでもなければ、単に「古い」考えが不純物として現在にまで残っているがゆえに生じているわけでもない。そこには、より構造的な問題がある。すなわち一方で、それらは法廷における正当化実践の中で「被害者の意思」が理解されるがゆえに生じてくるものである。「強姦」という行為記述の適切性が問題となるとき、いかにして「被害者の意思」を理解するのかという問いを避けることはで

きない。他方で、その問いは法的な専門的知識によって解決することはできない問いである。それゆえ法廷で争われるそのたびごとに、裁判の参加者はその問いの解決に、常識的知識を用いて取り組まなくてはならない。「暴行又は脅迫の程度」の解釈の問題も、「被害者資格」の問題も、その時に何を利用可能な資源として用いることができるかという問題と結びついている。そしてその可能性のあり方は、弁護をおこなう弁護人にとっては裁判官や裁判員[14]に向けた正当化実践との関連で、また判決文を書く裁判官にとっては当事者や社会成員に向けた正当化実践との関連のなかで決まってくるものであろう。したがってそれらは、単に法曹のなかに偏見が残っているという、個人の資質に関わる問題に還元することはできない。

　第二に、それゆえそうした問題がどのように生じているのかをあきらかにするためには、「古い考え」があることを指摘するのではなく、「性的自由」という保護法益の理解が、さまざまな常識的知識との連関のなかで、実際にどのようにおこなわれているのかを辿っていく必要がある。次章ではふたたび判決文の検討をとおして、「被害者の意思」を理解する実践の中で、性別というアイデンティティが果たしてしまっている役割の大きさを示したいと思う。強姦罪をめぐる議論が、単に自由をめぐるものであるだけでなく、平等をめぐるものでもある理由が、そこにはある。

---

14) 裁判員に対してであれば、「社会の良識」に訴えることがより積極的におこなわれるかもしれない。ある強姦事件の弁護を担当した弁護士はこう述べている。

　本件においては被害者の属性が特徴的であり、これに加えて当日の被害者の行動が社会の健全な良識からはかけ離れた面があったという事情があったことから、この点を強調して裁判員の良識に訴える弁論を展開していくことが有益であろう。(青木 2009: 37)

第 6 章
被害者の意思を認定する

1　はじめに

　強姦罪を「性的自由に対する罪」と解釈するなら、「被害者の意思」を正しく理解しようとすることは決定的に重要である。では法的実践の中で、その事実の認定はどのようにおこなわれているだろうか。この点を考えるためには、被害者の意思の理解を法的文脈における正当化実践の中にあらためて位置づけて検討することが必要だということを前章では論じた。その実践を離れて、「貞操観念ではなく性的自由の保護が必要だ」と言うだけでは、適切に問題を捉えることはできない。

　本章ではその問いを、「判決文を書く」実践の検討をとおして考えていくことにしたい。前章で述べたとおり、被告人の行為にではなく被害者の行為や心理に言及し、「実は同意していた」という理解可能性を作り出すことは、まずもって弁護人にとっての関心事である。そしてまさにそうであるがゆえに、判決文を書く裁判官にとっても ── とりわけ「被告人は無罪」という判決文を書く場合には ── それは同様に重要な関心事である。裁判官は両当事者の主張を検討したうえで、両者に対して拘束力を持つ決定、すなわち判決を下さなくてはならない。下した判決は将来生じる「同様の事例」の判決に影響を与えるかもしれないし、法学者による批判的検討を受けるかもしれない。そうした可能性のもとで産出されるという点で、裁判官による判決は、弁護人の弁論よりもさらに強い「正当化」を要求されるものであるとも

言えるだろう。それゆえ、その中で「被害者の意思」がどのように認定されるのかを検討することは、常識的知識が法的推論の中で果たしている本質的な役割をあきらかにすることに役立つだろう[1]。言いかえれば、「被害者の意思」がさまざまな常識的知識との結びつきの中で理解されることが、いかに法的実践を作り上げているかをあきらかにすることに役立つだろう。

以下では、そうした常識的知識の中でも特に、ジェンダー・アイデンティティにかかわる概念の使用法が、法的実践のなかでどのような役割を果たしているかという点に焦点をあてよう。私たちが用いる常識的知識には、私たちが「何者」であるのかということ、またそれに

---

1) そのような方向性を持った法的実践の研究は、エスノメソドロジー／会話分析（EM／CA）という研究法のもとに集めることができる。そもそもエスノメソドロジーの創始者である H. ガーフィンケルが「エスノメソドロジー」という言葉を思いついたのが、彼が陪審員研究に従事する中でだったと言われている（Garfinkel 1967）。また、会話分析の創始者である H. サックスは、その研究生活の最初期、ロースクールを出たばかりのころに「法律家の仕事」という短い論文を書いていた（Sacks 1997）。裁判場面の研究も M. J. アトキンソンと P. ドゥルーの研究（Atkinson & Drew 1979）を皮切りにして、会話分析の発展とも並行しつつ多くの事例研究が積み重ねられ続けている（Brannigan and Lynch 1987; Goodwin 1994; Komter 1994; Lynch and Bogen 1996; Metzger and Beach 1996; Lynch 1997, 1998）。加えて、調停場面や警察研究、犯罪・逸脱研究にまで範囲を広げれば、なんらかのかたちで法と関わりのある EM/CA 研究の数は膨大なものになるし、俯瞰的な紹介も多くある（Atkinson 1981; Manzo 1997; Travers 1997; 樫村 1998; Dingwall 2002; 樫村 2004c）。日本では、経験的研究の蓄積という点では、海外とくらべてまだまだ少ないものの、樫村が早くから精力的な紹介と研究をおこなっているほか（樫村 1989, 1990, 1991, 1993, 1996, 1997, 2001, 2002a, 2002b, 2004a, 2004b, 2004c）、神長による紹介（神長 1992, 1996）や、山田による家裁調査官面接の分析（山田 1992）、狩谷による被害者のカテゴリー化の分析（狩谷 1998）、菅野による模擬陪審評議分析（菅野 2001）、あるいは犯罪社会学の観点から大貫・松木（2003）などの研究がおこなわれている。

応じて課せられる義務などが含まれている。とりわけ、私たちが「女／男である」というジェンダー・アイデンティティ、そのアイデンティティゆえに課せられる義務などは、「被害者の意思」の認定においてきわめて重要な役割を果たしている。まとめれば、本章で見ていきたいのは、「強姦罪」の保護法益であるとされる「性的自由」に対する理解が、常識的知識との結びつきの中で、法的実践の遂行をとおして、どのように示されているかということ、このことなのである。

2 「判決文を書く」実践

2-1　生活世界ペア

　判決文の検討に移るまえに、まず判決文を書き／読むということが、ひとつの実践であるということの意味について、あらためて簡単に述べておこう。3章でシェグロフの議論を検討しながら述べたように、私たちの行為やアイデンティティには無数の記述可能性がある。それゆえ、いま何者としていかなる行為をおこなっているのか、ということの提示／理解が、会話参加者たち当人にとっての問題となるのだった。じつは、このことは文章を書くという実践にとっても本質的に変わりはない。すなわち、どのような記述を用いるのかという、文章を書く当事者にとっての選択問題がそこにはある。発話と同様、まさにそうした選択こそがその文章を実践的目的に照らして理解可能なものにする。またそれゆえそうした文章を適切に「読む」実践にとっても、その文章で用いられている記述が選択されたものであること ── 「他ではなくこれ」という、ルーマン的な〈意味〉があること ── の理解は決定的に重要な要素である。

　したがって、書かれた文章の理解可能性は、記述を選択して用いながら「書く」という活動と、その活動によって産出される、情報が選択的に縮約された文章とのペアによって与えられていると言うことが

できる（E. リヴィングストンにならって、それを「生活世界ペア」（Livingston 1995; Watson 2009）と呼ぼう）。M. リンチがガーフィンケルの未刊の草稿「パーソンズ入門」から引いている次のような例がわかりやすい（Lynch 1993）。

> あるとき、ガーフィンケルの叔父が燃料オイルの配給を増やしてもらうために役所に要求に行った。彼は自分の要求を正当化するために、長々と家の状況の説明をする。家が寒く、妻が不機嫌なこと。ダイニングルームが広くて暖めるのが難しいこと。自分の家は町の寒いところにあること。子どもが病気にかかっていること、などなど。しかし役人は彼の話を止めて尋ねる。「あなたの家はどれくらいの広さなんですか」。叔父はまた部屋がいかに広いかを長々と話し始める。しかし役人はまた遮って尋ねるのである。「部屋は何平方フィートあるんですか」「どんなヒーターを使ってるんですか」「去年の配給はどれだけでしたか」。

このようにして、役人は行政処理に用いられる用紙に必要事項を記入していくことで、文書を作成していく。そうすることで叔父の要求は、行政処理のための「一事例」になる。すなわち、家の広さと、ヒーターの産出する熱量とによって、燃料消費の計算ができ、それによって配給すべき燃料の量を決めることができる事例となるのである。その書類には、ガーフィンケルの叔父が訴えた（かれにとってはとても重要なことであろう）妻の不平の話も、子どもの病気の話も、決して書かれることはない。だがまさにそうであることによって、それは「行政への燃料の要求」として理解可能な文書となるのである。言いかえれば、そうした文書を行政書類として理解するということは、「そこに何を記すべきか」という選択とともにその文章が書かれている（したがって書かれていないことがある）ことを理解するというこ

とと同じなのである。

そして、こうした事情は判決文についてもまったく同じはずだ。判決文は裁判官によって、みずからが下した判決を正当なものとして提示する文書として、書かれる。そこには、「正当な判決を下す」という実際上の目的に照らした記述の選択があり、その選択こそが、書かれた文書に判決文としての理解可能性を与えているはずだ。

2-2 「正しい」事実の認識可能性

以下では、そうした選択の中でもとりわけ、私たちのアイデンティティにいかなる記述を与えるかという選択に焦点を当てたい。この選択が法的実践にとって重要なものであることは、H. サックスの「成員カテゴリー化装置」という議論を参照するとよくわかると思われる。

サックスは、私たちが「何者」として理解されるのかというアイデンティティの問題を、真剣に社会学にとっての問題として考えた人物だった。ここで社会学の問題というのは、すでに繰り返し述べてきたとおり、無限の記述可能性という条件のもとでいかに記述をおこなうかという問題である。私たちは誰であれ、つねに複数のアイデンティティ・カテゴリーによって特徴づけられうる。それゆえ、ある人物がいま特定のアイデンティティのもとで行為していることは、ひとつの〈意味〉現象である[2]。

そしてサックスが論じたのは、私たちがいま何者として行為しているのかという問題は、研究者にとってよりもまず、互いの行為を理解している社会成員たち自身にとっての問題であるということだった。それゆえ研究者は、社会成員たち自身が用いているカテゴリー化の方法を研究の対象とすることができる[3]。「成員カテゴリー化装置」というのは、社会成員が用いるその方法に対してサックスがつけた名前である。ここではその装置をめぐる議論のうち、それが「正しい」事実の認識可能性とかかわっている、という論点だけ確認しておこう[4]。

サックスによれば、人をどのようなカテゴリーによって特徴づけるべきかという選択には、事実としてその人に特定のカテゴリーを適用可能かどうかとは独立の基準がある。たとえば、手をつないだ男女が歩いている光景を思い浮かべてもらいたい。このように「男女」という性別カテゴリーのもとで二人の人を特徴づけたとき、私たちは「カップル」を思い浮かべるのではないだろうか。けれど、その男性が10歳くらいの子どもで女性が40歳くらいの大人だったとしたらどうか。私たちは二人を「親子」と見るだろう。あるいは男性が白い杖をついていて女性が手を引きながら歩いているとすれば、「視覚障害者」と「介助者」と見るかもしれない。いずれの場合についても、「手をつないだ男女が歩いている」という記述は、事実として間違っているわけではない。親子であろうとも視覚障害者と介助者であろうとも、

---

2)　このことは、社会学の理論・方法論上は、決定的に重要な問題となる。なぜならそれが意味しているのは、「地位 - 役割」概念によって行為を説明するような伝統的な説明が、実は二次的なものであるということだからだ。そうした説明の有効性は、ある人を特定のアイデンティティ・カテゴリーによって適切に記述できることに依存しているが、いま何者であるかということがつねに問題となりうるのであれば、特定のカテゴリーを用いた記述の適切性は、決して研究者が自明に前提できるものではなくなるのである。また当然のことながら、それはその人を詳しく観察すれば解決できるような問題でもない。問題なのは観察可能な外見ではなく、いわばその人の帯びている〈意味〉にあるからだ (Sacks 1972a)。

3)　あきらかだと思うが、3章で見たシェグロフの「参与者の指向にもとづく記述」という方針は、サックスのこの考え方を「会話データの記述」という目的のもとで全面的に展開したものなのである。

4)　「成員カテゴリー化装置」の議論の解説およびそれを援用した研究としては、サックス自身の著作のほか、Jayyusi (1984)、Hester and Eglin (1997)、西阪 (1998)、Schegloff (2007b)、小宮 (2007b) などを参照のこと。

二人が女性と男性であることには変わりはないからだ。けれど、たとえば窓の外にどんな光景が見えるかと聞かれたとき、「手をつないだ男女が……」と答えれば、その二人は「親子」ではないと聞かれるにちがいない。だから、大人の女性と男の子が（つまり「親子」と見ることができる人たちが）見えたのであれば、「手をつないだ男女が……」というカテゴリー化によってそれを報告すべきではない。たとえ二人が「手をつないだ男女」であることが間違っていなかったとしても、そんな答え方をすれば嘘をつくことになりかねない。

　それだけではない。私たちは実際に「手をつないだ男女」がほんとうに「カップル」なのか、「親子」なのか、「視覚障害者と介助者」なのか、本人に聞いて確かめなくても理解し、報告することができてしまう。このとき、サックスが「カテゴリーと活動の結びつき」と呼んだものが参照されている。あるカテゴリーによって特徴づけることができる人は、特定の活動をすることが規範的に期待される、ということだ。「恋人」どうしであれば互いに手をつなぐこと、「親」であれば「子」の面倒を見ること、「介助者」であれば「視覚障害者」の手を引くこと、などが期待される。もちろん実際にそうしないことなどいくらでもあるだろう。けれどそうしないときには「そうしないこと」の、理由を問われたり、場合によっては非難されたりすることになりうる。カテゴリーと活動との結びつきは、事実とは独立に存在し（事実によっては覆されず）、事実を評価するために用いられる、すなわち規範的なものなのである。そしてまさにそれゆえに、特定のカテゴリーを適用可能な人物がそのカテゴリーと結びついた活動をおこなっているとき、その活動はまさにそのカテゴリーのゆえにおこなわれたものとして理解可能になる。この理解可能性は、本人に直接聞いて確かめなくても、記述どうしの概念的連関によって与えられるのである（3章の注18も見よ）。

　こうした議論には重大な含意がある。すなわち、記述された状況が

「正しい」ものとして認識されるかどうかは、単純に「事実」との対応によって決まるわけではない。単にある人に適用できるカテゴリーであれば、それは無数にあるからである。そこで、「正しく」状況を伝えるためには、その中から適切なカテゴリーを用いることができなくてはならない。そしてそれゆえ、あるカテゴリーとそこに規範的に期待される活動の結びつきのもとで、人とそのふるまいに記述を与えていくことは、「正しい」と認識できる記述を産出していくための、きわめて重要な方法なのである。サックスはこのことを次のように表現している。

> 「正しいこと」は認識可能である。そして、「認識可能に正しい記述」と「認識可能に正しい観察」のあいだには、きわめてはっきりとした結びつきがある。(Sacks 1972b: 340)

　少なくとも社会現象についていえば、その記述が「正しい」ものであることは、観察のみによって保証されるのではない。反対に、観察の「正しさ」のほうが、記述に用いられる諸カテゴリーの規範的結びつきによって支えられている側面があるのである。

　そしてこのことは、法的実践（とりわけここで検討しているような刑事司法）においては、特に重要な意味をもつ。なぜなら、そこで認定される事実には人間がおこなう行為が含まれるからである。たとえば4章で見た判決文の中では、被害者の「あ、パパだ」という発言は、裁判官によって「状況を的確に把握している」ものとして理解されていた。そこで述べたとおり、こうした「正しい」状況の把握には、自己や他者がまさにそのときに「何者」であるのかについての理解が本質的に含まれているはずだ。発話者は「娘」であり、「ナンパされた男」と一緒に車に乗っており、向こうからやってくるのは「父親」だった。ナンパされてついていくことは、一般的には賞賛されることで

はない（場合によっては非難される可能性があること）だろう。とりわけ「娘」がそうしていれば、「父親」には叱ることが期待されるかもしれない。それゆえ、「親娘」というカテゴリーによって自分や相手をカテゴリー化することは、「自分がまずいことをしている」という理解を示すことになりうるのである。そしてこの理解の適切性は、供述書を読む裁判官や、判決文を読む私たちにとっても同様に理解可能である。だからこそ裁判官はそれを「的確な把握」だと述べ、またそう述べることで「抗拒不能」概念へと内実を与えていくことができたのであるはずだ。この意味で、「判決文を書く」という作業にとって、被害者や被告人、そしてまた彼/女らのふるまいに対して、いかなるカテゴリーを用いて記述を与えるかという選択は、「正しく」事実を認定し、それによって判決を「正当な」ものにするための、きわめて重要な要素なのである。以下ではこうした観点から、「被害者の意思」の「正しい」理解可能性が、いかなる方法を用いて判決文に示されているかを見ていきたい。

3 「被害者の意思」を推論する方法

3-1 過去の性的経歴による推論

　その前に、「被害者の意思」を認定する方法について、フェミニズムの観点からの批判をめぐる問題をひとつ確認しておこう。「強姦」という行為記述の適切性が争われるとき、被害者の意思の理解が避けられない問題であることは前章で述べた。そしてそのとき、「年齢、職業、性経験などや性交渉に至る具体的状況」などが、その理解のための資源として用いられることがある[5]。だが、被害者の過去の性的経歴が、性交への同意があったことの証拠として持ち出されることは、強姦罪をめぐる議論の中で繰り返し批判されてきたことでもあった（Estrich 1987=1990）。被害者の過去の性的経験を吟味することは、裁

判において被告人を裁くのではなく、いわば被害者を裁くことで、二次被害を生じさせるものである。被害者が過去に多くの相手と性経験を持っていることや、被害者と被告人のあいだに過去に性的関係があったことは、事件があったそのときに、被害者が性交に同意していたことの証拠にはならない、と。

欧米では、フェミニズム運動によるそうした批判の成果として、1970 年代以降の強姦法改正においてレイプシールド法が整備されることになる（上村 2004）。レイプシールド法とは、被害者の過去の性的経歴を証拠として用いることに制限をかける、強姦裁判における手続き上の規定のことである。M. アンダーソンによれば、合衆国の各法域におけるその制限のタイプは、おおまかに四つにわけられる（Anderson 2002; 谷田川 2004）。

5）たとえば前章 2 節 3 項で見た判決文を参照のこと。そこでは被害者にキャバクラで働いた経験があったり、アダルトビデオに出演した経験があったりしたことから、被害者に「自由な性意識」が帰属されていた。もちろん、性的経歴による推論はまったく逆方向に働くこともある。すなわち、被害者に性的経験が少ないことが、非同意の根拠として働くことがある。ふたつ例を挙げておこう（判決のレビューとして、前者については山中（1993）、後者については大前（2009）を参照）。

> 最大の問題は、本件における被害者 A が、当時一八歳の女子大生で、しかも処女であったということであろう。女性一般、あるいは性交経験のある女性であればともかく、本件における被害者 A のような女性が、性交を前提として、初対面のしかも複数の男性に対しホテルへの同行を承諾するというようなことは、確かに通常の事態のもとでは、考え難いことというべきである。（浦和地判 平 4・3・9 判例タイムズ 796 号）

> D ［被害者］は、当時 14 歳の中学生であり、本件以前に性交をした経験があるとはうかがわれず、たとえ付き合っている相手でも、性交を求められてこれを拒絶しても不自然ではない。（大阪地判 平 20・6・27）

1 例外規定型
   被害者の性的経歴を証拠として用いることを原則として禁じ、例外規定をもうけるタイプ。何が例外になるかは法域によって異なる[6]。
2 憲法許容型
   基本的には例外規定型と同じだが、例外規定の中に「憲法にもとづく」という規定が入っているタイプ。これにより、たとえ例外規定に含まれないような性的経歴についての証拠であっても、裁判官が被告人の憲法上の権利において必要であると認めれば証拠として用いることができる。
3 司法裁量型
   例外規定を設けず、被害者の性的経歴を証拠として用いて良いかどうかを裁判官の判断にゆだねるタイプ。当該事件に関連があり、偏見を生じさせる効果よりも証拠としての価値の方が高いと判断されれば、証拠として認められる。
4 証拠目的型
   被害者の性的経歴を証拠として認めるかどうかを、それが何のための証拠であるかによって決めるタイプ。規定は法域によって異なる[7]。

しかし、こうした規定を見てわかることは、レイプシールド法の存

---

[6] 例外事項のタイプには次のようなものがある。被告人と被害者の過去の性関係についての証拠。精液、妊娠、傷害の原因が被告人以外の第三者にあるという証拠。被害者の過去の性的ふるまいのパターンについての証拠。被害者が性的暴行の事実をねつ造する動機についての証拠。被害者が同意していたと被告人が誤解する合理的な事情についての証拠。被害者が過去に性的暴行について虚偽告訴をしたという証拠 (Anderson 2002: 82-83)。

在は、必ずしもフェミニズムが訴えていた問題の全面的な解決にはなっていない、ということであるように思われる。四つのタイプのいずれにおいても被害者の性的経歴の、証拠としての力は完全に否定されているわけではない。例外をもうけたり、裁判官に判断をゆだねたりするということは、言い方を変えれば性的経歴が証拠となってよい場合があると認めているということでもある。たとえば「被告人との性関係」の経歴であれば「例外」として認められたり、あるいは、「同意があったことの証拠」として用いられるのであれば認められたりする。このことが示しているのは、例外という形や目的を限定されるという形であれ、被害者の性的経歴へと言及することは必要だと考えられているということだろう。アンダーソンによれば、1976 年に連邦議会で例外規定型のレイプシールド法案が提出された際、「被害者の過去の性的行為についての証拠を全面的に禁止すること」は、被告人の憲法上の権利を侵害する恐れがある、という反対意見があり、結局憲法許容型になることで成立したという（Anderson 2002: 92）。「被告人の憲法上の権利として認める」ということは、被害者の性的経歴を持ち出してよい場合があると認めることにほかならない。

では、被害者の過去の性的経歴が、同意の有無を争ったり、被害者証言の信用性を争ったりするための証拠となるのは、いったいどのような理由によってなのだろうか。単純に考えれば、そこには過去の出来事にもとづく帰納的推論があるようにも見える。すなわち

　　過去において性交に同意していたがゆえに、今回も同意していた

7）カリフォルニア州とデラウェア州では、同意があったことの証拠として被害者の性的経歴を持ち出すことは禁じられるが、被害者証言の信用性を争うためであれば認められる。ネバダ州とワシントン州では反対に、証言の信用性を争うために被害者の性的経歴を証拠とすることは認められないが、同意があったことの証拠としてであれば認められる。

だろう

という推論があるように見える。こうした推論を論理的に誤っていると退けること自体は容易だろう。だが実際に、被害者の過去の性的経歴が証拠として認められることがあるということを考えれば、それを持ち出すことが被害者の意思やその証言の信用性を理解することに対して持っている実践的合理性は、上記の推論とは別のところにあるのではないかと考えてみるべきだろう。

3-2 パーソナリティ・カテゴリーによる推論

実は、その問いに対する答えと考えられるものは、フェミニズムの議論の中でやはりずっと指摘されてきたことであった。S. エストリッチが引用している、1838年にニューヨーク州最高裁判所が述べた言葉が象徴的である。

> 「控えめで貞節なリュークリーシャよりも、しまりのない服を身にまとった世間ずれしたメサリーナのほうが合意したと推測するほうが簡単だとは考えられないだろうか」（Estrich 1987: 47=1990: 92）

ここでは「合意があったこと」、すなわち被害者の意思が問題になっている。そしてその被害者の意思についての推論は、過去の性的経歴よりもむしろ、被害者がどのような女性であったかということ、すなわち被害者のパーソナリティによっておこなわれているのである。「貞節な女性であれば、性交に同意していなかっただろう」「世間ずれした女性であれば、同意していただろう」というように。

重要なのは、このとき被害者に帰属されるパーソナリティと被害者の意思との関係は、ちょうど成員カテゴリーと活動との結びつきが規

範的なものであったのと同じ意味で、規範的なものだということである。すなわち、その結びつきは事実からの帰納によって得られた知識ではない。パーソナリティ・カテゴリーとさまざまな活動との結びつきは、次のような一般的な形で書き表すことができるだろう（Coulter 1989）。

　　　パーソナリティ X を持つ人物は、活動 Y への傾向を持つ

　X には、「優しい」「攻撃的な」「勤勉な」「誠実な」「自己中心的な」「臆病な」など、さまざまなパーソナリティが入る。そして Y には X と結びついたさまざまな活動が入る。その結びつきは、事実によって覆されることはなく、むしろ事実を評価し、「正しい」事実を認識する枠組みとして働くものである。たとえば「誠実な」というパーソナリティを帰属された人物が「約束を破る」と記述可能な活動をおこなえば、「あんな誠実な人が約束を破るなんてよっぽどのことがあるに違いない」と特別な理由が探されたり、「あれほど誠実な人が約束を破るはずがない」というように活動の記述の適切性が疑われたりするだろう。反対に、「不誠実」というパーソナリティを帰属可能な人物が「約束を破る」と記述可能な活動をおこなうなら、「不誠実であるがゆえに約束を破った」というように、活動の説明にそのパーソナリティが持ち出されることになるだろう。

　このように考えるなら、先に見た「過去の性的経歴による推論」は、じつはパーソナリティ・カテゴリーにもとづく推論の下位類型（パーソナリティを帰属する方法のひとつ）となっている可能性を考えることができる。つまり、過去の性的経歴が証拠として持ち出されるときにおこなわれているのは、必ずしも過去の事実からの帰納的推論ではなく、「性交への同意を与えた／与えなかった」という過去におこなわれた行為から、それと結びついたパーソナリティ（「貞節な」「世間

ずれした」……）を被害者に帰属することである可能性がある。もしそうであるならば、ここには再び、性道徳と性的自由の密接な関係があることになるだろう。前章で論じたように、被害者の「貞操観念」は、被害者の意思を理解しようとする実践においても問題となりうる。そして、その実践の中で被害者に与えられるパーソナリティは、きわめて性道徳的色彩を帯びたものなのである。

　もちろん、当事者にさまざまなパーソナリティ・カテゴリーを適用することが法的推論の中でどのような指し手になっているかという問いは、非常に大きな広がりを持ったものであり、ここで全面的に検討することはできない。ここでは、強姦裁判で同意が争われるとき、被害者の意思を理解するためにパーソナリティ・カテゴリーの適用がきわめて重要な意味を持っていることに焦点を絞り、それを判決文の中に見ていきたい。判決文を書く裁判官にとって、被害者の意思に対する自らの理解が「正しい」ものであることを、当事者のみならず判決文を読む可能性がある全ての人（可能性としてはすべての社会成員）に対して理解可能にしておくことは、重要な関心事であるはずだ。そしてそのための方法には、パーソナリティ・カテゴリーを適切に使うことが含まれているのである。

4　被害者の意思を認定する

4-1　「人物像」と証言の信用性

　以下でとりあげるのは、平成 6 年 12 月 16 日に東京地裁で下された、とても有名な（悪名高い）判決の文章である（判例時報 1562 号）。事件は、被告人のグループと被害者のグループがディスコで知り合い、一緒に居酒屋で飲食や王様ゲームをし、その後被告人が被害者を乗せた車を運転して店を出たあとで起こった。被害者は強姦されたと主張し、被告人は同意のもとで性交したと主張していた。裁判所が下した

判決は、「被告人は無罪」であった。

この判決文では、裁判所の判断が示される部分で「被害者証言の信用性全般に関する事項」が検討されている。まず、その結論部分を見ておこう。

　［抜粋1］
　5　小括
　　以上2ないし4の事実等を総合すると、A子［被害者］については、慎重で貞操観念があるという人物像は似つかわしくないし、その証言には虚偽・誇張が含まれていると疑うべき兆候があるといわなければならない。

ここでは「貞操観念があるという人物像」が被害者に帰属されている。そしてその「人物像」は、被害者の証言に虚偽や誇張がある、すなわち信用できないということの根拠として提示されているのである。ここから、この判決はしばしば、強姦罪の保護法益が現在でも性的自由ではなく「貞操」であることを示す事例として批判されてきた（福島 1997）（角田 2001a）（第二東京弁護士会両性の平等委員会司法におけるジェンダー問題諮問会議編 2009）。

たしかに、被害者に「貞操観念」がないという人格的特徴を帰属するにあたって参照されている事実（「2ないし4」の4の部分）には、被害者の職業的経歴、派手な服装、事件後に恋人とアダルトビデオを鑑賞していたことなどが含まれている。この点で、被害者が「貞操」を重んじるような性道徳に照らして非難されているという指摘が間違っているわけではない。しかし他方で、「貞操観念がない人物」というパーソナリティ・カテゴリーは、あくまで被害者証言の信用性との関係で適用されていることに注意しておこう。そして、性交への同意があったかどうかという点が争われたこの事案では、「同意はなかっ

た」という被害者証言の信用性は、決定的に重要なポイントなのである。この点で、被害者の「貞操観念」を問題にすることは、性的自由と対立するものとしてよりも、やはり「被害者の意思」の理解に向けておこなわれている部分がある。以下ではこのことをあきらかにするために、「貞操観念がない」というパーソナリティが、判決文においてどのようにして被害者に帰属されているか（「2ないし4」の2の部分）を丁寧に見ていきたいと思う。そこで検討されているのは、被害者の経歴や服装ではなく、当日の行動なのである。

4-2　被害者供述における「非自発性」の提示

　検討したいのは、居酒屋でゲームをした後店を出て被害者が被告人の車に一人で乗ることになる場面の記述である。まず、被害者証言においてこの場面がどのように記述されていたかを見てみよう。

　　［抜粋2］
　　食事をしてから、その場を盛り上げるために王様ゲームをした。……ゲームの中ではセックスに関する質問も出たが、ゲームなので適当にとぼけて答えた。それから王様ゲームの延長で野球拳のようなことをした。……私が一番負けたので、ジャケット、靴、パンティストッキングを脱いだ。……そこで野球拳は終わり、午前三時を過ぎていたので帰ることになった。初対面の人と王様ゲームや野球拳をしたのは初めてである。車が二台あるので女性が分散して乗るという話が出て、同店へ来たときと同じ形で分乗して帰ることになった。常識的に初対面の人に送ってもらうのはまずいかなとも考えたが、D子［被害者の友人］が、自宅近くまでB［被告人の友人］の車でついて行くから大丈夫と言ってくれたし、被告人もきちんと送ってくれるだろうと思った。

ここで被害者は、「被告人もきちんと送ってくれるだろうと思った」と、当時のみずからの理解についての報告をおこなっている。この報告が、自分が被告人の車に乗ったことの正当化になっていることはみやすいと思う。重要なのは、このような正当化の合理性が、被害者による場面の記述に支えられているということだ。すなわち、被害者によるこの場面の記述は、一貫して、被害者自身の自発的行為をできるだけ含まないような表現でおこなわれているのである。並べてみるとわかりやすいだろう

　　(1) その場を盛り上げるためにゲームをした。セックスに関する質問も出たが、ゲームなので適当にとぼけて答えた
　　(2) ゲームに負けたのでジャケット、靴、パンストを脱いだ
　　(3) 三時になったので帰ることになった
　　(4) 車が二台あるので、女性が分散して乗るという話が出た
　　(5) 店へ来たときと同じ形で分乗して帰ることになった

1と2については自らおこなったことの記述になっているが、同時にそれは自らの活動の非自発性を示すようなものになっている。ゲームをしたのはあくまで場を盛り上げるためであり、セックスの話をしたのもゲームだからであって答えもとぼけている（真剣に答えてはいない）。パンストなどを脱いだのもあくまでゲームに負けたからである、というように。同様に、3～5については、そもそも自らの活動としては語られていない。「帰ることになった」「女性が分散して乗るという話が出た」「分乗することになった」という記述は、どれも自らの意思と関係なく生じた出来事だという被害者の理解を示しているだろう。しかもそれらは、いわば「自然に」生じた出来事として語られている。「帰ることになった」のは三時という遅い時間になったからだし、「分散して乗るという話が出た」のは車が二台あったからだ

し、「(被害者が被告人の車に乗るかたちで) 分乗することになった」のは、それが店に来たときと同じかたちだったからだ、というように。

そして、このようにして当日の活動と生じた出来事が並べられるならば、最終的に被害者が被告人の車に乗ったことについて、それは被害者の意思によるものではなかった、という理解可能性が生まれるだろう。言いかえるならば、このあとに

　　(6) 被告人とセックスする意思はなかった

という記述を付け足しても、それは上記の記述群と順接関係におかれ、一連の流れは「自然」に見える。もし、被害者が被告人の車に乗ったことが「自然な流れ」としてではなく、何か特別な事情によるものと理解されてしまえば、そこには「帰るために車に乗る」という以上の何らかの特別な理由が探され、「性交への意思」が詮索されうるだろう。「きちんと送ってくれるだろうと思った」という報告が合理的でありうるのは、それがこうした「特別の事情の不在」とともに語られているからなのである[8]。

4-3　裁判所の判断における活動の「再パッケージ」

ところが、こうした被害者による場面の記述、およびそれによって合理性を与えられる事件当時の状況の報告は、裁判所の判断においてはその合理性を大幅に剥奪されることになる。先に見た被害者供述と同じ場面が、裁判所の判断の部分でどのように記述されているかを見てみよう。

　　［抜粋3］
　　このようにA子は、自分は一応慎重に行動していたという趣旨の証言をしている……。しかしながら、A子証言によっても、

「甲野［クラブ］」で声を掛けられた初対面の被告人らと「乙山［居酒屋］」で夜中の三時過ぎまで飲み、その際にはゲームをしてセックスの話をしたり、Ａ子自身は野球拳で負けてパンストまで脱ぎ、同店を出るときには一緒にいたＤ子、Ｅ子と別れて被告人の車に一人で乗ったというのであるから、その後被告人から強姦されたことが真実であったとしても、Ａ子にも大きな落ち度があったことは明らかである。

　まず、先に見たような被害者証言の内容が「慎重に行動していたという趣旨」だと理解されていることを確認しておこう。すなわち、被害者による報告が示していた、彼女の当日の行動の「非自発性」は、裁判官によっても理解されている。そのうえで、「しかしながら」と述べて裁判官がおこなおうとしているのは、被害者証言のその理解可能性を覆すことである。この同じ状況の記述をおこなうために裁判官が用いる記述は、被害者のそれとは非常に対照的である。同じように

8）このことは、同じ場面についての被告人の供述の中で用いられている記述と対照させるとよりわかりやすい。それぞれの供述の中に、「言われたこと／言われないこと」のペアがあることが見てとれるだろう。

同月六日午前三時ころ、同店を出たが、その際、Ｄ子が送ってほしいと言ってきた。Ｂが面倒だと言うので、僕が三人一緒に送ると提案したが、Ｄ子が断った。Ｄ子は僕とＡ子［被害者］に気を遣ってくれたと思う。結局、Ｂの車にＤ子とＥ子が、Ａ子が僕の車に乗ることになった。

ここでも、分乗することおよびその形態が、自分の意図したものではなかったことが述べられている。けれど、被害者供述の場合とちがって、それは、Ｄ子（を含む女性グループ）の意思によるものであることが述べられている。つまり、こちらでは「女性グループの意思」という「特別の事情の存在」が語られているのである。

並べてみよう（記述の順序は被害者証言と対応するよう時間順に並べ替えてある）。

　（1´）ゲームをしてセックスの話をした
　（2´）野球拳で負けてパンストまで脱いだ
　（3´）居酒屋で夜中の三時過ぎまで飲んだ
　（4´）一緒にいたD子、E子と別れた
　（5´）被告人の車に一人で乗った

　こうした再記述は、形式的には被害者証言と矛盾するものではない。つまり、裁判官による記述は、被害者証言をその内容において否定しているわけではない。にもかかわらず、こうした記述は実質的には、「被害者は嘘をついている」という理解を作り出すことを可能にしているように思う。というのも、裁判官によるこれらの記述は、被害者自身による記述よりも「強い」記述になっているからだ。

　「強い記述」というのは、たとえばこういうことである。二人の人間の関係性を記述するしかたは、「恋人」「親友」「友人」「知人」「他人」など様々なものがあるだろう。そして、これらの記述のあいだには、その親密性の度合いにおいて「強さ」の違いがある。「他人」よりも「知人」、「知人」よりも「友人」、「友人」よりも「親友」のほうがより「強い」親密性を表現しているはずだ。そして重要なのは、実際にこうした記述をやりとりの中で用いるときには、もしより「強い」記述が可能なのであれば可能な限り「強い」記述をもちいるべきである、という規則がある、ということだ（Drew 1992）[9]。「恋人」である人を他人に紹介するときに「知人です」と紹介するならば、それは形式的にはまったく嘘ではない（たしかに二人は「知り合い」なのだから）にもかかわらず、嘘をついている（二人の関係を隠している）という含意が生じる可能性があるだろう。

9) ドゥルーの分析は次のようなものだ。ドゥルーはやはり強姦事件の反対尋問でのやりとりを分析する中で、一見矛盾しない行為記述が為されることによって、被害者の供述に非一貫性がもたらされる様子を描いている。被告人を弁護する弁護人にとって、いかにして被害者供述の信用性を失わせ、「実は性交への同意があったのではないか」と裁判官や陪審員に思わせることができるかはきわめて重要な課題である。そのとき、弁護人はどのような「記述」によってそうした推論を喚起しようとするだろうか。

```
23  弁護人：  ええと、あなたはそのとき
24          被告人があなたに興味を持っていたことを知っていた。
25          違いますか？
26          (1.3)
27  被害者：  彼は私に「最近どう？」って尋ねました
28          (1.1)
29  被害者：  ただそういったことだけを話したんです
30  弁護人：  あなたに「最近どう」かを尋ねただけだった、と。しかし
31          彼はあなたにおやすみのキスもした。ということですか？
```
(Drew 1992: 495)

ドゥルーによれば、27行目の被害者の発話は、「被告人が自分に興味を持っていたことを知っていた」という、弁護人による自分の知識の記述に対する挑戦になっている。つまり、「最近どう？」というような世間話をしていただけで、そんなことまでは知らなかったという主張になっている。

では、どのようにして被害者の発言は「挑戦」に聞こえるのだろうか。本文の議論と関係する点のみ確認しておこう。形式的には「興味を持っていた」ことと「最近どうしていたか尋ねる」ことは、排他的ではない。つまり、「最近どう？」という世間話をしたと述べることは、相手が自分に興味を持っていたことを知らないということを形式的に含意するわけではない。にもかかわらず、被害者の発話が「挑戦」でありうるのはなぜか。ドゥルーによれば、そこにはやはり「最も強い記述を用いよ」という規則があるからである。

「興味を持っている」という記述は「最近どうしていたか尋ねる」あるいはより一般的に言えば「世間話をする」という記述よりも、両者の関係性に関して「強い」記述である。それゆえ、前者に後者を対置させることは、強い記述

同様に、裁判官による記述は、被害者自身による記述と比べて、行動の自発性という点において、「強い」記述である。(1´)〜(5´)までの記述は、(1)〜(5)の記述で示された被害者の非自発性をすべて打ち消すように組み立てられている。被告人たちと王様ゲームをした理由として述べられていた「その場を盛り上げるため」という記述も、セックスの話を「ゲームなので適当に」したという記述も、ここでは消去されている。身につけていたものを脱いだことについても、単に「ゲームに負けたから」なのではなく、「パンストまで」と表現されているように、本来する必要がなかったのにしたこと、すなわち被害者の自発的な行動と理解できる表現になっている。遅くまで飲んでいたことについても、三時という遅い時間に「なった」のではなく、「三時過ぎまで飲んだ」というように、飲むことへの積極性が被害者に帰属されている。そしてそのうえで、店を出て被害者の車に乗ったことについては、「分乗するという話が出て、来たときと同じかたちで分乗することになった」という出来事としてではなく、友人と「別れて」「被告人の車に一人で乗った」というように、被害者自身の行為として（それゆえその「意図」が問われうるものとして）記述しなおされているのである。

　こうして、被害者の当日の行動は「慎重に行動していた」と注釈可

を用いることが不適切であるという理解を示すこと、すなわち弁護人の発話への挑戦になるのである。

　だが、被害者のその挑戦はここでは成功しなかった。それは、弁護人によってさらなる尋問のための材料として用いられることになってしまったからだ。31行目の「おやすみのキスをする」という行為記述は、ふたたび、「世間話をする」よりも「強い」記述である。この記述が持ち出されることで、相対的に「強い」ふたつの記述と、被害者によってなされたひとつの「弱い」記述が対照させられ、被害者の証言の非一貫性がきわだたせられることになる。それによって弁護人は二人が「単なる知り合い」以上の存在でありえたことを裁判官や陪審員に対して示しているのである。

能な行動の集合の要素から、まったく反対に、「軽率な行動」とでも注釈可能な行動の集合の要素として理解できるように「パッケージ」(Jefferson 1985) しなおされることになる。そしてその結果、形式的には矛盾していなくても、再記述された（1´）〜（5´）の後に、（6）が置かれるならば、それはもはや順接関係としては理解されなくなるだろう。ここで、（6）が事実であると主張しようとするならば、そこには「にもかかわらず」という逆接関係が生じ、それゆえ特別な「理由」が探されるにちがいない。すなわち、被害者は（1´）〜（5´）と（6）が順接関係にあると主張するような「常識のない」人物であるとか、じつは被害者は嘘をついている、とかいうように。実際、抜粋3の直後に裁判官が記したのは次のような文であった。

［抜粋4］
A子が本心から自己に落ち度がなく、自分は慎重に行動していたなどと思い込んでいて、そのような証言をしているのであれば、A子は社会常識に欠けるところが甚だしい女性とみられてもやむを得ないであろうし、本心では落ち度を自覚しているとすれば、その証言態度の誠実性に疑問が生じ、その証言にはことさらに被告人に不利になるように誇張したり、話を作ったりした部分もあるのではないかと疑われても致し方ないであろう。

重要なのは、このようにして裁判官の記述によって作り出された非一貫性は、被害者のパーソナリティにその原因を求められている、ということである。被害者は「社会常識に欠け」ている、あるいは、「軽率な」という注釈可能な行動を自発的におこなうような、「貞操観念」を欠いた人物である（それゆえ、じつは性交に同意していたのではないか）、と。抜粋1は、まさにこのように「事実」が認定されたあとで述べられているのである。

4-4　被害者の意思・パーソナリティ・当日の行動の相互構成的理解

　さて、以上の分析からは次のようなことが言えるだろう。第一に、抜粋1で「総合すると」と言われているように、被害者の過去の職業歴や性的経歴と、被害者の当日の行動とは、じつは被害者のパーソナリティを理解可能にするための資源として、機能的に等価である。すなわち、被害者がどのような人物であったかについての理解可能性を生み出すために、過去の経歴を持ち出す必要は必ずしもない。当日の行動だけからでも、それにしかるべき記述が与えられれば、それと結びついたパーソナリティ・カテゴリーを適用することは可能である。

　第二に、そのようにして理解可能になるパーソナリティは、きわめて密接に「被害者の意思」の理解と結びついている。「被害者は真実を語っていない」という印象を作り出すためには、必ずしも被害者が述べていない「新たな事実」を指摘する必要はない。被害者証言を、その内容において矛盾しないかたちで再記述することでそこに非一貫性を作り出すことができれば、被害者は何かしら「嘘をつく」理由ないし原因を持っている人物であるという理解を提示することができ、それゆえ「じつは同意していたのではないか」という「被害者の意思」についての理解も生み出すことができるのである。言いかえれば「被害者の意思を理解する」という実践は、一方になまの事実としての「被害者の意思」があって、それを正しく写し取る、というようなものではない。逆にここでは、何が「正しい」事実なのかという理解可能性のほうが、被害者の当日の行動の記述や、それと結びついたパーソナリティ・カテゴリーの適用によって生み出されている。被害者の意思、パーソナリティ、当日の行動はそれぞれ、ガーフィンケルが「解釈のドキュメンタリー・メソッド」と呼んだ方法のように（Garfinkel 1967）、それぞれが互いの正しさを支えるようなしかたで、相互の理解可能性を構成しあっているのである。そしてまさにそのよ

うに記述が選択されているからこそ、裁判官による被害者の行動の再記述は、「被告人は無罪」という判決を正当なものとして示す「判決文」の一部分になっているのである。

そして第三に、そこで適用されているパーソナリティが「貞操観念のない」というものであるということの含意は非常に大きい。なぜなら、そのことが示しているのは、「貞操観念」のような「古い」と言われる考えは、じつは「被害者の意思」を理解する実践の内部で──すなわち「性的自由」を理解する実践の内部で──、しかも当日の行動の記述をとおして、働いているということだからである。ここでは、「古い考えとしての貞操観念」対「新しい考えとしての性的自由」という対比はもはや成立しない。また、被害者の過去の性的経歴を証拠から排除すれば、「正しく」性的自由の理解が可能になる、と考えるわけにもいかない[10]。問題は、「被害者の意思」を理解する方法そのものにある。何より、「貞操観念がある／ない人」というパーソナリティ・カテゴリーは、きわめて強く性別カテゴリーと結びついている。すなわち、そのパーソナリティ・カテゴリーは、女性というカテゴリーを適用可能な人物に対して、その下位分類として、用いられるもの

---

[10] G. マトエシアンは、ウィリアム・ケネディ・スミスの強姦裁判でのやりとりを分析した著作の中で、レイプシールド法の限界を指摘している（Matoesian 2001）。その理由は、性的経歴を持ち出さなくても多様な方法で被害者を攻撃することができるからというものである。本章で見てきたのは、その「攻撃」の多様性が、「被害者の意思」を理解する実践の多様性に由来しているということである、と言ってもいいかもしれない。このことはもちろん、レイプシールド法に効果がないとか、それが不要であるとかいうことを意味するわけではない。そうではなく、その登場は、「貞操」から「性的自由」への移行というような観点からよりもむしろ、「被害者の意思」を理解する私たちの方法への規範的介入として理解されるべきだということを意味するのである。それはいわば、「強姦」という言葉の意味を変えていく試みなのである（本書1章の議論も参照のこと）。

である。それゆえ、次のように言うことができるだろう。「性的自由」という強姦罪の保護法益は、「性別」という私たちの誰もが持つ（持たされる）アイデンティティの理解と、密接に結びついたかたちでおこなわれているのである。

5　おわりに

被害者がどのような人物であったかの理解と、「被害者の意思」の理解は、実践的に結びついてしまっている。本章が示そうとしてきたのはこのことである。被害者の意思が「正しく」理解されているかどうかには、どのような女性ならばどのような意思を持つことがありうるかという規範が深くかかわっている。このことは、C. A. マッキノンの次のような言葉と響きあうように思われる。

> 強姦法は女性の世界を、性交に対する同意の可能性によって分割する。その分割は、男性が女性に対して様々なカテゴリーを適用し、それによってどの程度性的な接近手段があるのかを推定することで為される。少女はおそらく同意しないだろう。妻であれば同意するに違いない、というように。（MacKinnon 1983: 648）

マッキノンのようなラディカルフェミニストの強姦罪に対する主張は、しばしばあまり評判のよいものではない。男女間の権力関係によって強姦という現象を定義しようとすることは、男性に対する被害も生じることを見えなくしてしまうと言われたり、「強制」の範囲が広すぎて全ての男女間の性交を強姦だとみなすようなものだと言われたりする。もちろん、そうした批判には正しい部分もあるだろう。

だが、マッキノンの主張の重要な点は、「同意」の理解がそもそも女性に対して適用されるカテゴリーと結びついてしまっているという

ところにあるのだと思われる。それを「男性によって適用されている」と表現するのは適切ではないかもしれないが、実際にこの章で見てきたような方法で被害者の人物像が作られ、それによって証言の信用性や被害者の意思が判断されるのは、たしかな事実である[11]。したがってそうした実践を離れたところで、同意の有無をきちんと判断すればそれでよいというような「リベラルな」考えを主張することは、かえってこの問題を見えなくしてしまうおそれがあるだろう。マッキノンが訴えているのは、強姦という行為をめぐる私たちの意思の理解は、性別という属性と切り離された「個人」という存在に対しておこなわれてなどいないということなのだ。その限りで、強姦という犯罪が「女性に対する犯罪」と言われること、単に自由の問題なのではなく、平等の問題でもあると言われることの合理性がここにはあるように思われる。その不当性は、単に性的自由を侵害していることだけにあるのではなく、女性に適用されるさまざまなカテゴリーが、そもそも「自由」について論じるための土台を構成し、あらかじめ方向づけてしまっていることにある。いわば、「自由」の土台があらかじめアンフェアだというのが、マッキノンの主張なのである。本章の議論は、彼女の言葉のもっともらしさを支えるものだと私は思う。

　こうした議論は、人間の「自由」をめぐる規範的議論に対して、社会学がおこなう経験的な研究がどのような貢献をすることができるかについて、いくつかの示唆を与えてくれるだろう。ある行為が「自由に」おこなわれたものであるのかどうかという理解は、たとえば法的推論の中で、常識的知識や規範を用いて、実践的に産出されている。その方法は、経験的に記述することが可能である。そして、私たちが

---

11) 平井と森川は、被害者の人物像から性交への「同意」が推測されたり、被害者証言の信用性が判断されたりすることを「和姦の論理」と名づけている（平井・森川 2001）。本章の議論は、その「和姦の論理」が作動する仕組みを、丁寧に辿ったものだと言うこともできるかもしれない。

自由であったりなかったりするのは、ほかならぬ私たちが生きている社会の中でのことであるのだから、そうした記述を参照することは、「自由」であるということがどのようなことであるべきかという規範的議論にとっても重要であるに違いない。私たちの社会生活に根ざしたものでなければ、善かれ悪しかれ、「自由」の概念は意味を持たない。実際、強姦罪をめぐる議論をとってみても、その保護法益を単純に「性的自由」としてよいのかという議論はさまざまにおこなわれている（齋藤 2006）。このことは、私たちが一人の社会成員として考える「守られるべきもの」と、「性的自由」の概念のあいだになお、距離があることを示しているだろう。

　逆に言えば、もし「自由」の概念が、私たちの社会生活と切り離されたところで用いられるならば、それはかえって私たちの「自由」を奪うように働いてしまうおそれもある。フェミニズムにとって、「自由」や「自己決定」といった概念がつねに両義的な意味をもってきたことの理由のひとつは、ここにあるように私には思える。一方でそれは解放のためのよりどころでありながら、他方でどんな現状も「自分で選んだものだから」といえば肯定されうるものにもなってしまう。女性のライフコースや、あるいは性労働について論じられるときにはいつも、社会環境と自己決定という両極の説明のあいだでそれらをどう理解すべきかが揺れ動き、対立が生じてきたのである。だが、環境に原因を求めるか、個人の自由な選択だと言うかは、「なまの事実に照らして」どちらが正しいかを判断できる問題ではありえない。それは、社会生活のさまざまな文脈の中で、そのつどの実践的目的を持って、人びとのアイデンティティや行為に記述を与えることで理解可能にされる、社会的事実であるからだ。それゆえ、ある記述を採用することでどのような行為理解がなされ、そこで行為者にどのような意図や責任や義務が帰属され、どのような社会生活の文脈が形成されることになるのかという、その帰結を丁寧に考えておくことはきわめて重

要である。「自由」の概念の価値は、その使用が私たちの社会生活にとって持つ実践的効果と切り離して考えられるべきではないのである。次章では、ポルノグラフィと表現の自由をめぐる議論を検討することで、この問題についてまた別の角度から考察しよう。

第 7 章

ポルノグラフィと
「女性の被害」の経験

1 はじめに

1-1 概念の使用と世界の構成

　前章で論じたように、「被害者の意思」を理解するという一見単純そうに見えることについてさえ、その理解は、そこで用いられているアイデンティティ・カテゴリーやそれに結びついた活動の記述のもとで為されている。それゆえ、そうしたカテゴリーや記述を用いる実践と切り離して「自由」について考えることはできない。行為やアイデンティティについての諸概念は、単に世界を記述しているのではなく、いわば世界を作っているのである。実際、ある行為を理解するために新たな概念が利用可能になるとき、それはしばしば私たちが世界を経験するしかたをまったく新しいものへと変えてしまう。

　たとえば、現在では多様な行為が「セクシュアル・ハラスメント」という記述のもとで理解されている。職業上の利益・不利益を対価に性的関係を強要することも、職場で卑猥な言葉や侮蔑的な言葉を投げつけることも、ともに同じ行為の下位類型だと理解されているわけである。だが、キャサリン・マッキノンが初めに「対価型」「環境型」のセクハラを区別しながらその「被害」経験を訴えたとき、それは決して自明のことではなかったし、とりわけ、法的なコンテクストのもとではそうであった。

> 女性が経験し報告する出来事としてのセクシュアル・ハラスメントは、これまで決して気づかれることもなく、まして研究されることなどなかった。ここで紹介する事例は限られたものだが、それは法廷が「性差別」と考えるであろうものよりもはるかに広い範囲に及んでいる。問題となっている個々の事件やその側面は、同等の法的重みを持つものではないかもしれないし、法的事案としては別物であるかもしれない。つまり、職場で望まぬ性的扱いを受けることのすべてが、必然的に訴訟原因となるわけではない。(MacKinnon 1979: 25)

　もちろん現在でも、「セクハラ」という単一の罪ないし不法行為カテゴリーがあるわけではない。個々の事件は、刑事上の強制わいせつや名誉毀損として、あるいは民事上の不法行為や使用者責任にもとづく損害賠償請求として、さまざまに争われている。つまり、その「法的」重みは、事例ごとに多様である。また、そもそも法廷にまで上ってこない「セクハラ」だって無数にあるにちがいない。

　だが他方で、その多様性にもかかわらず、そこに「セクハラ」というひとつの問題があること、言いかえれば、「職場の人間関係において女性が受ける被害」があることを、現在の私たちは理解することができるようになっている。マッキノンによる「セクシュアル・ハラスメント」という概念の用法は、ひとつの「被害」経験のありかたを理解可能なものにさせたのである。

　同様のことは、おそらくドメスティック・ヴァイオレンス（DV）などについても言えることだろう。殴ったり蹴ったりするような身体的な暴力、罵ったり無視したりするような精神的暴力、望まない性交を強いるような性的暴力は、「犯罪」の類型としては、みな別物である。だが、DVという概念は、それを夫から妻への暴力という、同じ「被害」の下位類型として経験し、また理解することを可能にする[1]。

1-2 中傷効果

他方、世界を記述する概念のセットにはさまざまな種類のものがあり、行為や経験に対する記述が、異なった種類の概念セットによっておこなわれることで問題が生じることもある。ギルバート・ライルは、科学的概念と日常的概念のあいだで記述が競合するようにみえるとき、科学的概念による記述こそ正しいもので、日常的概念による記述は誤ったものだと理解されてしまうような現象を「中傷効果」と呼んだ（Ryle 1954=1997）。私は、自分の部屋の慣れ親しんだ家具や自分のお気に入りの衣服についてよく知っていて、説明を求められればお気に入りの理由やそれらにまつわる思い出についていろいろと語ることができるかもしれない。しかし他方で、それらが物理学的にどのように記述されるのかについては、私はまったく知らない。このとき、物理学的記述こそがそれらについての「正しい」記述であるとされるなら、私の知識は誤った（あるいはせいぜい二流の）ものとなり、それらについて私が語る権利は制約されることになるだろう。ライルによれば、そうした効果は、「記述」という言葉に惑わされて本来対立しないものを対立しているかのように考えてしまうことで生じる、ばかげたも

---

1) このように書くと、セクハラにしても DV にしても、「男性の被害者もいる」と言われるかもしれない。それ自体はもちろん正しい。だが、ここで十分注意しておかなければならないことは、そもそも「職場で望まぬ性的扱いを受ける」ことや「夫や恋人から暴力をふるわれること」が、そもそも「被害」と理解されることができるための、その条件である。言いかえれば、なぜ「セクハラ」や「DV」という言葉が生まれるまで、それらは「被害」と理解されてこなかったのか、ということである。当然のことだが、そこに「被害がある」という理解が生じないかぎり、「男性の被害者もいる」と言うことはできないのだから、「被害」の理解は被害者の性別を対称化することに対して、論理的に先立っている。そして、「セクハラ」にしても「DV」にしても、その被害がまずは「女性の被害」として訴えられたことには、十分な理由がある。

のである。それはまるで、風景画家は自分の描いている山の地質学的特徴を知らなければ、絵のよしあしについて語る権利がない、と言うようなものなのだ。

　しかしながら、そうした中傷効果は、私たちの行為や経験についての記述が問題になるとき、しばしば生じているように思われる。とりわけ、女性の行為や経験についての記述が問題になる場合はそうである。たとえば、1章でみたように、進化心理学という科学の概念によってこそレイプという行為やその被害経験の「正しい」記述が与えられると考えてしまうなら、そこには典型的な中傷効果が生まれるだろう。

　そして本章で「ポルノグラフィ」という主題に即して考えたいのは、法システムは人びとに対して、また人びとの行為に対して、いかなる記述をおこなうべきかという ── ルーマンの言葉でいうならば「法システムの反省的自己記述」をめぐる ── 争いのもとで、ひとつの中傷効果が生まれてくる仕組みである。中心になるのは、やはりマッキノンの言葉である。マッキノンは、「セクシュアル・ハラスメント」という概念を浸透させることにおいては大成功を収めたが、「ポルノグラフィ」においてはそれに失敗した。ここではその「失敗」を、人びとと人びとのおこなう行為をどのような記述のもとで理解すべきかという争いの中に位置づけることを試みたい。

　ポルノグラフィをめぐる議論の中で、人びとや人びとのおこなうことは、さまざまな言葉で記述される。「個人」「女性」「男性」「不快感」「被害」「他者に影響を与えること」「女性を従属させること」……。こうした記述は、決して人びとやその行為を「写し取る」ために用いられているのではなく、むしろ対象を「作り出す」役割を果たしている。言いかえれば、生じている被害に対してどのように対処すべきかではなく、そもそも「被害」がいかなるものであるかを理解するための言葉が争われている。このことを見ていくことで、そこに

どのような「問題」があるのかを考えてみたい。それはふたたび、実践の中のジェンダー・アイデンティティについて論じることになるだろう。

2 反ポルノグラフィ公民権条例

2-1 性差別としてのポルノグラフィ

1983年、キャサリン・マッキノンとアンドレア・ドゥウォーキンが起草した法案をもとにした反ポルノグラフィ公民権条例が、ミネソタ州ミネアポリス市議会で可決された。だが、この法案は市長が拒否権を行使したため、条例として成立はしなかった。翌年、インディアナ州インディアナポリス市でも同様の条例が可決され、こちらは成立する。だが、ただちにアメリカ書店協会が条例執行差し止め請求を合衆国連邦地方裁判所に提訴し、条例は違憲[2]であるとの判決が下されることになる。控訴審でも違憲判決が下り、最終的に連邦最高裁判所もこれを支持したことで、結局マッキノンたちの反ポルノグラフィ条例は無効とされることになった。1985年のことである[3]。この騒動およびそこから生じてきたいくつもの議論は、いわゆる「批判的人種理論」と並んで、「表現の自由」をめぐる大きな議論領域を形成することになった。

---

2) 合衆国憲法修正第一条には次のように定められている。「連邦議会は、国教を定めまたは自由な宗教活動を禁止する法律、言論または出版の自由を制限する法律、ならびに人民が平穏に集会をする権利、および苦痛の救済を求めて政府に請願する権利を侵害する法律を、制定してはならない」。

3) 反ポルノグラフィ公民権条例をめぐる騒動は日本でも早くから紹介がなされている（紙谷 1987）。詳細な記録として（MacKinnon and Dworkin 1997）、マッキノンたちに可能なかぎり寄り添った包括的な検討として（中里見 2007）を参照のこと。

ただし、本章でおこないたいのは、ポルノグラフィ規制と「表現の自由」との関係を法学的に考察することではない（そうした考察は、すでにたくさんある）。そうではなく、ポルノグラフィをめぐる議論が、どのようにして「表現の自由」をめぐる議論になっていったのかという、その論理的な筋道について考えてみたい。言いかえるなら、「ポルノグラフィ」という言葉でマッキノンたちが拓こうとした「被害の経験」の世界と、「表現の自由」という専門的概念のもとでの経験との対応関係について、あらためて考えてみたいのである。

さて、マッキノンたちが「ポルノグラフィ」をどのようなものとして理解していたかは、彼女たちが作成したモデル条例の第一条にうたわれているその立法目的に明確に表現されている。

　第一条　立法目的
　1　ポルノグラフィは性差別行為である。ポルノグラフィは、〈当該自治体〉において地域住民の健康、安全、平和、福祉および平等に対する重大な驚異となっている。既存の法は〈当該自治体〉におけるこれらの問題を解決するのに不十分である。(Dworkin and MacKinnon 1988=2002: 172)

ここで、「既存の法が不十分」であるといわれていることのうちには、少なくともふたつの重要な要素が含まれている。

ひとつは、ポルノグラフィが「性差別」にかかわるものであるということである。ここにはポルノグラフィが「わいせつ法」によっては適切に扱いえないものであるという含意がある。合衆国では、連邦最高裁の下したミラー判決 (Miller v. California, 413 U.S. 15 (1973)) 以降、「わいせつ」とは「平均的な人が今日のコミュニティの基準に照らしてみた場合、全体として、好色的な興味に訴えると思うもの、あきらかにみだらなやり方で、適用すべき州の法律が特定の形で定義し

た性的行為を描写し記述するもの、および、全体としてみてまじめな、文学的、美術的、政治的、もしくは科学的な価値を欠いているもの」とされている。この定義にあてはまるとみなされる「表現」については、規制に対する違憲審査の基準が緩められることになるわけである[4]。

他方、マッキノンたちが、わいせつ法ではポルノグラフィの問題を扱うのに不十分であるというのは、その性別中立性にある。すなわち、そこではポルノグラフィが「女性にとって持つ意味」がまったく考慮に入れられていない[5]。「わいせつ法はいまだかつてポルノグラフィを女性の問題だと考えたことがない」（MacKinnon 1987=1993: 256）というわけだ。マッキノンによれば、ポルノグラフィは「好色的な興味」に訴えたり「みだら」であったりするから悪いわけではない。そうではなく、それは女性を差別し、女性に被害を与えるから悪いのである[6]。また、「わいせつ」概念は、公的領域と私的領域の分離を論理的に前提している。寝室で性行為をおこなうことや、わいせつ物を所持していることそれ自体が罪になるわけではない。公の場でそれをおこなったり取引をしたりすることが問題なのである。だが、性差別はそうではない。家庭もまた、男性から女性に対して不当な権力の働く場所でありうる。

---

[4] ミラー判決については高橋（1997）を参照。もっとも、その根拠については変遷がある。伝統的には「わいせつ」は、名誉毀損やけんか言葉と並んで、修正第一条の保護を受ける「表現」の類型から外されてきたが、その後、保護は受けるもののその程度が低い「二流の表現」類型に数えられるようになり、現在ではその扱いについても議論がある（市川 2003）。

[5] ちなみに日本における「わいせつ」の概念は、「いたずらに性欲を興奮または刺激させ、かつ、普通人の正常な性的羞恥心を害し、善良な性的道義観念に反するものをいう」ことになっている（最判昭 26・5・10 刑集 56 号 1026 頁）。日本の場合は「羞恥心」が入っているのが特徴的だが、性別中立的な概念であるという点は同じであると言ってよい。

2-2 行為としてのポルノグラフィ

もうひとつは、ポルノグラフィが「表現」ではなく「行為」であるということである。マッキノンはポルノグラフィについて論じるたびに、この主張を繰り返している。

---

6) こうした考えのもとで、「ポルノグラフィ」は次のように定義されることになる。

　第二条　定義
1　「ポルノグラフィ」とは、図画および／また文書を通じて、性的にあからさまな形で女性を従属させる写実的なものであり、かつ次の状態の一つまたはそれ以上を含むものを言う。
　一　女性が人間性を奪われた形で、性的な対象物、もの、または商品として提示されている。
　二　女性が辱めや苦痛を快楽とする性的対象物として提示されている。
　三　女性が強姦、近親姦その他の性的な暴行において性的快感を覚える性的対象物として提示されている。
　四　女性が縛られ、切りつけられ、損傷を加えられ、殴られ、または身体を傷つけられた性的対象物として提示されている
　五　女性が性的服従、奴隷または見せ物の姿勢ないし状態で提示されている。
　六　女性がその身体の部位（膣、胸、尻を含むが、それに限定されない）に還元されるような形で示されている。
　七　女性が物や動物によって挿入された状態で提示されている。
　八　女性が、貶められたり、傷つけられたり、拷問されたりする筋書きにおいて、汚らわしいもの、もしくは劣等なものとして、または出血したり、殴られたり、傷つけられたりして描かれ、かつそれらの状態を性的なものとする文脈の中で提示されている
2　前項の定義における各号の代わりに男性、子どもまたは性転換者が使われている場合も、この条例の対象のポルノグラフィである。
3　この条例において「者（person）」とは、子どもまたは性転換者も含むものとする。
　　　　　　　　　　　　　　　　　（Dworkin and MacKinnon 1988=2002: 173）

> 修正第一条の論理では、ほとんどすべての法的な論理のすすめ方と同様、「ジョンがメアリーを殴った」というような直接的に引き起こされた被害ではないものを理解しにくい。そこでは、言葉や画像は、それが行為と考えられるかたちで被害を生み出したときにのみ有害だという考え方がとられている。言葉は態度の領域で作用し、行為は行動の領域で作用する。言葉は、それじたいでは被害を構成しえない。(MacKinnon 1987=1993: 262)

「表現／行為」という対立軸は、山口によれば、20世紀前半に煽動罪を焦点としながら、O. ホームズ判事、L. ブランダイス判事によって形成された「思想の自由市場」理論に端を発するものである(山口 1993)。そこでは、違法な行為それ自体とその唱道が区別され、基本的に無害である「表現」が、どのような場合に害悪を生む「行為」に近づくのか(そしてそれゆえに規制が認められうるのか)という議論がおこなわれていた[7]。マッキノンがここで訴えているのは、「表現／行為」という対立軸のもとで、ポルノグラフィを「基本的に無害」だと考えられる「表現」というカテゴリーに含めることの不適切性だと言えるだろう。

すぐにわかるとおり、上記の二点は密接に結びついている。ポルノグラフィが、「性差別」にかかわるものであり、かつ実際に「行為」として女性に「被害を与えている」こと。この二点において、反ポルノグラフィ条例では、公民権法上の権利(「平等」)にもとづいて「被害」者が損害賠償や差止命令を求める訴えを起こすことができるようになっているのである[8]。

---

7) たとえば「明白かつ現在の危険」という有名な基準がその「場合」のひとつである。

しかしながら他方で、実際にこの枠組みにもとづいてポルノグラフィの「被害」を論じていくことは決して簡単ではない。

　第一に、条例に挙げられている訴訟原因はさまざまである（「ポルノグラフィへの強制行為」「ポルノグラフィの押しつけ」「ポルノグラフィを原因とする暴行脅迫」「ポルノグラフィを通じた名誉毀損」、そして「ポルノグラフィの取引行為」[9]）。これは、「行為である」ところのポルノグラフィによって引き起こされていると言われる「被害」がさまざまだということだ。実際、マッキノンが訴える「被害」は幅広い。「女性がポルノグラフィへの出演を強制される、あるいは合意していない内容の撮影を強制されること」、「ポルノグラフィの視聴や、その真似を強制されること」、「ポルノグラフィが原因となって引き起こされる性犯罪」、「ポルノグラフィが人びとの女性観を作り上げてしまうこと」、そして「ポルノグラフィが女性を沈黙させ、従属させること」、これらすべてが「ポルノグラフィの被害」に数えられている。このように多様な「被害」と、ポルノグラフィが「行為である」という一般的な主張との関係は、どのように理解されるべきなのだろうか。

　第二に上記の点はそのまま、マッキノン自身がすでに十分意識しているように、合衆国憲法修正第一条と、それぞれの「被害」との関係

---

[8] モデル条例の第五条2項、および3項を参照のこと（Dworkin and MacKinnon 1988=2002: 177）。

[9]「表現の自由」との関係では、とくに「取引行為」条項が重要な意味をもつ。この条項においては、ポルノグラフィの制作や使用に伴う暴力ではなく、その制作、販売、公開および頒布それ自体が対象になり、「すべての女性」が「女性の従属に反対している女性としての資格において」差し止め命令を求める訴えを起こすことができると定められている。ここでは、特定の女性個人よりもむしろ「女性」というカテゴリーに属する人びとすべてにとっての「被害」が扱われているのである。逆に言えば、この条項ゆえに、全てのポルノグラフィは、少なくとも可能性としては、差し止め命令の対象になりうるわけだ。

をどう考えるべきかという論点と深く関わっている。「わいせつ」表現であれば、表現内容にもとづく規制が為されても「表現の自由」の侵害とはならないとされるが、この条例においては積極的に「わいせつ」概念の外でポルノグラフィを定義している以上、「表現の自由」との関係もまた、「わいせつ」表現の場合とは独立に論じられなければならない。だからこそ条例ではポルノグラフィは「性差別行為である」と述べられているのだが、挙げられている「被害」が多様であるため、それがどのような意味においてなのかは、ただちにあきらかであるとは言いがたいのである。

　それゆえ、ポルノグラフィをめぐる議論では、多様な「被害」をどのように理解するかということが重要な争点となっていった。とりわけ焦点が当たったのは、「ポルノグラフィが女性を沈黙させ、従属させる」という「被害」である。

> ひとたび権力が現実を構成するなら、性差別主義の背後にある力、ジェンダー不平等における従属は見えなくなってしまう。それに対する異議申し立ては、ほとんどなされなくなってしまうだけでなく、聞き取れないものになってしまう。女性とは何であるかをポルノグラフィの言葉で定義すること。これこそポルノグラフィがおこなうことなのである。(MacKinnon 1985: 7)

　この「被害」を、さしあたり「女性の沈黙」論と呼んでおこう。さまざまな被害（として挙げられているもの）の中でも、これはきわめて曖昧である。つまり、具体的にどのような現象を指しているのかがわかりづらい。にもかかわらず、マッキノンの議論の中で、この主張は中心的な位置を与えられているように見えるのもまた事実である。ここから、「ポルノグラフィは行為である」という主張に対して、さまざまな解釈がおこなわれることになった。

3 「行為」か「表現」か

3-1 因果の言葉

マッキノン自身は、ポルノグラフィが「行為である」ということの内実について、なんらかの統一的な見解を述べているわけではない。だが、挙げられている被害がさまざまである以上、そのひとつひとつとポルノグラフィとのあいだのどのような関係が、ポルノグラフィを「行為」と呼ばしめるのかという議論はどうしても必要になってくるだろう。たとえば、そうした議論のもっとも代表的なものは、ポルノグラフィとその「被害」との因果関係を問う議論である。

反ポルノグラフィ条例をめぐっても、性犯罪とポルノグラフィのあいだの因果関係はひとつの大きな争点となった。もしポルノグラフィが「明白かつ現在の危険がある」と言えるほどに性犯罪の原因となっているのなら、当然そのことは法規制のための有力な論拠になる。それゆえ、ポルノグラフィが「行為である」という主張の内実を、性犯罪被害のような重大な被害との因果関係において解釈することは、表現の自由との対立関係のもとでは、もっとも直截でわかりやすいものなのである。

しかしながら、そのわかりやすさとは裏腹に、実際にポルノグラフィと性犯罪のあいだに明確な因果関係があると証明することは難しい。マッキノン自身はしばしば被害者や加害者の証言を重視している。だが、それによってあるポルノグラフィが個別の性犯罪の原因であったと言うことができたとしても、そのポルノグラフィが一般に性犯罪を引き起こす可能性があきらかにできなければ、法規制の正当性を主張することは難しいだろう（Posner 1993）。そして、ポルノグラフィの普及率と性犯罪の発生率の一般的な相関関係について言えば、条例を擁護する側も批判する側も、それのみによって法規制が正当化される

ほどではないという理解をそれなりに共有しているように思われる[10]。

いずれにしても、この因果関係についての議論に結論を下すことがここでの目的ではない。確認しておきたいのは、「表現／行為」という対立軸が、「被害」をめぐる因果論との関係において展開されていくとき、議論がどのような展開をたどるかということのほうである。とりわけ、「ポルノグラフィは性差別行為である」というマッキノンの主張が、因果関係をめぐる主張として理解されていったということは注目しておいてよい。そこには、ポルノグラフィについての議論を表現の自由についての議論にしている、ひとつの「仕組み」があるように思われる。

3-2 発語内「行為」としてのポルノグラフィ

実は、「ポルノグラフィは女性を沈黙させ、従属させる」という先に挙げた（曖昧な）主張は、まさにその因果関係をめぐる議論の中で、非常に重要な位置づけを与えられることになったものだった。犯罪との因果関係のような直接的な「被害」を主張しにくいとき、それでもポルノグラフィを「行為」と呼べるかどうかが、この曖昧な主張をめぐって議論されることになったのである。

まず、マッキノンたちの主張を擁護する人びとの中には、この主張をなんらかの因果関係の表現としてではなく、文字どおりに理解しよ

---

[10] 同じ調査を参照しつつ異なった結論を述べる、N. ストロッセンと C. R. サンスティンの議論を参照のこと（Strossen 1995=2007; Sunstein 1992）。ただし、性犯罪との因果関係については、「性犯罪」の概念が狭すぎるという中里見の指摘は重要であると思われる（中里見 2007）。同様に、法規制の正当性を主張するために必要な「因果関係」の証明基準それ自体が問題含みであるというサンスティンの指摘も示唆に富む（Sunstein 1986）。たとえば、「わいせつ」表現がほんとうに「健全な性的風俗を乱す」かどうかについては、誰も一般的な因果関係の証明など要求しない。

うと試みた人びとがいた。因果関係の表現だと理解されてしまえば、その程度や証明が問題になる。だが、もしポルノグラフィに文字どおりに「行為である」と言いうる要素があるならば、因果関係の証明とは別に法的規制を正当化しうる可能性が出てくるだろう。マッキノン自身はしばしば、「白人に限る」という貼り紙や、訓練した犬に「殺せ」と言うようなことを引き合いに出す。ここには、ポルノグラフィを理解するのに言語行為論を援用するという姿勢がすでに見えている。

　R. ラングトンは、マッキノンを擁護する立場から、ポルノグラフィを真面目にひとつの言語行為として扱うことを主張した（Langton 1993, 1997, 1999）。ポルノグラフィが女性を「沈黙させる」というのは、実際にそのような行為がおこなわれているのだというのである。ラングトンの主張のポイントは、J. L. オースティンの言語行為分類のうち、発語媒介行為としてではなく、発語内行為としてポルノグラフィを捉えることができる、という点にある。1章補論でも述べたように、発語内行為とは言葉を述べることがそのまま特定の行為としての効力をもつような行為（たとえば「約束する」）であり、発語媒介行為とは、何らかの発語内行為の結果として、特定の効果がもたらされるような行為（たとえば「X と述べることで説得する」）である。前者は慣習によってただちに発効するが、後者においては特定の効果がもたらされるかどうかは不確定である（説得できない場合もある）。この区別は、ポルノグラフィに適用された場合には重要なものになる。というのも、単にポルノグラフィが存在することの結果として何らかの被害が生じているというのであれば、その因果関係を証明することが規制の根拠として必要になるが、かりにポルノグラフィの存在が端的に被害を生じさせる効力をもつひとつの行為であるならば、そうした証拠は必要なくなるからだ。

　ラングトンは、マッキノンの言う女性の「従属」や「沈黙」は、発語内行為として捉えることができると主張する。たとえば「従属させ

る」という行為については、ポルノグラフィは「判定宣告型」および「権限行使型」の発語内行為になっていると述べる[11]。

> 第一に、ポルノグラフィは女性は性的客体であると判定を下す言葉である。第二に、性的暴力に対する正当化の権限を行使する言葉である。性的暴力は単に害をもたらしたり犯罪であったりするだけでなく、差別行為なのであり、ポルノグラフィはそれを正当化するがゆえに女性を従属させるのである。(Langton 1993: 307-308)

また、「沈黙」については、発語内行為の「不発」であると言われる(「不発」については1章補論3節の議論を参照)。

> 適切な言葉が適切な意図をもって発されても、発話者は意図した発語内行為を遂行することに失敗することがある。そのようにして生じる沈黙を、発語内行為の無効化と呼ぶことができるだろう。(Langton 1993: 315)

例として挙げられているのは、女性の「No」が「Yes」になってしまうような場合である。そのとき、彼女の発話は「拒否」という行為を構成することができなかった(不発に終わった)、というわけだ。

こうしてラングトンは、性犯罪のような何らかの害悪の原因として

---

[11] 「判定宣告型」とは、何らかの証拠や理由にもとづいて判定を下すタイプの発語内行為だとされる。典型例は、文字通り「判定する」「宣告する」あるいは「みなす」などである。「権限行使型」とは、行為の経過に対して賛成もしくは反対の決定を与えるような発語内行為であると言われる。例としてオースティンは「指名する」「投票する」「命令する」などを挙げている(Austin 1960=1978)。

ではなく、ポルノグラフィがそれ自体として「害」と呼びうるものでありうることを示そうとしていく。この主張の正しさについては、ここでは置いておこう[12]。むしろ確認しておきたいのは、このようにして「表現の自由」に対抗し、ポルノグラフィの法規制を正当化しようとすることが、マッキノンが挙げていたいくつかの「被害」の選別になっているということである。

ラングトンによれば、ポルノグラフィの言葉は、「性暴力を正当化すること」によって女性を従属させる。他方で、マッキノンがポルノグラフィの「被害」に数えていた「（出演や撮影の）強制行為」や「押しつけ」などは、それ自体、あきらかに性暴力でもある。それゆえ、ラングトンは「従属」ということでポルノグラフィの「強制」や「押しつけ」それ自体を考えているわけではない。彼女が問題にして

---

[12] ただし、いくつかの困難を指摘しておくことはできる。第一に、オースティンの言語行為論は、私たちが言葉を発することが端的に行為の遂行になっているということを自明の前提として出発するものであった。だが、ラングトンの議論はポルノグラフィ一般について語っているだけで、発話どころか言葉についてすら何も語っていない。ポルノグラフィ自体は、写真や絵、映像や文章など多様な「表現」によって構成されているだろう。それはどのようにして「言葉」なのか、また言葉だとして、どのような言葉が「従属させる」という行為の遂行になるのだろうか。マッキノンたちが定義した限りでのポルノグラフィでさえ、その内容は多様である。そこに登場する全ての言葉が同じ発語内効力を持つのだろうか。それは、「約束する」という言葉がそうであるようには、自明なことではない。

第二に、ラングトンの議論においては、言葉が行為としての力をもつのに必要な「慣習」について論じる作業が欠落している。オースティンが不適切性の理論によってあきらかにしようとしたように、しかるべき状況で、しかるべき人物によって、しかるべき手続きにおいて用いられることでこそ、言葉は行為としての力をもつ。だが、かりに一般的なポルノグラフィの言葉なるものがあるとして、それがどのような慣習のもとで「従属させる」という行為になるのかがラングトンの議論ではまったくあきらかではないのである。

いるのは、むしろそれらの「正当化」という現象なのである。

　また、女性の「No」を「Yes」にしてしまうような条件を整える力がポルノグラフィにあるとすれば、それは人びと一般に対して働く力であるはずだ。特定の女性が拒否という行為を遂行できなかった個別の事例でのみ働いたポルノグラフィの力が問題であるなら、議論はふたたび因果関係論へと戻っていってしまうからだ[13]。

　要するに、ラングトンが言語行為論を援用することで示そうとしているポルノグラフィの行為性は、「強制」や「押しつけ」といった性暴力にかかわるものではなく、ポルノグラフィ一般の、人びと一般に対して働く力のことなのである。ここでなされているのは、ポルノグラフィは一般的に「表現ではなく行為」であるがゆえに修正第一条には抵触しない、という主張なのであり、そしてその主張は、マッキノンが挙げていたポルノグラフィの「被害」を選別することで為されているのである。

---

[13] とはいえ、人びと一般に対してポルノグラフィが何らかの力を持つとしても、ラングトンの目論見どおり因果関係論を避けられるかどうかは不明である。発語内行為が不発に終わるのは、それを成立させる「慣習」に不備があるような場合である。しかるべき人物が発しなかったり、しかるべき手続きをふまなかったりすれば言葉は行為としての力を持たない。このことは逆に言えば、不発を論じるためにはそうした「慣習」を明らかにしていかなければならないということである。だが、注12でも述べたように、ラングトンが女性の「No」は「拒否」という行為を遂行することができないと述べるとき、いかなる「慣習」によってそうなるのかについては何も語られない。したがってそれは、ポルノグラフィがどのように女性を「沈黙」させるのかについてはあきらかにしていない。ポルノグラフィが女性の「No」という発語内行為を不発に終わらせるような条件を整えるのはどのようにしてか。ラングトンの議論にはこの説明が欠けているのである。さらに、江口が指摘するとおり、かりにそうした説明がなされたとしても、そこではポルノグラフィがおこなうのは、その言葉によって特定の結果をもたらすような行為、すなわち発語媒介行為であることになり、ラングトンの議論の積極的な意義は失われるかもしれない（江口2007）。

3-3 「表現」としてのポルノグラフィ

 他方で、同様の選別は、まったく反対(すなわち、条例を批判し、ポルノグラフィをあくまで「表現」として理解する側)の立場から「女性の沈黙」論を解釈した場合にも生じてくる。ロナルド・ドゥウォーキンはマッキノンの議論を批判する中で、彼女が挙げていた「被害」を明示的に類型化し、そのひとつひとつを「表現の自由」との関連で検討している[14]。

> この [インディアナポリス市の条例を擁護する] 人たちの主張は、異なった類型ないし種類の被害を一緒にして論じており、これを我々は区別する必要がある。(Dworkin [1991] 1996=1999: 284)

---

14) よく知られていることだが、マッキノンとドゥウォーキンの間には、ポルノグラフィをめぐる論争の歴史がある。ミネアポリス市とインディアナポリス市での条例をめぐる騒動の渦中にあった 1984 年に、マッキノンはハーヴァードロースクールでその条例の意義をうったえる講演をおこない、これをもとにした論文を翌 85 年に『Harvard Civil Rights-Civil Liberties Law Review』誌に発表した (MacKinnon 1985)。ドゥウォーキンとの論争は、この論文に対する彼の批判論文が 1991 年 8 月 15 日の *The New York Review of Books* に掲載されたことに始まったものである。批判を受けたマッキノンは、その 2 年後に出版された著書『Only Words』(MacKinnon 1993) の中で、幾人かの裁判官や弁護士の名とともにドゥウォーキンの名とその論文を挙げ、反論をおこなった。それに対してドゥウォーキンはただちに再度 *The New York Review of Books* に (今度は『Only Words』の書評として) 論文 (Dworkin 1993) を載せ、再反論をおこなう。その後、この書評論文へのマッキノンのコメントと、それへのドゥウォーキンのリプライが、あわせて同誌に掲載されることになった (MacKinnon and Dworkin 1994)。この論争については日本でもすでに多くの研究がある。小泉 (1997)、高橋 (1997)、斎藤 (1998)、市川 (2002)、田代 (2003) 等を参照のこと。

ドゥウォーキンの類型論と、その中で彼がおこなっている選別を確認しておこう。ドゥウォーキンは、ポルノグラフィの被害についての主張を大きく以下の三つに分類し、それぞれ規制の根拠となりうるかどうかを検討していく。

1）ポルノグラフィが強姦やその他の暴力の原因になっているという主張
2）ポルノグラフィが女性の経済的従属の原因になっているという主張
3）ポルノグラフィが女性の政治的従属の原因になっているという主張

　この類型のもとでドゥウォーキンは、(1) については証拠不十分であるがゆえに、(2) についてはポルノグラフィのみが特別その原因であるとは言えないがゆえに、いずれも法規制の根拠にはならないと退ける。そして最後に残った (3) ──「女性の沈黙」論はこれにあたると理解されている ── について、ドゥウォーキンはそれにさらに三通りの解釈をあたえることで、「表現の自由」という消極的自由[15]との関係を丁寧に検討していく (Dworkin 1991, 1993)。順番に見ていこう。

15）「消極的自由／積極的自由」の区別は、アイザイア・バーリンが著書『自由論』に収められた論文「ふたつの自由概念」(Berlin 1969=1997) の中で提示したものである。消極的自由とは、他者による干渉からの自由であり、積極的自由とはみずからの責任において意志し、選択し、行為する自由のことを言う。バーリンは両者を混同したり、一方を他方に優越させてしまうことの危険性を訴えていた。ドゥウォーキンはそのバーリンの議論を引きながら、反ポルノグラフィ条例の支持者たちが、「表現の自由」という消極的自由に対して他の価値を優越させてしまうことに警鐘を鳴らしているのである。だが、注23で少し述べるとおり、「表現の自由」を「消極的自由」としてのみ捉えることには、考察の余地があるようにも思われる。

第一に、「女性の沈黙」とは女性の消極的自由が奪われている状態であり、したがって「表現の自由」との間では消極的自由どうしの対立が起こっているという解釈をとった場合。ドゥウォーキンによれば、これはそのような対立だと考えること自体が間違いである。他人の消極的自由を奪って沈黙させるというのは、たとえば発言している人を物理的に妨害したりヤジを飛ばしたりして「発言すること」そのものをできなくさせてしまうようなことだが、ポルノグラフィによる沈黙ということで言われているのは、それとは異なっている。女性はポルノグラフィによって「発言することそのもの」が不可能になっているわけではない。

　第二に、「女性の沈黙」とは女性の積極的自由が奪われている状態であり、したがって「表現の自由」との間では消極的自由と積極的自由が対立しているという解釈をとった場合。ポルノグラフィが人びとの女性観に影響をあたえることによって女性の声がゆがめられてしまうような事態は、ドゥウォーキンによればこの対立にあたる。そのうえで彼は、ふたつの理由から、この場合でも積極的自由の侵害を法規制の根拠にすることはできないと述べる。ひとつは、「それが依然として物事の原因に関する主張であること」（Dworkin［1991］1996=1999: 286）。つまり、ポルノグラフィが原因になって、女性が政治的に従属させられているのだという主張であるということ。だが、これは「説得的ではない」と退けられる。なぜなら、暴力的なポルノグラフィはそれほど一般に流通しているわけではないし、その影響力はテレビやその他のメディアに遠く及ばないからだと言う。ちょうど、(2) の主張が退けられたのと同じ理由である。

　もうひとつは、仮にそうした因果関係が認められたとしても、それだけでは表現の規制の根拠にはならないというのが合衆国憲法の解釈から導かれる帰結だということである。

イースターブルック裁判官執筆の第七巡回区控訴裁判所判決の意見は、議論のための仮の話として、ポルノグラフィは問題の条例の擁護者が主張しているような帰結を実際にもたらすという前提を採った。彼は、条例の擁護論は、この前提にもかかわらず成功していないと述べた。その理由は、言論の自由を保障する趣旨とは、まさに、様々な考え方の普及によっていかなる帰結がもたらされようとも、それを認めることにあり、その際、積極的自由にとって望ましくない帰結も認めなければならないからだ、ということであった。……

　この判断は、アメリカ憲法の問題として正当である。(Dworkin [1991] 1996=1999: 287)

　ここで述べられているのは、表現の自由が擁護されなくてはならないのは、その帰結の正しさによってではなく、それ自体の価値によってであるということである。ドゥウォーキンはいわば義務論的に表現の自由を擁護するのである[16]。

　第三に、「女性の沈黙」とは、発言をめぐる「不平等」な状態であり、したがって「表現の自由」との間では消極的自由と平等との対立が起こっていると解釈した場合。ドゥウォーキンはこれにも二側面から答えている。ひとつは、かりに消極的自由と平等が対立するのであれば、自由が優先されねばならないという答えである。なぜなら、「女性の従属に手を貸している」という理由でポルノグラフィの規制を許すなら、それは最終的には「一部の人に対して、自らの嗜好や信条や希望を表明する自由をいかなる場所でも付与しないことが必要と

---

16) それに対して、ポルノグラフィに独特の影響力を認めるなら、むしろ表現の自由の実質的確保のためにはポルノグラフィの法規制も必要であると考える立場もある。その場合は、いわば「何のための表現の自由か」が問い直されていることになるだろう。Sunstein (1986)、Fiss (1996) などを参照のこと。

なる」ということになってしまうからだ（Dworkin［1993］1996=1999: 287）。つまり、規制の対象があまりに広範で脱文脈的になってしまうということである。

　もうひとつは、そもそも消極的自由と平等は対立するものではない、という答えである。

> 第一修正は、政治的平等に対して非常に大きな貢献をしている。第一修正は、ちょうど、誰一人として、その者が卑しい意見を抱いているという理由で投票から締め出されてはならないのとまったく同じように、誰一人として、その者があまりにも不快で聞くに堪えないことを述べるであろうという理由で、何かを語ったり書いたり放送したりする権利を否定されてはならない、と強く主張しているのである。（Dworkin［1993］1996=1999: 308）

> 我々すべての生を取り巻いている道徳上の環境は、そのかなりの部分が他人によって作り出されている。しかしながら、まさにそれだからこそ、この環境の形成に関して、誰に権限を与えて、いかなる役割を果たすようにさせるのかという問題が生じ、しかもそれが、政治理論においてしばしば無視されているにもかかわらず、根本的に重要なものとなるのである。この問題に対する解答で、政治的平等の理想と整合的なものは、ただ一つしかない。その解答とは、人は自分自身の個人的な選択、嗜好、意見、実例を通して、共有された道徳上の環境に影響を与えることが許されねばならず、単にその人の嗜好や意見について、その人を黙らせたり閉じこめたりする権限を持った人たちがうんざりしているからというだけでは、誰一人としてそれを妨げられてはならない、というものである。（Dworkin［1993］1996=1999: 309-310）

つまり、ドゥウォーキンにとって、修正第一条はそもそも平等主義的なものなのである。なぜなら、それは人びとの政治過程への参加や、自らの「道徳的環境の形成」に携わることの平等を保障するものだからだ。

さて、議論の分量を見ても内容を見ても、ドゥウォーキンにとって最も重要な論点が（3）の類型にあることはあきらかである。ポルノグラフィが性犯罪の原因としては証拠不十分であり、経済的従属の主要な原因でもないとき、政治的従属への因果関係論は規制の根拠となりうるか、という筋道でドゥウォーキンは考えている。ラングトンがそれを因果的にではなく直接的な行為の力として解釈しようとしていたのとは対照的に、ドゥウォーキンはその因果関係を一定程度認めたとしても規制は認められないという主張を丁寧におこなっているのである。

そしてこの点で、結論は正反対だが、ポルノグラフィの被害として挙げられていたさまざまな事柄の選別と重みづけに関しては、両者は完全に一致している。すなわち、「女性が沈黙させられている」という「被害」をどう解釈するかということこそが、両者にとっての最大の関心事なのである。逆に言えば、両者はともに、他の被害を議論の外に置いている。ドゥウォーキンにおいては、そもそも初発の類型の段階から、ポルノグラフィ制作現場での強制などによる女性の被害はまったく議論に入っていない。それは条例の「訴訟原因」の第一番目に挙げられ、またマッキノンが多くの著作の中で真っ先に挙げている被害であるにもかかわらず、である。

ここで決定的に重要なのは、この選別と重みづけが、「表現の自由」との関連でポルノグラフィについて語ることと、おそらく本質的に関わっているということだ。ポルノグラフィに行為としての力を認めたり、あるいは表現の因果的影響の類型化をおこなったりすることは、いずれもポルノグラフィの法的規制の（不）可能性を論じるためにお

こなわれていたことである。「行為」であるならば、修正第一条の保護は受けない。「表現」であるならば、「被害」との一般的な因果関係が示されなければ規制はできない。ポルノグラフィを「行為」と呼んだり、その「表現」としての影響力を問題にしたりする議論は、徹頭徹尾そうした前提に沿って ── あらかじめ「法的規制の是非」へと焦点を定めて ── 構成されているのである。

　だが、注意しておこう。そのようにして「女性の沈黙」論を解釈していくとき、すでに確認してきたように、マッキノンたちが（そして反ポルノグラフィ条例が）重視していたはずのいくつかの被害は、積極的に議論の外にこぼれていくことになる。もちろん、マッキノンたちは確かに、「ポルノグラフィは性差別行為だ」と述べていた。そのとき、修正第一条が意識されていたことも間違いない。だが、にもかかわらず、「行為である」という主張の内実を「表現の自由」との関連で明確にしようとすると、訴えられていたいくつもの被害は、等しい重みで論じられることがなくなってしまう。もちろん、他の「明確な」被害は、表現の自由との関係もすでに明確であるからだ、と言われるかもしれない。だが、反対にこう問うこともできるだろう。訴えられていた「被害」は、「表現の自由」との関連でしか考えることができないのだろうか、と。もしそうでないなら、ラングトンやドゥウォーキンがおこなっていたような、「被害」の選別と重みづけは正当化されない可能性があるだろう。以下では、マッキノンの言葉に対して、ラングトンやドゥウォーキンとは異なった解釈をすることで、上記の問いに対して否定的な答えを与えていきたい。

4　ポルノグラフィと「女性の被害」

4-1　「被害」の総論としての「沈黙」論

実は、ラングトンとドゥウォーキンのあいだには、マッキノン解釈

に関してひとつの共通点がある。それは、「ポルノグラフィは女性を沈黙させる」というマッキノンの主張を、ポルノグラフィ批判の各論として受け取っているということである。すなわち、制作現場における被害や、性犯罪を引き起こす被害といったものと並んでそれとは別に、「沈黙させる」という被害があると理解しているということである。そして、すでに見てきたように、この「被害」の内実を因果関係論との関連で定式化することで、両者はポルノグラフィと「表現の自由」との関係について論じていたのである。

　だが、マッキノンにとってはおそらく、「女性の沈黙」論は、ポルノグラフィ被害の各論ではない（少なくとも、そうではない側面がある）。1984 年にハーヴァード・ロースクールでおこなわれた講演（1985 年に論文化され、1987 年には微修正され単行本に収められた）の冒頭で、マッキノンは「認識論と政治学を結びつける」ことでポルノグラフィを扱うと述べている（MacKinnon 1985: 3）。すなわち、ポルノグラフィにかかわる被害が、これまで被害として理解されてこなかったこと、そこには男女間の不平等な関係があるということを論じることから始めている。「沈黙」論が登場するのは、まさにその場所なのである。そしてそのしばらく後で、マッキノンはこう述べる。

　　男性が支配する状況の中で、男性の権力を通して、ポルノグラフィが作る世界に私たちが生きているのなら、問題なのは何がポルノグラフィの被害なのかではなく、いかにしたらその被害が見えるようになるかということなのである。（MacKinnon 1985: 20）

　この言葉は、わいせつ法の性別中立性を批判することや、「強制」「押しつけ」「性犯罪の原因」「取引行為」といった諸々の訴訟原因を論じることに先立って、それらの訴訟原因を「ポルノグラフィによる被害」というひとつの「被害」として理解するための認識枠組を提示

する箇所で、述べられているものである。この点で、「女性の沈黙」論は決して数ある訴訟原因に対応した、数ある被害の各論ではない。それはむしろ、女性が受けている被害のすべてが、女性の被害として理解されてこなかった理由を述べる議論に属する、総論だと理解することができるのである。

　もちろん、その内実は決して明確であるとは言いがたい。マッキノン自身、それを「ポルノグラフィが人びとの女性観に影響をあたえる」ことであるかのように述べていることが少なくない。あるいは言語行為論的な例を引き合いに出しながら、ポルノグラフィがただちに発語内行為を構成するかのように述べることもある[17]。そのとき、それはドゥウォーキンの指摘していたとおり、女性の従属の原因についての議論になるか、あるいはラングトンが明確化を試みていたような行為の力についての議論だということになるだろう。だが、「女性の沈黙」をポルノグラフィ被害の総論だと解釈するならば、議論の道筋はまったく変わってくる。

4-2　「女性の被害」が理解されないこと

　では、「女性の沈黙」論を、被害の総論と位置づけるとき、その内実はいったいどのように理解することができるだろうか。マッキノンは、ポルノグラフィの「認識論」について述べる中で、DVやセクシュアル・ハラスメントなどを例に挙げながら、次のように述べている。

---

17) とくに、1993年の著作ではそうした含意が強められているように思う。そこでは明確に言語行為論的な文脈において（「無罪とする」とか「誓います」とか言った用例とともに）「言葉は行為である」ということが述べられ、そのすぐ後で被害の例示が始まるのである。まるで、すべての被害が言語行為の例であるかのように。だが、ポルノグラフィ一般の言葉なるものを仮定してその発語内効力を多様な被害と結びつけることは難しいだろう（注12、注13を見よ）。

> この［フェミニズムの］観点から世界を見ると、それまで見ることができず、語られることもなかった虐待がある、陰の世界の全体像がはっきり見えてくる。強姦、妻への暴力、セクシュアル・ハラスメント、強制された売春、子どもへの性的虐待は、ありふれていて、組織だったものとして現れてくるのである。(MacKinnon 1985: 11-12)

　ここで、被害が「組織だっている」というのは、二通りの意味で理解することができる。第一に、被害者が女性に偏っているのは、単なる偶然ではないということ。たとえば、ポルノグラフィを含む性産業に多くの女性が従事していることが、この社会の中での女性の経済的地位と無関係でないのなら、ポルノグラフィ制作の現場で「強制」という被害が生じたとき、その被害者が女性であることは、偶然ではなく組織だった現象であるはずだ。女性の経済的地位が低いことは、職場ではそのまま権力関係としてセクハラの条件となり、あるいはDVが生じたときに女性の自立を困難にすることで被害の深刻化の条件となるのと同じ意味で、ポルノグラフィにおいても組織だったしかたで女性を被害者にする条件となりうる。

　第二に、女性が被害者になるのは、この社会におけるさまざまな人間関係の中で、女性という存在に与えられたいわば文化的な〈意味〉によるものだ、という主張がここにはあるように思われる。マッキノンの言葉で言えば、女性は「従属する存在として定義されている」のである。

> 女性が虐待されているという事実をまとめて見てみるならば、実際にある女性が虐待されている、もしくはされたことがあるかどうかに関わりなく、いつでも男性によってそうされうる存在とし

て女性が定義されていることに気づくはずだ。(MacKinnon 1985:
　　　15-16)

　このことは、なにゆえに「女性の被害」が理解されないか、という問題と密接に結びついている。DV という概念が登場する前から、暴力行為を罰する犯罪類型は存在した。けれど、夫による妻への暴力は、そうした既存の犯罪類型によって理解されることはなかった。マッキノンによれば、それは「妻」は夫が殴っても「暴行」とならないような存在だったからに他ならない。いわば、「妻」とは、その文化的〈意味〉において、夫から殴られうる存在だったというわけだ。だから、それが「被害」であると理解されるためには、新たな概念が必要だったのである。

　ここには、ひとつの重要な示唆が含まれている。すなわち、「被害」の理解およびそれを引き起こす行為についての理解は、私たちが何者であるかについての理解と密接に結びついているということだ。個人Aが個人Bを殴ったならば、それを「暴力」だと理解するのは容易かもしれない。だが夫が妻を殴ったとき、それを単なる「夫婦げんか」ではなく「暴力」だと理解することが難しくなるのだとしたら、問題は「殴る」という身体的動作それ自体ではなく、それが誰から誰に対しておこなわれたのかという、アイデンティティの理解のほうにある。「個人Aが個人Bを殴る」ことと「夫が妻を殴る」ことは、かりに「個人A＝夫」「個人B＝妻」であったとしても、同じ行為についてのまったく異なった理解でありうるのである。このとき、個人から個人に対する暴力行為を罰する法があることは、必ずしも役に立たない。誰も ── ときには被害者自身すら ── その行為カテゴリーによって問題の行為を理解しないからである。

　女性が被害を受けているにもかかわらず、その被害を女性の被害だと適切に理解するための言葉が十分に用意されていないこと、マッキ

ノンのいう「女性の沈黙」は、このような行為理解のありかたについての議論として解釈することができるのではないだろうか。そして、この解釈においては、「女性の沈黙」論はさまざまな被害の総論でありうる。ポルノグラフィの制作現場で望まぬ行為を強制される人、ポルノグラフィと同じ行為を強要される人、あるいは性犯罪の被害にあう人が女性であることは、上記の二重の意味で、組織だっていると考えることができるからだ。ドゥウォーキンは、「異なった種類の被害が一緒にされている」と述べていた。だが、一見多様な被害には、女性が体系的に被害者となるという共通点がある。であるなら、ポルノグラフィという現象について考えることは、個々の「被害」を、表現の自由との関連でなく、性差別の問題として —— 性別カテゴリーのもとで —— 検討することから始められなくてはならないだろう。

　法規制の是非という観点から考えるならば、ポルノグラフィは性暴力の一般的な原因ではないかもしれない。出演の強制や、職場や家庭でのポルノグラフィの「押しつけ」は、それぞれのケースの加害者が悪いだけなのかもしれない。そのとき、ポルノグラフィにいだく不当性の感覚を表現できる言葉として残されるのは、「個人的な不快感」だけだということになる（それを性犯罪の原因だとか、女性の経済的従属の原因だとか言うことはできないのだから）。しかし他方で、この社会において、体系的にセクハラやDVを含む性暴力の被害者となる可能性のある（そして少なからず実際にあう）人びと —— すなわち「女性」—— にとっては、ポルノグラフィにいだく不当性の感覚はまったく異なったものであると考えることは、じゅうぶん合理的である。なぜなら、この社会は、性暴力表現がポルノグラフィとして楽しまれ、大きな市場を形成し、表現の一ジャンルとして認められている社会でもあるからだ。そのような状況のもとでは、ポルノグラフィという表現のジャンルの存在は、みずからが体系的に性暴力の被害（可能性）に曝されるということの不当さを覆い隠してしまうものとして経験さ

れうるだろう。「女性の沈黙」ということで表現されているのがそのような問題であるならば、そこにあるのは、「個人の不快感」ではなく「性別間の不平等」の問題であり、「性差別」の問題だということができる[18]。そして、そうした経験のもとでは、ポルノグラフィとさまざまな性差別の被害は、因果的というよりもむしろ〈意味〉的につながっていると考えられるのである。

　このことは、反ポルノグラフィ条例が刑事法規制ではなく民事法規制であり、マッキノンたちが望んでいたのが検閲ではなく被害者の救済であった[19]ことを思いおこすならば、とりわけ重要なことである。セクハラについて、それが「性差別」であるという理解が、被害者を救済するための様々な制度的手段を生み出していったように、行為や出来事をどのように理解するかということは、被害者の救済のためにどのような処置を講じるべきかという考察とも本質的に結びついている。日本の例で言えば、強姦罪や強制わいせつ罪があったからセクハラに関して男女雇用機会均等法の改正は不要だったということにはならないし、暴行罪や傷害罪があったからDV防止法の制定は不要だったということにもならないだろう。同じことは、たとえばポルノグラフィ制作現場で生じる女性への強制についても考えることができるはずである。ドゥウォーキンは、マッキノンに対する二度目の批判の中で「それらの犯罪はポルノグラフィを禁止しなくても処罰できる」と述べていた（Dworkin［1993］1996=1999: 303）。だが、「処罰できる」という可能性は、それだけでは何の意味も持たない。被害者自身や周

18）念のために述べておけば、このことは仮にポルノグラフィに対して不快感をおぼえない女性がいたとしても、まったく変わりがない。問題なのは、個々の女性がどう感じるかよりも、不当性の感覚をいだく女性がいるときの、その感覚の理由のほうだからである。その「理由」が、この社会の中で女性が体系的に置かれた位置によるものであれば、それは「不平等」の問題であり、「性差別」の問題なのである。

囲の人びとが、それを「処罰できる」行為だと理解できなければ、「可能性」は決して実現することはないからだ。また、仮に処罰がなされたとしても、それだけで被害者が救済されうるわけでもない。セクハラやDVといった問題がそうであったように、女性が体系的・組織的に被害者となっており、またそのことが被害それ自体の理解を難しくしているのであれば[20]、制作現場での強制が既存の犯罪類型によって裁くことができるものであるとしても、それとは別に被害者を保護するための立法が必要だという議論は成立するはずである[21]。そして、そのようにして「女性の被害」を理解可能なものにしていくこ

---

[19] このことは、カナダ最高裁のいわゆるバトラー判決に対するマッキノンの態度によく表れている（バトラー判決については MacKinnon and Dworkin (1994=2002) を参照）。カナダではマッキノンたちの条例の考え方が刑法上の「わいせつ」定義にまで影響を与え、「その主要な性質が性の不当な搾取、すなわち、性が犯罪、残虐行為および暴力の主題のうちの一つ以上と結びつけられている、あらゆる出版物」と定義されるまでに至った。バトラー判決とは、この「わいせつ」概念にもとづく規制法によって起訴されたポルノ業者のドナルド・バトラーが、この規制法の合憲性を争った裁判の判決のことである。カナダの最高裁はわいせつ規制法を「性的平等」の観点から解釈すべきであるとし、合憲判決を下したのだった。だが、マッキノンたちはこれに対して、「カナダはポルノグラフィに対する私たちの法的定義を採用しなかった」と述べている (MacKinnon and Dworkin 1994=2002: 250)。彼女たちにとって重要なのは被害者の救済であり、それが可能になる民事上の訴訟原因を採用することなのである。被害者から離れたところでポルノグラフィの検閲をおこなうことに対しては、むしろそれが判決の理念と関係ないしかたで運用されることに危惧を表明している。

[20] ポルノグラフィの制作被害についていえば、被害そのものの恐怖や制作スタッフに対する恐怖、そしてポルノグラフィに出演する女性に与えられるスティグマが、被害の理解と訴えを困難にすることは十分考えられることである。日本の事例については、ポルノ・売買春問題研究 (2003) や中里見 (2007) の第2部などを参照のこと。

とこそ、「沈黙」の打破にとって最も重要なことであるだろう。

4-3 「表現／行為」という議論空間の構成

だがこのとき、「表現／行為」という対立軸のもとにポルノグラフィを位置づけることは、そうした検討への道を閉ざすことになる。なぜなら、そうして構成される議論空間は、ただ修正第一条との関係を論じる場であるというだけでなく、その空間の中で私たちが何者として理解されるかまでを指定するものであるからだ。

そもそも、法的議論から一歩離れてみるなら、「表現／行為」とい

---

21) 注16で触れたサンスティンやフィスのように法規制の違憲審査基準をゆるめる議論は、「性差別」という被害の「質」を重く受けとめたときに出てくる帰結のひとつと考えられるだろう。ただし、被害者の救済という目的を第一に考えるならば、逆に言えば、ポルノグラフィの法規制が優先的手段でなくなっていく可能性もある。マッキノンたちが訴える被害は多様な文脈にわたっているがゆえに、「救済」の方法が文脈ごとに分散することはありうるからだ。ポルノグラフィ制作現場での「強制」は、いわゆるセックスワーカー一般の権利問題へと、あるいは職場や家庭でのポルノグラフィの「押しつけ」は、セクハラやDVの問題へと回収されたほうが実効的かもしれない。「ポルノグラフィが人びとの女性観に影響を与える」というような一般的な「被害」については、法規制よりも性教育を充実させる制度的手段を講じるほうが、より制限的でないしかたで目的を達成する手段となるかもしれない。いずれにせよ、それぞれの被害が「性差別」問題という観点のもとで理解されているかぎり、そうした分散はマッキノンたちにとっても望ましくないことではないはずだろう。むしろ、ポルノグラフィについての議論が「表現の自由」との関係に収斂してしまう影で、その議論からこぼれ落ちてしまう「被害」にあう女性が生み出され続けていくことこそ、マッキノンたちがもっとも望まないことであるにちがいない。その意味では、マッキノンたちがさまざまな被害を「ポルノグラフィの被害」と呼んだことは、強すぎる表現であったと思われる。

マッキノンの問題提起を受けとめつつ、法規制には反対する立場で、フェミニズムの視点からポルノグラフィについて論じたものとして、Cornell (1995=2006)、Butler (1997=2004)、Califia (1994=1998) などを参照。

う対立軸は奇妙なものである。言語行為論を援用するまでもなく、「表現する」ことは、きわめて日常的な意味で、あきらかにひとつの行為であるからだ。それゆえ、「表現か行為か」という問いは、単に発話や文書や映像の事実的性質を尋ねる問いではありえない。その問いに答えることはむしろ、発話や文書や映像について、それが受け手にもたらす帰結を判断し、評価し、またそれに応じて送り手に責任を帰属させる法的実践なのである。「ポルノグラフィは表現ではなくて行為だ」という主張には、生じていることが単なる不快感以上の害悪であり、そして送り手にはその責任があるという判断と評価が含まれている。同様に、「ポルノグラフィが女性の従属を永続させることは、その表現としての力を示しているにすぎない」という主張には、生じていることは「人が人に影響を与える」というありふれたことでしかないという判断と評価が含まれているのである[22]。

したがって、その問いのもとで「ポルノグラフィとは何か」を論じ

---

22) 第七巡回区控訴裁判所のイースターブルック判事は、判決文の中で次のように述べていた（American Booksellers Association, Inc. v. Hudnut, 771 F. 2d 323 (1985)）。

それゆえ当裁判所は、この条例の前提を承認する。従属の描写は従属を永続させるだろう。女性の従属的地位は、雇用の場における女性への侮辱や低賃金を、家庭における侮辱や権利侵害を、路上における暴行や強姦を、引き起こす。……
　だがこのことは、ポルノグラフィの表現としての力を示しているにすぎない。そうした不幸な帰結はすべて、精神を媒介にして生じるものである。ポルノグラフィは人びとが自らの住む世界や、周囲の人びとや、その人びととの関係を見る仕方に影響を与える。ポルノグラフィとはポルノグラフィのすることであるというなら、他の表現も変わりないのである。

この判決で裁判所がいかにインディアナポリス市の主張を退けたかについては、中見里（2007）および若林（2008）も参照。

たり、その「被害」がどのようなものであるかを論じたりすることは、はじめから法的な ──「表現の自由」の概念が前提にしている ── 世界観のもとで、人びとが何者であるかを理解させることになる。すなわち、その問いは人びとを「個人」というカテゴリーのもとで理解させることになる。「思想の自由市場」の比喩であれ、ドゥウォーキンの「道徳的環境の形成」という比喩であれ、私たちはその議論空間の中で、年齢や性別、人種といった属性や他のさまざまな社会的地位にヴェールを被せられた、一人の「個人」になる。そうした属性や地位に絡みついている権力関係や支配関係からは論理的に独立に、言論間の競争や道徳的環境の形成のために互いに働きかけることができる存在を想定することなしには、上記の比喩は成立しえない。その意味で、「個人」というカテゴリーの使用は、修正第一条をめぐる議論空間、そして「表現か行為か」という問いにとって、その本質的な構成要素である。

　もちろん、そのこと自体に何か問題があるわけではない。そのような議論空間においてこそ立場の反転可能性が確保され、公正な制度について考えることができるというのは、たしかなことだろう。どのような表現を「不快」に思うかは人それぞれであるとするならば、「不快で聞くに堪えないことを述べるであろうという理由で、何かを語ったり書いたり放送したりする権利を否定されてはならない」と述べることは、自分にとって不快である表現を保護するだけでなく、他者にとって不快であるかもしれない自分の表現を保護することでもある。逆に、自分が不快だからという理由で他者が何かを語る権利を制限するならば、自分もまた他者にとって不快であるという理由で語る権利を制限されることを拒めないということになるだろう。

　しかし注意しなければならないのは、そうした議論空間が十全に機能するためには、さまざまな属性や地位のもとに置かれた人びとのもつ経験を、すべての人が理解できていなければならない、ということ

だ。この社会で特定のカテゴリーを適用される人びとがもつ経験が、もし単なる「不快感」以上のものであるならば、自己の不快感を軸にした反転可能性のテストは役に立たないだろう。それゆえ、さまざまな属性や地位のもとで生じる「被害」の吟味は、「個人」というカテゴリーを用いた議論空間の構成に、論理的に先立っていなければならないはずなのである。

　現実には私たちはさまざまな属性や地位を生きており、良くも悪くも、その中にある権力関係や支配関係を生きている。その社会生活の中で私たちが何らかの被害を受けるとき、その被害はしばしば、本質的に何らかの属性や地位と結びついている。ある人が殴られたとき、それだけでその人は犯罪の被害者でありうるだろう。けれど、殴られたのがその人が「黒人」であるがゆえなら、その人は同時に差別の被害者でもある。そのとき、その人が受けた被害を単に「殴られたこと」に還元して理解するなら、それは生じている被害の理解として不十分である。単に「私も殴られたら痛い」と想像してみるだけでは、決してその被害の「重み」を理解できないはずだ。

　これと同じ意味で、マッキノンが被害の「総論」で訴えようとしていたのは、ポルノグラフィという現象の理解可能性と、それにかかわる「被害」の理解にとって、性別カテゴリーが構成的な役割を果たしているということであったように思われる。

> 女性のこうむっている権利侵害 ―― 私たちの損害、私たちの苦痛、私たちに強制された劣等性 ―― は、彼ら［ポルノグラフィによる権利侵害から利益や恩恵を受ける人びと］の快楽や彼らの利益よりもはるかに重大なものとされるべきである。さもなければ、性の平等は意味をなさない。（MacKinnon 1985: 22）

　マッキノンは、ここに引用したような「私たち（We）」という表現

を多用する。「私たち」とは「女性」のことである。これは、単なる女性読者への呼びかけではなく、むしろ「被害」の経験を語る権利の表明になっているように思う。損害や苦痛や、強制された劣等性という経験が、組織だったしかたで女性のものであるのならば、それについて語る権利はまずは女性にあるはずだ。マッキノンの言葉は、女性というポルノグラフィの被害についての「経験を持つ側」が、男性という「経験を持たない側」へと、その経験を語り、またその経験を語る権利を訴える行為として構成されているように思うのである。

だが、そうした経験を語る権利は、修正第一条をめぐる議論空間の中では居場所を持つことができない。「表現か行為か」という問いは、それにどのように答えるにせよ、ある個人が他の個人に対して与える危害や影響についての問いだからである。そして、「個人」がおこなう表現の帰結については、それを語る権利はすべての個人に等しく与えられていなければならない。ドゥウォーキンがポルノグラフィの被害について整理しはじめる前に述べていたことが、そのことをよく表している。

> ポルノグラフィの不快さは、しばしば奇怪なほどである。それは女性に対してだけでなく、男性に対しても同様に侮辱的である。しかし、このことがそれを禁止する充分な理由になると考えると、私たち（We）の嫌悪する言論もそれ以外のすべての言論と同じだけの保護を受ける資格がある、という原理を破壊することになってしまう。消極的自由の本質は、不快な思いをさせる自由であり、それは気高い表現だけでなく安っぽい表現にも当てはまるのである。(Dworkin 1991: 13)

ポルノグラフィが「男性に対しても侮辱的である」と述べること。「私たち」の嫌悪や不快さについて述べること。「私たち（We）」とい

う語の、マッキノンの用法との違いに注意しておこう。ここでの「私たち」を構成するのは、特定の性別を持った存在ではなく、性別が無関連な ── それゆえ言論のもたらす帰結を語ることに対して対等な権利をもつ ──「個人」である。そのような「私たち」のいだく嫌悪感や不快感について語ることは、ポルノグラフィについて語る権利を、性別に関して対称化する実践にほかならない。男性も、ポルノグラフィの何が悪いかは十分に理解できる、というわけである。こうして、ポルノグラフィについての議論は、性差別についての議論ではなく、表現の自由についての議論になる。男性であるドゥウォーキンが遠慮なくポルノグラフィの「被害」を整理し、「嫌悪する言論も保護を受ける資格がある」と述べることができたのは、そのようにしてマッキノンの訴えの「総論」が無効化された空間の中でのことだったのである。

5 おわりに：革命的カテゴリー

こうして、マッキノンたちが訴えていた被害は、修正第一条をめぐる議論空間の中で処理されることで、二重の意味でその理解を阻害されていくことになる。ひとつは、あらかじめ論じるべき被害が選別されてしまうことで。そしてもうひとつは、被害が女性の被害であることが理解されなくなってしまうことで。

たしかに、そこにはマッキノン自身の責任もあるだろう。マッキノン自身の「女性の沈黙」という表現はやはり非常に曖昧である。また、「女性を従属する存在として定義するのはポルノグラフィである」というような主張もたびたびおこなっており、このことは、「表現としてのポルノグラフィの影響」という議論を呼びこんでしまう、ひとつの要因となっている。

しかしながら本章で確認してきたことは、「表現の自由」をめぐる

議論空間の中でこぼれ落ちてしまう「被害」があるのなら、マッキノンの言葉は別様に解釈されたほうが良いということだった。「女性の被害」を理解することこそが重要であるなら、法規制の是非よりもむしろ、この社会でポルノグラフィの制作や消費が持っている意味を、「性別」という私たちが帯びるカテゴリーのもとで理解していくことが優先事項となるだろう。「女性の沈黙」というマッキノンの言葉は、被害の「重み」を、性別カテゴリーのもとで理解しなければならないという主張だと理解することができる。

このとき、ポルノグラフィこそが女性を定義する（人びとの女性観に影響を与える）もっとも重要な媒体であることを証明したり、あるいはポルノグラフィが性犯罪の原因となっていることを証明したり、ポルノグラフィは発語内行為であると言ったりする必要は、もはやない。なぜなら、もはや問題の中心はポルノグラフィの法規制の是非ではなく被害への対処だからであり、そしてあきらかに、被害への対処について考えることのすべてが、法規制について論じることになるわけではないからである。それよりも重要なのは、個々の被害の「重み」を、性別カテゴリーのもとで ── 性差別という観点のもとで ── 理解することのほうなのである[23]。

ハーヴィ・サックスは、「ホットロッダー」という短い論考の中で、言葉を用いた「革命」の方法に触れている（Sacks 1979=1987）。改造車に乗って公道でドラッグ・レースをする若者たちは、自分たちのことを「ホットロッダー」というカテゴリーのもとで理解し、「ティーンエイジャー」というカテゴリーのもとで理解されることを拒んでいた。なぜなら、「ティーンエイジャー」とは、ふつうの車に乗り、レースなどしない「行儀の良い」若者のことであり、何よりそのカテゴリーは「大人」から若者に対して適用されるものであったからだ。それゆえ、「ティーンエイジャー」と理解されることは、たとえかれらが「10代の少年」であることが事実であったとしても、自分たちの

行為や経験について語る権利を奪われることなのである。そのカテゴリーのもとでは、かれらは単に素行の悪い「ティーンエイジャー」になってしまう。それに対して「ホットロッダー」というカテゴリーは、かれら自身がみずからに適用するカテゴリーであり、車の種類、改造のしかた、レースへの参加といった、自動車とその乗り方に対するかれら自身の経験と結びついたカテゴリーである。誰がすぐれたホットロッダーであるかを決める権利は、ホットロッダーであるかれら自身にある。その点において、「ホットロッダー」というカテゴリーの

---

23) さらに言うならば、それは「表現の自由」を守るためにこそ、必要なことだと思われる。ドゥウォーキンは、個人がみずからの道徳的環境の形成に平等にかかわっていくことこそ、「表現の自由」が保護するものなのだと述べていた。しかし、女性たちがみずからの置かれた状況の不当性を言葉にしようとするとき、その不当性の内実があらかじめ「個人の不快感」だとされて議論が進んでしまうならば、そこでは女性たちがみずからの「道徳的環境の形成にかかわる」権利は ── まさに「表現の自由」の合唱によって ── 奪われてしまうのである。

　伊藤は日本でのいわゆる「無人警察」論争に触れながら、議論の主題が差別ではなく表現の問題へと集中することで、結局「てんかんをもつ人びとに対する差別とは何なのか」という肝心の問題がまったく議論されなかった、と述べている（伊藤 2006）。みずからの受けている被害を言葉にすることが、ほかならぬ「表現の自由」をめぐる議論空間によって不可能になってしまうならば、そこでは「表現の自由」は「空洞化」してしまっていると言えるだろう。本章でみてきたポルノグラフィをめぐる議論もまた同様である。その意味で、「表現の自由」を「消極的自由」としてのみ理解したドゥウォーキンの議論は、不十分であったように思われる。問題は、単に言葉を発することを妨げられないかどうかにはない。

　そして、そのようにして「差別」の現実が議論からこぼれ落ちていけばいくほど、被害者は公権力による規制に救いを求めざるをえなくなるであろうことは、じゅうぶん予想できることである。訴えられている不当性の内実をあらかじめ定めてしまうために「表現の自由」の概念が使われるなら、それはかえって「表現の自由」から遠ざかってしまうことになりかねないのである。

「自己執行」は、みずからの経験を語る権利を「大人」たちから取り戻す、「革命的」なものなのである。

　ポルノグラフィの被害についての議論が、ひとたび起こると脅迫的なまでに「検閲の是非」「法規制の是非」へと収斂していくことは、ちょうどそれと同じような意味で、女性が女性の経験を語る権利を奪ってしまうように思う。表現をおこなう「個人」が他の「個人」に与える影響はどの程度有害なのか。このように問いを立てたとたん、「女性であるがゆえに受ける被害」を語る空間は失われてしまうからである。本章が辿ってきたのは、その収斂が、「表現か行為か」という問いのもとで生じていく、論理的な過程である。

　だが、この収斂は奇妙なことである。あきらかに、「表現の自由」をめぐる議論は、ポルノグラフィをめぐる被害についての議論の一部分でしかないからだ。にもかかわらず、「表現の自由」という議論空間こそポルノグラフィについて「正しく」語るための空間だとされてしまうなら、そこで生じているのは、専門的な法的概念のもとでおこなわれる世界記述によって、私たちの（とりわけ女性の）日常的な経験の重みが上書きされ消されてしまうような、ひとつの「中傷効果」だということができるだろう。それゆえ、マッキノンたちが「ポルノグラフィ」という言葉を定義しなおそうとしたことは、多様な文脈にわたる性暴力被害の経験を、女性の身体に与えられる文化的〈意味〉のもとで生じる、「同じ」性差別的被害として理解しなおさせ、その経験について語る権利を取り戻そうとする、「革命」の試みだったのである。

あとがき

　本書は私が 2008 年に東京都立大学に提出した博士論文「実践の中の性別」を大幅に改稿したものである。私にとっては初めての単著であり、それゆえ何をどう研究するかについてのビジョンもないまま（社会学という領域とジェンダーという主題についてもっと知りたいという想いだけで）大学院を志してから、博士論文を脱稿するまでのおよそ 10 年のあいだに考えてきたさまざまなことが、あまり整理されないままに詰め込まれている。改稿にあたっては、どうにか統一的な作品にすることができないかと苦心してみたけれど、結局あきらめた。各章のもとになった論文を書いたその時々に私が持っていた関心を消してしまわずに全体を統一するのは難しく、むしろそうしないほうが、各章の議論を理解してもらうためには良いかもしれないとも思ったからだ。各章の初出は次のとおりであるが、「苦心」のために原型をとどめないほどに記述が改められている章もある。だからといって内容が悪くなっているということはないはずなので、あらためてもとの論文を参照していただく必要はまったくない（ただし、第 2 章だけは別である。酒井泰斗氏と共同執筆したもとの論文には、佐藤俊樹氏のルーマン読解を批判的に検討するという関心が含まれていた。本書ではその関心は削られている。ルーマン理論をめぐる議論に関心のある方は、是非もとの論文にあたってほしい）。

　　1 章：「行為の記述と社会生活の中のアイデンティティ」『社会学評論』60（2），2009 年。
　　2 章：酒井泰斗との共著，「社会システムの経験的記述とはいか

なることか」『ソシオロゴス』31，2007 年。
3 章：「「価値判断」の分析可能性について」『年報社会学論集』18，2005 年。
4 章：「「法廷の秩序」研究の意義について」『法社会学』66，2007 年。
5 章：なし
6 章：なし
7 章：「「被害」の経験と「自由」の概念のレリヴァンス」酒井泰斗・浦野茂・前田泰樹・中村和生編『概念分析の社会学』ナカニシヤ出版，2009 年。

とはいえ、あとから振り返ってみれば、それぞれの章はやはり、共通するひとつの関心のもとに書かれている。ここで「ひとつの関心のもとに」というのは、方法と対象がセットになった研究への志向をもって、という程度の意味である。最後に、その関心について少しだけ触れることで、あとがきの代わりにしたい。

まず、方法について。すでに本文のなかで繰り返し述べたことだけれども、私たちが社会生活のなかで帯びるアイデンティティには無数の記述可能性があり、それゆえ、適切なやりとりをしていくためには、そのつど適切な記述が選ばれなければならない。だから、ある人のアイデンティティがいま何者として記述されるべきかについて理解を示すことはそのまま、いまその場面がどういう場面であり、自分たちが何をしているかについての理解を示すことになる。要するに、それは端的に、何かをやることである。そしてこのことは、私たちが性別を持つこと、つまり「男」であったり「女」であったりすることや、あるいは私たちが自由と平等という権利を持つ「個人」であることなどにとっても、本質的に変わりはない。すなわち、そうしたアイデンティティの理解が適切なものとなるのは、その選択が何らかの実践の中

に埋め込まれているがゆえのことである。

　そのような視点から人びとが「やっていること」に照準を合わせようとするとき、どのような研究方法を取りうるかについて、私にははじめから明確な考えがあったわけではない。バトラーの「パフォーマティヴィティ」概念の意義について考えたり、ルーマン理論の批判的検討をしたりしてきたのも、私たちの行為と社会の関係を捉えるための方法について考える過程でのことだった。そしてその過程の中で、人びとが「やっていること」そのものの理解可能性へと接近していこうとするならば、あらかじめセットになった理論と方法をもって対象へと向かうという態度を取らない、というのがもっともよい態度であると考えるようになった。ガーフィンケルが言うように、さまざまな実践を組織するために社会成員自身が用いている方法は、それ自体「合理的」な特徴を持っている。また、サックスやシェグロフが実証してきたように、その合理性は記述可能である。そのようにして、対象の中にもともと備わった合理性に見通しのよい記述を与えていこうとする研究は、ガーフィンケルの名づけた「エスノメソドロジー」という名前によって知られている。だから、本書が提示しようとしてきた方法に名前があるとするなら、おそらく、それは「エスノメソドロジー」と呼ばれるのがもっともよいと思う。「エスノメソドロジー」とは、社会生活を織り上げるために社会成員が使っている方法（論）の名前であり、その方法（論）の研究の名前である。本書の記述が、そのような意味で、対象と方法を切り離さずに扱うものになっていればと思う。

　続いて対象について。私がもともと頭を悩ませていたのは、リベラリズムとフェミニズムのあいだの複雑な関係をどう理解すべきかという問題だった。そして、上で述べたような視点は、そうした問いについて考えるための手がかりを、社会学がおこなう経験的研究から得ることを可能にしてくれるものであるように思えた。それはちょうど、

R. ローティが「フェミニズムとプラグマティズム」と題した論考の中で、マッキノンについてこんなふうに述べていたこととよく響きあう。

> 私のお気に入りのマッキノンの言葉は、「我々は客観的であろうとしているのではない。女性の視点に立とうとしているのである」というものだ。(Rorty 1998: 210)

ローティにとって「人権」の概念は、私たちが同じ合理性を持っているからとか、同じ人間だからとかいう理由で大切なのではない。それは、しばしば対立する人びとのあいだに共感をもたらし、この世界に存在する残酷さを減らすために使うことができるからこそ大切なのである（Rorty 1993=1998）。だから、リベラリストとしてのローティの中で、人権のゲームを世界に広めていくことの重要さと、「女性の視点に立つ」ことの重要さは、矛盾無く両立している。このローティの考えがどこまで正しいかを十分考察する余裕はここではない。だが少なくとも、人権という（「自由」とか「平等」とかいった）概念を使うことが、何か人間についての客観的な記述をおこなうことではなく、何かをやる、ひとつの実践であるということの重要性に目を向ける視点がここにはあると私は思う。「女性の視点に立つ」ことについても同様である。ローティが「人権」の概念とマッキノンの「女性の視点」を同時に擁護するのは、そのどちらもが、いわば世界について知るための言葉ではなく、世界を作るための言葉であり、より残酷さの少ない世界を作るという同じ目的に資するものであると信じているからなのである。

こうした考えは、ひるがえって、人権の概念の有用性に疑問が投げかけられているときには、そこで何がおこなわれているだろうか、と問うことを可能にしてくれると思う。本書の第Ⅱ部で見てきたのは、

たとえば「性的自由」とか「表現の自由」とかいった概念が用いられるとき、それによっておこなわれていることは何なのか、ということだった。「性的自由」の理解は、しばしば「貞操観念」と呼ばれるものと密接に結びついておこなわれる。「表現の自由」か「表現規制」かという問題設定は、しばしば「表現」の持つ「悪さ」の質が、性別によって異なりうることを隠してしまう。いずれの場合においても、「自由」という概念を用いることによっておこなわれることが、私たちの社会生活の編成にとってどのような関連性を持っているのかが、問題になっていたのだと思う。つまり、そこで争われていたのは、自由の概念のレリヴァンスだったのである。

　このようにして、哲学的議論や規範的議論のなかで用いられる諸概念は、ふたたび「社会」のなかに位置づけて検討されることで、経験的研究の対象にもなりうる。そして、本書の論述がそうあってくれればいいと願うが、そうした経験的研究に、哲学的・規範的議論にとっても示唆を与えることができるものだと思う。ルーマンは『制度としての基本権』という著作の中で、「基本的人権」のいわば社会学的擁護を試みていた（Luhmann 1965=1989）。一方で「自由」や「平等」といった概念は、社会の機能分化に貢献している。他方で、私たちがそうした人権の帰属宛先としての「個人の人格」をもつ、という理解は、機能分化というコミュニケーションの様式によって生まれている。だからそれらの概念を擁護することは、私たちが日常的におこなっているコミュニケーションのありようを擁護することでもある。

　それに対して、本書の第II部で記述してきたようなコミュニケーションのありようを、リベラリズムに対峙して批判してきたのがフェミニズムという運動だったとすれば、本書の記述は、その運動で問題として訴えられてきたことの輪郭を明確にするために役立つかもしれない（もちろんフェミニストたちにとっては、それはすでによく「知って」いることだろうけど）。その意味で、私としては、本書の議

論が少しでもフェミニズムの社会学的擁護となることを願っている。

※　　※　　※

　最後に、あたりまえのことだけれども、私が本書を世に出すことができたのは、多くの方々の支えのおかげである。そもそも、大学時代けっしてまじめな学生ではなかった私が、学問の道を志すという無謀な一歩を踏み出すことができたのは、早稲田大学で私を指導してくださった岡村遼司先生のおかげである。学ぶことの楽しさを岡村ゼミで知ることがなかったら、間違いなく今私はこんな文章を書いたりしていない。岡村先生と、今でも毎年集まっている当時のゼミの仲間たちに感謝したい。

　東京都立大学の大学院で指導教官となっていただいた江原由美子先生には、ジェンダーという言葉をめぐるほぼすべてのことを教わった。本書の主要な関心となっているジェンダーとエスノメソドロジーという対象と方法からして、私の研究が江原先生から受けている影響は計り知れない。大学院に進んだとき、どのような関心を持っているかをほとんど言葉にすることもできずに、ただ江原先生のもとで学ぶことを希望していた私は、先生の目にはひどく異様な存在に映ったにちがいない（今でもそうかもしれない）。それでも、修士論文を書き、博士論文を書く中で、私の問題関心が少しでも明確になるよう、江原先生は粘り強く指導してくださった。言葉を紡ぐための試行錯誤を許してくれるその場は、私にとって本当に貴重で、かけがえのないものだった。本来であれば、先生の研究を批判的に乗り越えようとすることが、その学恩に報いる一番の方法だろうと思うけれど、今回は私の力不足でそこまで行くことはできなかった。今後の研究で恩返しを続けていくつもりである。

　同じく都立大学の宮台真司先生、玉野和志先生には、私の博論の審

査委員となっていただいた。宮台先生には、ゼミでルーマンの著作を講読する中で、「理論」を学ぶことの大切さを教わった。また玉野先生には、アカデミズムの外の読者に向けて文章を書く機会をいただき、その大切さを教わったと思う。

都立大でともに学んだ先輩・同期・後輩の大学院生たちからは、さまざまな機会で一緒に文献講読をし、あるいは互いの研究を報告しあうなかで、大きな刺激を受けてきた。特に、江原ゼミの同期だった鶴田幸恵さんの研究からは、領域が近いこともあって、ずっと刺激を受け続けてきた。議論のしかたを学んだのも、そうした院生どうしの交流の中でのことだった（だから今でも私は誰に対しても不躾な議論をしてしまう）。

都立大の外に目を向けると、誰よりもまず先に、明治学院大学の西阪仰先生にお礼を述べなければならない。ジェンダーについて学んだのが江原先生からであるなら、エスノメソドロジー・会話分析（EM／CA）という研究方法の社会学的な位置については、私は自分が知っていることのほとんどすべてを西阪先生から学んだ。そして、博士課程2年のときに初めて西阪先生の演習で会話分析を学び始めてから、日本学術振興会特別研究員としてお世話になっている現在までずっと、演習や研究会の場において先生が示してくださる EM／CA 研究の「美しさ」に、私はひたすら感動し続けている。

またエスノメソドロジーを学ぶにあたっては、いくつかの研究会で、エスノメソドロジストたちの活発な議論に触れることができたことがとても大きかった。そもそも私がエスノメソドロジーというものに触れるきっかけを得ることができたのは、皆川満寿美さんが「自主ゼミ」というかたちで開いてくださっていた研究会でだったと思う。ガーフィンケルの難解な英語を、一文一文読んでいったことは、大変だったけれど今ではよい思い出である。社会言語研究会では、前田泰樹さんや五十嵐素子さんら、年代の近いエスノメソドロジストたちとさまざ

まな議論ができ、あとからエスノメソドロジーを学び始めた私にとって、得がたい訓練の場となった。この研究会で議論することは、今でも私にとって幸せな時間であり続けている。

　酒井泰斗さんとは、ルーマンの読書会で知り合った。ルーマン理論をめぐってさまざまに意見を交わし、いくつもの研究会を紹介してもらい、そして一緒に論文を書けたことは、社会学理論に対する私の視野を広げるうえで、とても貴重な経験だった。二人で書いた論文を、部分的に、しかももとの論文とは若干文脈の異なる本書において、流用することをこころよく許可してくださった酒井さんには深く感謝したい。また、本書の7章のもとになった論文がおさめられた『概念分析の社会学』の出版にあたっては、酒井さんをはじめ、浦野茂・前田泰樹・中村和生・安藤太郎・喜多加実代・上谷香陽・石井幸夫の各氏との、継続的な研究会に加えてもらうことができた。そこでイアン・ハッキングの著作を読みながら交わした議論を自分の研究にどう生かすことができるかは、今後の私の大きな課題だと思っている。

　ちなみに、7章のもとになった論文については、インターネット上のコミュニケーション・サービスであるtwitterをとおして、長野明氏（id: @nagano_haru）、森哲平氏（id: @moriteppei）、山田志門氏（id: @shimon_yamada）の三氏がオンライン読書会を開催してくださり、そこで非常に丁寧に検討していただくことができた。自分の書いたものについて、研究者コミュニティの外の読者に真剣に読んでもらえ、議論ができたことは、とても嬉しい経験だった。本書をともかくも一冊の本という形にして世に出そうという動機づけを維持することができたのは、その経験のおかげによるところも大きい。

　お茶の水女子大学の山本千晶さんには、出版前に本書の草稿をチェックする作業をお願いすることができた。誤字脱字が非常に多く、内容的にも不作法で読みやすいとは言えない私の原稿が、少しでも読みやすいものになっていたとしたら、山本さんのおかげである。

ほかにも、すべてお名前を挙げることができないけれど、研究生活の中で出会った数え切れないほど多くの方々との交流に、私の研究は支えられてきた。記して感謝を表明したい。お世話になった方々への恩返しのためにも、本書が私の最初で最後の本にならないようにしたいと思う。

　そして最後の最後に、新曜社の高橋直樹さんには、本書の出版計画をお話しさせていただいてからおよそ3年のあいだ、何度も何度も原稿が書けずに計画を先延ばしにしてしまったにもかかわらず、あきらめずに辛抱強く待っていただけた。社会学はもとよりルーマン理論やエスノメソドロジーについても本当に深く理解してくれている高橋さんからの励ましがなければ、私は本書を執筆することはできなかっただろう。私も高橋さんもまだ学生だったあの日、慶応大学三田校舎で開かれていたルーマン読書会で持つことができた出会いに、私はいま本当に感謝している。

2011年7月31日

小宮友根

※本書は日本学術振興会科学研究費補助金（特別研究員奨励費）の助成による研究成果の一部である。

文献

阿部昌樹, 1994,「批判法学と法社会学」『大阪市立大学法学雑誌』40 (4).
青木正人, 2009,「被害者供述は信用できず犯罪の証明がないとして無罪とした事例」『季刊刑事弁護』58.
芦川晋, 1994,「山崎敬一著『美貌の陥穽』」『ソシオロジカル・ペーパーズ』4.
———, 1995,「発語行為の理論とは何か、また何であるべきか」『社会学年誌』36.
Alexander, Jeffrey C., and Giesen, Bernhard, 1987, "From Reduction to Linkage: The Long View of the Micro-Macro Link," Jeffrey C. Alexander et al. eds., *The Micro-Macro Link*, University of California Press. (=1998, 石井幸夫ほか訳『ミクローマクロリンクの社会理論』新泉社.)
Anderson, Michelle J., 2002, "From Chastity Requirement to Sexuality License: Sexual Contest and a New Rape Shield Law," *Geo. Wash. L. Rev.* 158.
Anscombe, G. E. M., 1963, *Intention*, Basil Blackwell. (=1984, 菅豊彦訳『インテンション ── 実践知の考察』産業図書.)
Atkinson, J. M., 1981, "Ethnomethodological Approach to Socio-Legal Studies," Adam Podgorecki and Christopher J. Whelan eds., *Sociological Approaches to Law*, Croom Helm.
Atkinson, J.M. and Drew, P., 1979, *Order in Court: The Organisation of Verbal Interaction in Judicial Settings*, Macmillan.
新保勘解人, 1927,『日本刑法要論』敬文堂.
Austin, J. L., 1960, *How to Do Things with Words*, Oxford Univ. Press. (=1978, 坂本百大訳『言語と行為』大修館書店.)
———, [1961] 1970, *Philosophical Papers*, Oxford Univ. Press. (=1991, 坂本百大監訳『オースティン哲学論文集』勁草書房.)
馬場靖雄, 2006,「ルーマンと社会システム理論」新睦人編『新しい社会学のあゆみ』有斐閣.
Baker, G. P. and Hacker, P. M. S., 1985, *Wittgenstein: Rules, Grammar and Necessity*, Blackwell.
Benhabib, Seyla, 1995, "Feminism and Postmodernism," Seyla Benhabib et al., *Feminist Contentions,* Routledge.
Berlin, Isaih, 1969, *Four Essays on Liberty*, Oxford University Press. (= 1971, 小川晃一・小川圭・福田歓一・生松敬三訳『自由論Ⅰ・Ⅱ』みすず書房.)
Billig, Michael, 1999a, "Whose Terms? Whose Ordinariness? Rhetoric and

Ideology in Conversation Analysis," *Discourse & Society* 10 (4).

―――, 1999b, "Conversation Analysis and Claims of Naivety," *Discourse & Society* 10 (4).

Brannigan, Augustine and Lynch Michael, 1987, "On Bearing False Witness: Credibility as an Interactional Accomplishment," *Journal of Contemporary Ethnography*, 16 (2).

Brownmiller, S., 1975, *Against Our Will*, Simon & Shuster. (=2000, 幾島幸子訳『レイプ・踏みにじられた意思』勁草書房.)

Brownmiller, Susan and Mehrhof Barbara, 1992, "A feminist response to rape as adaptation in men," *Behavioral and Brain Sciences*, 15.

Buss, David M., 1994, *The Evolution of Desire*, Basic Books. (=2000, 狩野秀之訳『女と男のだましあい ―― ヒトの性行動の進化』草思社.)

Butler, Judith, 1988, "Performative Acts and Gender Constitution: An Essay in Phenomenology and Feminist Theory," *Theatre Journal* 40 (4).

―――, [1990] 1999, *Gender Trouble*, Routladge. (=1999, 竹村和子訳『ジェンダー・トラブル ―― フェミニズムとアイデンティティの攪乱』青土社.)

―――, 1993, *Bodies That Matter*, Routledge.

―――, 1997, *Excitable Speech: A Politics of the Performative*, Routledge. (=2004, 竹村和子訳『触発する言葉 ―― 言語・権力・行為体』岩波書店.)

―――, 1999, "Performativity's Social Magic," Richard Shusterman ed., *Bourdieu: A Critical Reader*, Blackwell.

Califia, Pat, 1994, *Public Sex : The Culture of Radical Sex*, Cleis Press. (=1998, 東玲子訳,『パブリック・セックス ―― 挑発するラディカルな性』青土社.)

Cavell, Stanley, 1994, *A pitch of philosophy: autobiographical exercises*, Harvard University Press. (=2008, 中川雄一訳『哲学の〈声〉―― デリダのオースティン批判論駁』春秋社.)

Clutton-Brock, Tim H. & Vincent, A. C. J., 1991, "Sexual selection and the potential reproductive rates of males and females," *Nature*, 351.

Cornell, Drucilla, 1995, *The Imaginary Domain: Abortion, Pornography & Sexual Harassment*, Routledge. (=2006, 仲正昌樹監訳『イマジナリーな領域 ―― 中絶, ポルノグラフィ, セクシュアル・ハラスメント』御茶の水書房.)

―――, 1999, *Beyond Accommodation: Ethical Feminism, Deconstruction, and the Law*, Rowman & Littlefield. (=2003, 仲正昌樹監訳『脱構築と法 ―― 適応の彼方へ』御茶の水書房.)

Coulter, Jeff, 1979, *The Social Construction of Mind: Studies in Ethnomethodology and Linguistic Philosophy*, London: Macmillan Press. (=1998, 西阪仰訳『心の社会的構成 ―― ウィトゲンシュタン派エスノメソドロジーの視点』

新曜社.)

―――, 1983, "Contingent and a priori Structures in Sequential Analysis," *Human Studies*, 6 (4).

―――, 1989, *Mind in Action*, Polity.

―――, 1994, "Is Contextualising Necessarily Interpretive?," *Journal of Pragmatics*, 21.

―――, 1996, "Human practices and the observability of the 'macrosocial'," *Zeitschrift fur Soziologie*, 25.

第二東京弁護士会司法改革推進二弁本部ジェンダー部会司法におけるジェンダー問題諮問会議, 2003, 『事例で学ぶ司法におけるジェンダー・バイアス』明石書店.

団藤重光, 1990, 『刑法綱要各論』創文社.

Derrida, Jacques, 1972 [1990], "Signature Évenement Contexte," *Limited Inc.*, Galilée. (=2002, 高橋哲哉・増田一夫・宮崎裕助訳『有限責任会社』法政大学出版局.)

Dingwall, Robert, 2002, "Ethnomethodology and Law," Reza Banakar and Max Travers eds., *An Introduction to Law and Social Theory*, Hart.

Drew, P., 1992, "Contested Evidence in Courtroom Cross-examination: the Case of a Trial for Rape," P. Drew & J. Heritage eds., *Talk at Work*, Cambridge University Press.

Dripps, Donald A., 1992, "Beyond Rape," *Columbia Law Review*, 92.

Durkheim, Émile, 1895, *Les Régles de la Méthode Sociologique*, Presses Universitaires de France. (=1978, 宮島喬訳『社会学的方法の規準』岩波書店.)

Dworkin, Andrea and Mackinnon, Catharine, 1988, *Pornography and Civil Rights*, Organizing Against Pornography. (=2002, 中里見博・森田成也訳「ポルノグラフィと公民権」『ポルノグラフィと性差別』青木書店.)

Dworkin, Ronald, 1991, "Liberty and Pornography," *The New York Review of Books* (August 15).

―――, 1993, "Women and Pornography," *The New York Review of Books* (October 21).

―――, 1996, *Freedom's Law*, Harvard University Press. (=1999, 石山文彦訳『自由の法――米国憲法の道徳的解釈』木鐸社.)

江口聡, 2007, 「ポルノグラフィに対する言語行為論アプローチ」『現代社会研究科論集』1.

江原由美子・好井裕明・山崎敬一, 1984, 「性差別のエスノメソドロジー」『現代社会学』10 (1).

Estrich, Susan, 1987, *Real Rape*, Harvard University Press. (=1990, 中岡典子訳

『リアル・レイプ』JICC 出版局.)
Felstiner, William, L. F. and Sarat, Austin, 1992, "Enactments of Power: Negotiating Reality and Responsibility in Lawyer-Client Interactions," *Cornell Law Review,* 77 (6).
Fiss, Owen M., 1996, *The Irony of Free Speech*, Harvard University Press.
Foder, Jerry, 1983, *The Modularity of Mind: An Essay on Faculty Psychology*, MIT Press.(=1985, 伊藤笏康・信原幸弘訳『精神のモジュール形式 ── 人口知能と心の哲学』産業図書.)
Fraser, Nancy, 1997, *Justice Interruptus: Critical Reflections on the "Postsocialist" Condition*, Routledge.(=2003, 仲正昌樹監訳『中断された正義 ──「ポスト社会主義的」条件をめぐる批判的省察』御茶の水書房.)
Friedman, Lawrence, M., 1986, "The Law and Society Movement," *Stanford Law Review,* 38.
Friedman, Lawrence, M. and Ladinsky, Jack, 1967, "Social Change and the Law of Industrial Accidents," *Law and Social Change,* 67.
福島瑞穂, 1997,『裁判の女性学』有斐閣.
Garfinkel, Harold, 1967, *Studies in Ethnomethodology*, Prentice Hall.
Geis, Michael L., 1995, *Speech Acts and Conversational Interaction*, Cambridge University Press.
Ghiglieri, M. P., 1999, *The Dark Side of Man: Tracing the Origins of Male Violence*, Perseus.(=2002, 松浦俊輔訳『男はなぜ暴力をふるうのか ── 進化から見たレイプ・殺人・戦争』朝日新聞社.)
Goffman, Erving, 1963, *Behavior in Public Places: Notes on the Social Organization of Gatherings*, The Free Press.(=1980, 丸木恵祐・本名信行訳,『集まりの構造 ── 新しい日常行動論を求めて』誠信書房.)
───, 1981, *Forms of Talk*, University of Pennsylvania Press.
Goodwin, Charls, 1979, "The Interactive Construction of a Sentence in Natural Conversation," George Psathas (ed)., *Everyday Language: Studies in Ethnomethodology*, Irvington Publishers.
───, 1994, "Professional Vision," *American Anthropologist,* 96 (3).
Gordon, Robert W., 1984, "Critical Legal Histories," *Stanford Law Review,* 36.
後藤貞人, 2003,「性犯罪における情状弁護」『季刊刑事弁護』35.
Gowaty, Patricia Adair., 1997, "Introduction: Darwinian Feminists and Feminist Evolutionists," Patricia Adair Gowaty (ed.) *Feminism and Evolutionary Biology*, Chapman & Hall.
Hacker, P. M. S., 2001, *Wittgenstein: Connections and Controversies*, Clarendon Press.
Hacking, Ian, 1999, *The Social Construction of What?*, Harvard University Press.

(=2006, 出口康夫・久米暁訳『何が社会的に構成されるのか』岩波書店.)
Habermas, Jürgen und Luhmann, Niklas, 1971, *Theorie der Gesellschaft oder Sozialtechnologie: Was leistet die Systemforschung?*, Suhrkamp Verlag. (=1987, 佐藤嘉一・山口節郎・藤沢賢一郎訳,『批判理論と社会システム理論 ── ハーバーマス＝ルーマン論争』木鐸社.)
Hamilton, R., 2008, "The Darwinian Cage: Evolutionary Psychology as Moral Science," *Theory, Culture & Society*, 25 (5).
Harrington, C. B. and Yngvesson, B., 1990, "Interpretive Sociolegal Research," *Law & Social Inquiry,* 135.
長谷川寿一・長谷川眞理子, 2000,『進化と人間行動』東京大学出版会.
Heath, Christian, 1982, "The Display of Recipiency: An Instance of a Sequential Relationship in Speech and Body Movement," *Semiotica,* 42 (2).
Hester, Stephen and Eglin, Peter, 1997, *Culture in Action*, University Press of America.
Hester, Stephen and Francis, David, 2001, "Is Institutional Talk a Phenomenon?: Reflections on Ethnmethodology and Applied Conversation Analysis," Alec McHoul and Mark Rapley eds., *How to Analyse Talk in Institutional Settings,* Continuum.
平井彦三郎, 1934,『刑法論綱（各論）』松華堂.
平井佐和子, 2003,「強姦罪における公益性」『法政研究』70 (3).
平井佐和子・森川恭剛, 2001,「「和姦の論理」と被害者供述の信用性判断」『法政研究』67 (3).
hooks, bell, 1984, *Feminist Theory: From Margin to Center*, South End Press.
市川正人, 2002,「アメリカ型「表現の自由」理論の動揺と展開」『憲法問題』(13)
五十嵐素子, 2004,「「相互行為と場面」再考 ── 授業場面の社会学的考察に向けて」『年報社会学論集』17.
飯田隆, 2004,『クリプキ ── ことばは意味をもてるか』NHK出版.
飯野勝巳, 2007,『言語行為と発話解釈 ── コミュニケーションの哲学に向けて』勁草書房.
稲田知江子, 2008,「被害者供述を崩して逆転無罪」『季刊刑事弁護』53.
稲本絵里・クスマノ ジェリー, 2009,「犯罪被害者に対する社会的偏見」『上智大学心理学年報』33.
井上正治, 1963,『刑法学各則』法律文化社.
伊藤高史, 2006,『「表現の自由」の社会学』八千代出版.
Jagger, Gill, 2008, *Judith Butler*, Routledge.
Jayyusi, Lena, 1984, *Categorization and the Moral Order*. Routledge and Kegan Paul.

Jefferson, Gail, 1972, "Side Sequences," Davide Sudnow ed., *Studies in Social Interaction*, The Free Press.

――――, 1985, "On the interactional unpacking of a 'gloss'," *Language in Society*, 14.

亀本洋, 1990,「法解釈の理論」大橋智之輔・三島淑臣・田中成明編『法哲学綱要』青林書院.

神長百合子, 1992,「エスノメソドロジーと裁判研究」『法社会学』44号.

――――, 1996,「エスノメソドロジーによる法の理解」宮澤節生・神長百合子編『法社会学コロキウム』日本評論社.

神山千之, 2011,「合意による性交と強姦の境」『刑事法ジャーナル』27.

紙谷雅子, 1987,「アメリカにおけるフェミニズムとポルノグラフィ規制の動き」『自由と正義』38.

菅野昌史, 2001,「陪審評議の会話秩序」『法社会学』55.

樫村志郎, 1989,『「もめごと」の法社会学』弘文堂.

――――, 1990,「法律現象のエスノメソドロジーに向けて」『神戸法学年報』6.

――――, 1991,「労働仲裁の社会学的秩序」中野貞一郎ほか編『民事手続法学の革新（上）』有斐閣.

――――, 1993,「社会過程としての法解釈」『法社会学』45.

――――, 1996,「法律相談における強調と対抗」棚瀬孝雄編『紛争処理と合意』ミネルヴァ書房.

――――, 1997,「裁判外紛争処理における弁護士の関与」『法社会学』49.

――――, 1998,「法社会学とエスノメソドロジー」山田富秋・好井裕明編『エスノメソドロジーの想像力』せりか書房.

――――, 2001,「相談先行連鎖」青山善充ほか編『民事訴訟法理論の新たな構築（上）』有斐閣.

――――, 2002a,「法律相談の会話分析」『現代のエスプリ』415.

――――, 2002b,「実定法について ―― エスノメソドロジーの視角から」佐藤進・齋藤修編『現代民事法学の理論（下）』信山社.

――――, 2004a,「「相談の語り」とその多様性」和田仁孝ほか編『法社会学の可能性』法律文化社.

――――, 2004b,「会話分析による研究 ―― 裁判過程の分析」宝月誠・森田洋司編『逸脱研究入門 ―― 逸脱研究の理論と方法』文化書房博文社.

――――, 2004c,「エスノメソドロジーと法」和田仁孝ほか編『法と社会へのアプローチ』日本評論社.

狩谷あゆみ, 1998,「法廷における犯行動機の構成と被害者のカテゴリー化」『社会学評論』49 (1).

川合昌幸, 2005,「強姦の成否 (2) ―― 反抗抑圧の有無」小林充・植村立郎編『刑事事実認定重要判決50選（上)』立花書房.

木村龜二, [1939] 1957,『刑法各論』法文社.

木村光江, 2003,「強姦罪の理解の変化 —— 性的自由の対する罪とすることの問題性」『法曹時報』55 (9).

小泉良幸, 1997,「自己決定と、その環境」『山形大学法政策論叢』10.

小宮友根, 2007a,「規範があるとはどのようなことか」前田泰樹・水川喜文・岡田光弘編『ワードマップ エスノメソドロジー —— 人々の実践から学ぶ』新曜社.

———, 2007b,「会話をする」前田泰樹・水川喜文・岡田光弘編『ワードマップ エスノメソドロジー —— 人々の実践から学ぶ』新曜社.

Komter, Martha, L., 1994, "Accusations and Defences in Courtroom Interaction," *Discourse & Society*, 5 (1).

Kitzinger, Celia, 2002, "Doing Feminist Conversation Analysis," Paul McIlvenny ed., *Talking Gender and Sexuality*, John Benjamins Publishing Company.

———, 2005, "Heteronormativity in Action: Reproducing the Heterosexual Nuclear Family in After-hours Medical Calls," *Social Problems*, 52 (4).

Kitzinger, Celia and Frith, Hannah, 1999, "Just Say No? The Use of Conversation Analysis in Developing a Feminist Perspective on Sexual Refusal," *Discourse & Society*, 10 (3).

Kitzinger, Celia and Peel, Elizabeth, 2005, "The De-gaying and Re-gaying of AIDS: Contested Homophobias in Lesbian and Gay Awareness Training," *Discourse & Society*, 16 (2).

Kripke, Saul, 1982, *Wittgenstein on Rules and Private Language: An Elementary Exposition*, Basil Blackwell. (=1983, 黒崎宏訳『ウィトゲンシュタインのパラドックス —— 規則・私的言語・他人の心』産業図書.)

串田秀也, 2006,『相互行為秩序と会話分析 ——「話し手」と「共‐成員性」をめぐる参加の組織化』世界思想社.

Langton, Rae, 1993, "Speech Acts and Unspeakable Acts," *Philosophy and Public Affairs*, 22 (4).

———, 1997, "Pornography, Speech Acts and Silence," Hugh LaFollette ed., *Ethics in Practice* (1st edition), Blackwell.

———, 1999, "Pornography: A Liberal's Unfinished Business," *Canadian Journal of Law and Jurisprudence*, 12 (1).

Levinson, Stephen C., 1983, *Pragmatics*, Cambridge University Press.

Livingston, Eric, 1995, *An Anthropology of Reading*, Indiana University Press.

Lloyd, Moya, 2007, *Judith Butler*, Polity.

Luhmann, Niklas, 1965, *Grundrechte als Institution*, Duncker & Humbolt (=1989, 今井弘道・大野達司訳『制度としての基本権』木鐸社.)

———, [1972] 1975, "Einfache Sozialsysteme," *Soziologische Aufkl_rung 2*,

Westdeutscher. (=1986, 森元孝訳「単純な社会システム」土方昭監訳『社会システムと時間論 —— 社会学的啓蒙』新泉社.)

―――, 1984, *Soziale Systeme: Grundriß einer allgemeinen Theorie*, Suhrkamp Verlag. (=1993/1995, 佐藤勉監訳『社会システム理論(上)(下)』恒星社厚生閣.)

―――, 1990, *Essays on Self-reference*, Columbia University Press. (=1996, 土方透ほか訳『自己言及性について』国文社.)

―――, 1993, *Das Recht der Gesellschaft*, Suhrkamp Verlag. (=2003, 馬場靖雄ほか訳『社会の法』法政大学出版局.)

―――, 1997, *Die Gesellschaft der Gesellschaft*, Suhrkamp Verlag. (=2007, 馬場靖雄ほか訳『社会の社会』法政大学出版局.)

Lynch, Michael, 1993, *Scientific Practice and Ordinary Action*. Cambridge University Press.

―――, 1997, "Preliminary Notes on Judges' Work: The Judge as a Constituent of Courtroom 'Hearing'," Max Travers and John F. Manzo eds., *Law in Action: Ethnomethodological and Conversation Analytic Approaches to Law*, Ashgate.

―――, 1998, "The Discursive Production of Uncertainty: The O.J. Simpson 'Dream Team' and the Sociology of Knowledge Machine," *Social Studies of Science*, 28 (5/6).

Lynch, Michael and Bogen, David, 1996, *The Spectacle of History*, Duke University Press.

MacCormick, Neil, 1978, *Legal Reasoning and Legal Theory*, Oxford University Press. (=2009, 亀本洋ほか訳『判決理由の法理論』成文堂.)

町野朔, 1996, 『犯罪各論の現在』有斐閣.

Mackinnon, Catharine A., 1979, *Sexual Harassment of Working Women*, Yale University Press.

―――, 1983, "Feminism, Marxism, Method, and the State: Toward Feminist Jurisprudence," *Journal of Women in Culture and Society*, 8 (4).

―――, 1985, "Pornography, Civil Rights, and Speech," *Harvard Civil Rights-Civil Liberties Law Review*, 20 (1).

―――, 1987, *Feminism Unmodified*, Harvard University Press. (=1993, 奥田暁子・加藤春恵子・鈴木みどり・山崎美佳子訳『フェミニズムと表現の自由』明石書店.)

―――, 1993, *Only Words*, Harvard University Press. (=1995, 柿木和代訳『ポルノグラフィ ——「平等権」と「表現の自由」の間で』明石書店.)

Mackinnon, Catharine A. and Dworkin, Ronald, 1994, "Pornography: An Exchange," *The New York Review of Books*, (March 3).

MacKinnon, Catharine A. and Dworkin, Andrea, 1997, *In Harm's Way: The Pornography Civil Rights Hearings*, Harvard University Press.

前田泰樹, 2005,「行為の記述・動機の帰属・実践の編成」『社会学評論』56(3).

̶̶̶̶, 2008,『心の文法 ̶̶ 医療実践の社会学』新曜社.

Manzo, John F., 1997, "Ethnomethodology, Conversation Analysis, and the Sociology of Law," Travers, Max and Manzo, John F. eds., *Law in Action: Ethnomethodological and Conversation Analytic Approaches to Law*, Ashgate

Matoesian, G.M., 2001, *Law and the Language of Identity: Discourse in the William Kennedy Smith Rape Trial*. Oxford University Press.

松宮孝明, 2003,「性犯罪における構成要件論的弁護」『季刊刑事弁護』35.

松阪陽一, 1995,「規則の認識論 ̶̶ クリプキ以降のウィトゲンシュタイン解釈」飯田隆編『ウィトゲンシュタイン読本』法政大学出版局.

Metzger, Terri R. and Beach, Wayne A., 1996, "Preserving Alternative Versions: Interactional Techniques for Organizing Courtroom Cross-Examinations," *Communication Research*, 23 (6).

皆川満寿美, 2002,「相互行為と性現象 ̶̶ エスノメソドロジーからのアプローチ」伊藤勇・徳川直人編『相互行為の社会心理学』北樹出版.

宮城浩蔵, [1893] 1984,『刑法正義』明治大学.

宮本英脩, 1931,『刑法學粹』弘文堂書房.

泉二新熊, 1908,『日本刑法論』有斐閣.

森川恭剛, 1998,「強姦罪について考えるために」『琉大法学』60.

̶̶̶̶, 2002,「規範のゆがみと強姦罪の解釈」『琉大法学』68.

森下弘, 2003,「性犯罪事件の実務上の問題点」『季刊刑事弁護』35.

長岡克行, 2006,『ルーマン/社会の理論の革命』勁草書房.

中島宏, 2004,「強姦事件について、被害者供述の信用性を否定し、合意による性交であったと認定して無罪を言い渡した事例」『季刊刑事弁護』38.

̶̶̶̶, 2010,「準強姦被告事件において、被害者供述および自白の信用性を否定し、被害者が「抗拒不能」であったことを否定した事例」『季刊刑事弁護』64.

中村和生, 2006,「成員カテゴリー化装置とシークェンスの組織化」『年報社会学論集』19.

中里見博, 2007,『ポルノグラフィと性暴力 ̶̶ 新たな法規制を求めて』明石書店.

中山竜一, 2002,「言語と当為 ̶̶ 法哲学と法社会学の境界」『法社会学』57号.

成瀬幸典, 2006,「「性的自由に対する罪」に関する基礎的考察」齊藤豊治・青井秀夫編『セクシュアリティと法』東北大学出版会.

西原春夫・吉井蒼生夫・藤田正・新倉修編, 1997,『日本立法資料全集34 旧刑法〔明治13年〕(3)-Ⅲ』信山社.
西阪仰, 1990,「コミュニケーションのパラドクス」土方透編『ルーマン/来るべき知』勁草書房.
―――, 1992,「参与フレームの身体的組織化」『社会学評論』43 (1).
―――, 1995,「関連性理論の限界」『言語』24 (4).
―――, 1997,『相互行為分析という視点 ―― 文化と心の社会学的記述』金子書房.
―――, 2001,『心と行為 ―― エスノメソドロジーの視点』岩波書店.
―――, 2008,『分散する身体 ―― エスノメソドロジー的相互行為分析の展開』勁草書房.
西阪仰・高木智世・川島理恵, 2008,『女性医療の会話分析』文化書房博文社.
Nussbaum, Martha C., 1999, "The Professor of Parody," *The New Republic,* April 19.
岡田光弘, 1994,「山崎敬一著『美貌の陥穽』」『現代社会理論研究』4.
大場茂馬, [1909] 1994,『刑法各論 上巻』信山社.
大前治, 2009,「自白の任意性を否定して無罪とした事例」『季刊刑事弁護』58.
大貫挙学・松木洋人, 2003,「犯罪動機の構成と成員カテゴリー化実践 ―― いわゆる「足利事件」における精神鑑定をめぐって」『犯罪社会学研究』28.
大島俊之, 2009,「夫による妻の強姦」『九州国際大学法学論集』16 (1).
大屋雄裕, 2006,『法解釈の言語哲学 ―― クリプキから根元的規約主義へ』勁草書房.
Palmer, C. T., 1988, "Twelve Reasons Why Rape is Not Sexually Motivated: A Skeptical Examination," *The Journal of Sex Research*, 25 (4).
―――, 1989. "Rape in Nonhuman Animal Species: Definitions, Evidence, and Implications," T*he Journal of Sex Research*, 26 (3).
Parsons, Talcott, 1937, *The Structure of Social Action*, McGraw Hill. (=1976, 稲上毅・厚東洋輔訳『社会的行為の構造』木鐸社.)
―――, 1951, *The Social System*, Free Press. (=1974, 佐藤勉訳『社会体系論』青木書店.)
Pomerantz, A. 1987, "Descriptions in Legal Settings," Graham, Button and John R. E. Lee eds, *Talk and Social Organisation*, Multilingual Matters Ltd.
ポルノ・売買春問題研究会編, 2003,『ポルノ被害の実態と分析 ――「ポルノに関連した被害についてのアンケート」調査結果報告』ポルノ・売買春問題研究会.
Posner, Richard A., 1993, "Obsession," *The New Republic*, October 18.
Rorty, Richard, 1993 "Human Rights,Rationality,and Sentimentality," Stephen Shute and Susan Hurley eds., *On Human Rights:The Oxford Amnesty*

　　　　Lectures 1993, Basic Books.（=1998 中島吉弘・松田まゆみ訳『人権について』みすず書房.）

―――, 1998, *Truth and Progress: Philosophical Papers* Vol.3, Cambridge University Press.

Ryle, Gilbert, 1954, *Dilemmas,* Cambridge University Press.（=1997, 篠澤和久『ジレンマ ―― 日常言語の哲学』勁草書房.）

Sacks, Harvey, 1963, "Sociological Description," *Barkeley Journal of Sociology,* 8.

―――, 1972a, "An Initial Investigation of the Usability of Conversational Data for Doing Sociology," David Sudnow ed., *Studies in Social Interaction,* The Free Press.（=1989, 北澤裕・西阪仰訳「会話データの利用法」『日常性の解剖学 ―― 知と会話』マルジュ社.）

―――, 1972b, "On the Analyzability of Stories by Children," John, Gumpertz and Del, Hymes ed., *Directions in Sociolinguistics,* Holt, Rinehart and Winston.

―――, 1979, "Hotrodder: A Revolutionary Category," G. Psathas ed., *Everyday Language: Studies in Ethnomethodology,* Irvington Publisher.（=1987, 山田富秋・好井裕明・山崎敬一訳「ホットロッダー ―― 革命的カテゴリー」『エスノメソドロジー ―― 社会学的思考の解体』せりか書房.）

―――, 1997, "The Lawyers Work," Max Travers and John F. Manzo eds., *Law in Action: Ethnomethodological and Conversation Analytic Approaches to Law,* Ashgate.

Sacks, Harvey, Schegloff, Emanuel A., and Jefferson, Gail, 1974, "A Simplest Systematics for the Organization of Turn-Taking for Conversation," *Language,* 50（4）.（=2010, 西阪仰訳「会話のための順番交替の組織 ―― 最も単純な体系的記述」『会話分析基本論集 ―― 順番交替と修復の組織』世界思想社.）

斎藤愛, 1998,「ドゥオーキンの表現の自由論に関する一考察」『本郷法政紀要』7.

齋藤豊治, 2006,「性暴力犯罪の保護法益」齋藤豊治・青井秀夫編『セクシュアリティと法』東北大学出版会.

Salih, Sala, 2002, *Judith Butler,* Routledge.（=2005, 竹村和子ほか訳『ジュディス・バトラー』青土社.）

Sarat, Austin, 1990, "Off to Meet the Wizard: Beyond Validity and Reliability in the Search for a post-empiricist Sociology of Law," *Law and social inquiry,* 155.

Sarat, Austin and Felstiner William, L. F., 1989, "Lawyers and Legal Consciousness: Law Talk in the Divorce Lawyer's Office," *The Yale Law*

Journal, 98.

―――, 1996, *Divorce Lawyers and Their Clients: Power and Meaning in the Divorce Process*, Oxford University Press.

Sarat, Austin and Kearns, Thomas R., 1993, "Beyond the Great Divide: Forms of Legal Scholarship and Everyday Life," Austin Sarat and Thomas R. Kearns eds., *Law in Everyday Life*, The University of Michigan Press.

Schegloff, Emanual A., 1972, "Notes on a Conversational Practice: Formulating Place", D. N. Sudnow ed., *Studies in Social Interaction*, Free Press.

―――, 1987, "Between Micro and Macro," Jeffrey C. Alexander, et al.ed., *The Micro-Macro Link*, University of California Press.（=1998, 石井幸夫訳「ミクロとマクロの間」石井幸夫ほか訳『ミクロ-マクロ・リンクの社会理論』新泉社）

―――, 1988a, "Presequences and Indirection," *Journal of Pragmatics*, 12.

―――, 1988b, "Description in the Social Sciences I: Talk-in-Interaciton," *Papers in Pragmatics* 2.

―――, 1991, "Reflections on Talk and Social Structure," D. Boden & D. H. Zimmerman eds., *Talk and Social Structure: Studies in Ethnomethodology and Conversation Analysis*, University of California Press.

―――, 1992, "On Talk and its Institutional Occasions," Paul Drew and John Heritage ed., *Talk at Work*, Cambridge University Press.

―――, 1996, "Confirming Allusions: Toward an Empirical Account of Action," *American Journal of Sociology*, 102 (1).

―――, 1997, "Whose Text? Whose Context?," *Discourse & Society*, 8 (2).

―――, 1998, "Reply to Wetherall," *Discourse & Society*, 9 (3).

―――, 1999a, "'Schegloff's Text' as 'Billing's Data': A Critical Reply," *Discourse & Society*, 10 (4).

―――, 1999b, "Naivety vs. Sophistication or Discipline vs. Self-Indulgence: A Rejoinder to Billing," *Discourse & Society*, 10 (4).

―――, 2007a, *Sequence Organization in Interaction: A Primer in Conversation Analysis*, Cambridge University Press.

―――, 2007b, "A Tutorial on Membership Categorization," *Journal of Pragmatics*, 39.

Sharrock, Wes and Anderson, Bob, 1987, "Work Flow in a Paediatric Clinic," Graham Button and John R. E. Lee eds., *Talk and Social Structure*, Multilingual Matters.

椎野信雄, 1996,「山崎敬一著『美貌の陥穽: セクシュアリティのエスノメソドロジー』を読む」『東京都立大学人文学報』271 (31).

Sober, Elliott, [1993] 2000, *Philosophy of biology*, Westview Press.（=2009,

松本俊吉・網谷祐一・森元良太訳『進化論の射程 —— 生物学の哲学入門』春秋社．）

Speer, Susan A., 2005, *Gender Talk: Feminism Discourse and Conversation Analysis*, Routledge.

Stock, W. E., 1991, "Feminist Explanations: Male Power, Hostility, and Sexual Coercion," E. Grauerholz and M. A. Koralewski eds., *Sexual Coercion: A Sourcebook on its Nature, Causes, and Prevention*, Massachusetts: Lexington Books.

Stokoe, H. Elizabeth and Smithson, Janet, 2001, "Making Gender Relevant: Conversation Analysis and Gender Categories in Interaction," *Discourse & Society*, 12（2）.

Strossen, Nadine, 1995, *Defending Pornography: Free Speech, Sex, and the Fight for Women's Rights*, Scribner.（=2007，那須ゆかり訳『ポルノグラフィ防衛論 —— アメリカのセクハラ攻撃・ポルノ規制の危険性』ポット出版．）

Sunstein, Cass R., 1986, "Pornography and the First Amendment," *Dule Law Journal*, 1986（4）.

———, 1992, "Neutrality in Constitutional Law," *Columbia Law Review*, 92（1）.

Symons, Donald, 1979, *The Evolution of Human Sexuality*, Oxford University Press.

平英美, 2001,「Schegloffをめぐる議論のエスノグラフィー」『現代社会理論研究』11.

高橋和之, 1997,「ポルノグラフィと性支配」『岩波講座・現代の法（第十一巻）ジェンダーと法』岩波書店.

高島智世, 2009,「強姦罪はなぜ親告罪なのか」『女性学』16.

田中耕一, 2004,「認知主義の陥穽 —— 会話分析と言説分析」『関西学院大学社会学部紀要』96.

田中正身, [1907] 1994,『改正刑法釈義 下巻』信山社.

棚瀬孝雄編, 2001,『法の言説分析』ミネルヴァ書房.

田代亜紀, 2003,「ポルノグラフィをめぐる議論 —— その憲法学的考察」『東北法学』21.

Terasaki, Alene Kiku, [1976] 2004, "Pre-announcement Sequences in Conversation," Gene H. Lerner ed., *Conversation Analysis: Studies from the First Generation*, John Benjamins Publishing Company.

Thornhill, R. and Palmer, C. T., 2000, *A Natural History of Rape: Biological Bases of Sexual Coercion*, Massachusetts: MIT Press.（=2006, 望月弘子訳『人はなぜレイプするのか —— 進化生物学が解き明かす』青灯社.)

所一彦, 1965,「強姦罪」団藤重光編『注釈刑法』有斐閣.
Tooby, J. and Cosmides, L., 1992, "The Psychological Foundations of Culture," J. H. Barkow et al. eds., *The Adapted Mind*, Oxford University Press.
Travers, Max, 1993, "Putting Sociology Back into the Sociology of Law," *Journal of Law and Society*, 20 (4).
―――, 1997, *The Reality of Law: Work and Talk in a Firm of Criminal Lawyers*, Ashgate.
Trivers, R., 1972, "Parental Investment and Sexual Selection", B. Cambell ed., *Sexual Selection and the Descent of Man*, Aldine.
Trubek, David, M., 1984, "Where the Action IS: Critical Legal Studies and Empiricism," *Stanford Law Review,* 36.
Trubek, David, M. and Esser, John, 1989, "'Critical Empiricism' in American Legal Studies: Paradox, Program, or Pandora's Box?," *Law and Social Inquiry*, 14.
坪井祐子, 2007,「被害者・関係者・第三者の落ち度が量刑に及ぼす影響」,『判例タイムズ』1223.
辻脇葉子, 2002,「性的自律権からの「強姦罪」の再構成」『明治大学短期大学紀要』71.
角田由紀子, 2001a,『性差別と暴力』有斐閣.
―――, 2001b,「性暴力と法: 法律実務家の経験から」『法社会学』54.
土屋俊, 1980,「言語行為論の展開」『月刊言語』9 (12).
―――, 1986,『心の科学は可能か』東京大学出版会.
鶴田幸恵, 2009,『性同一性障害のエスノグラフィ ── 性現象の社会学』ハーベスト社.
上谷香陽, 2004,「ドロシー・スミスの「フェミニスト社会学」── 性別の捉え方・論じ方の形式をめぐって」お茶の水大学大学院人間文化創成科学研究科 2004 年度博士論文.
―――, 2009,「化粧と性別 ──〈素肌〉を見るやり方」酒井泰斗・浦野茂・前田泰樹・中村和生編『概念分析の社会学 ── 社会的経験と人間の科学』ナカニシヤ出版.
上村貞美, 2004,『性的自由と法』成文堂.
上野千鶴子, 2002,『差異の政治学』岩波書店.
上野芳久, 2008,「夫婦間レイプの再検討」『関東学院法学』18 (1).
内山絢子, 2000,「性犯罪被害の実態 (4・完)」『警察学論集』53 (6).
Vigarello, Georges, 1998, *Histoire du Viol*, Seuil. (=1999, 藤田真利子訳『強姦の歴史』作品社.)
和田仁孝, 1996,『法社会学の解体と再生 ── ポストモダンを超えて』弘文堂.
若林翼, 2008,『フェミニストの法 ── 二元的ジェンダー構造への挑戦』勁草書

房.

Watson, Rod, 2009, *Analysing Practical and Professional Texts*, Ashgate.

Weatherall, Ann, 2002, "Towards Understanding Gender and Talk-in-interaction," *Discourse & Society,* 13（6）.

Weber, Max, 1904, "Die 'Objektivität' sozialwissenschafticher und sozialpolitischer Erkenntnis," *Archiv für Sozialwissenschaft und Sozialpolitik.*（=1998, 富永佑治・立野保男訳・折原浩補訳『社会科学と社会政策にかかわる認識の「客観性」』岩波文庫.）

―――, 1922, "Soziologische Grundbegriffe," *Wirtschaft und Gesellschaft*, J. C. B. Mohr.（=1972, 清水幾多郎訳『社会学の根本概念』岩波書店.）

West, Candace and Zimmerman, D., H., 1977, "Women's Place in Everyday Talk: Reflections on Parent-Child Interaction," *Social Problems*, 24.

West, Robin L., 1993, "Legitimating the Illegitimate," *Columbia Law Review,* 93.

Wetherell, Margaret., 1998, "Positioning and Interpretative Repertoires: Conversation Analysis and Post-Structuralism in Dialogue," *Dicourse & Society,* 9（3）.

Wittgenstein, Ludwig, 1953, *Philosophische Untersuchngen*, Basil Blackwell.（= 1976, 藤本隆志訳『哲学探究』大修館書店.）

―――, 1969, *Über Gewißheit*, Basil Blackwell.（=1975, 黒田亘訳『確実性の問題』大修館書店.）

Winch, Peter, 1959, *The Idea of Social Science and Its Relation to Philosophy.* London: Routledge & Kegan Paul.（=1977, 森川真規雄訳『社会科学の理念―― ウィトゲンシュタイン哲学と社会研究』 新曜社.）

谷田川知恵, 2000,「性的自由の保護と強姦罪処罰規定」『法学政治学論究』46.

―――, 2004,「強姦被害者保護法について」『ジェンダーと法』1.

山田圭一, 2009,『ウィトゲンシュタイン最後の思考 ―― 確実性と偶然性の邂逅』勁草書房.

山田富秋, 1992,「調査官面接の会話分析」『法社会学』44.

山田友幸, 1995,「言語行為と体系的意味論」飯田隆編『ウィトゲンシュタイン読本』法政大学出版局.

山口厚, 2005,『刑法各論 補訂版』有斐閣.

山口いつ子, 1993,「「思想の自由市場」理論の再構築」『マス・コミュニケーション研究』43.

山中敬一, 1993,「先行者の惹起した致傷の結果と後行者の強姦致傷罪の承継的共同正犯の成否」『法学セミナー』458.

山岡萬之助, 1918,『刑法原理（上）』日本大学.

山崎敬一, 1994,『美貌の陥穽』ハーベスト社.

湯川毅, 2000,「強姦罪における暴行脅迫の程度について」『警察学論集』53（2）.

Zimmerman, D. H. and West, Candace, 1975, "Sex Roles, Interuptions and Silences in Conversation," Barrie Throne & Nancy Henley eds., *Language and Sex : Difference and Dominance*, Newbury House Publishers.

人名索引

あ 行

アトキンソン, M. J. 216
阿部昌樹 151
アンスコム, G. E. M. 56
アンダーソン, M. 224
飯野勝巳 53
伊藤高史 283
イングヴェッソン, B. 151
ヴィガレロ, I. 25
ヴィトゲンシュタイン, L. 75, 126, 129, 162-164, 166, 174
ウィンチ, P. 128-130
ヴェーバー, M. 60, 61, 100
ウェスト, C. 112
ウェスト, R. 209
ウェズレル, M. 101, 105, 107, 108, 112-115, 129
上谷香陽 32, 136
江口聡 261
エストリッチ, S. 227
江原由美子 112
オースティン, J. L. 3, 5, 6, 9-11, 13, 33, 35, 36, 40, 42-47, 52, 53, 57, 134, 258-260

か 行

ガーフィンケル, H. 63, 216, 218, 239
ガイス, M. L. 53
樫村志郎 216
串田秀也 94, 131
クリプキ, S. A. 164
クルター, J. 51, 57, 116, 124, 131, 228

ゴードン, R. 149, 150, 155
ゴフマン, E. 59, 81-83, 86, 87, 94

さ 行

サックス, H. iii, iv, vi, 32, 88, 132, 216, 219-222, 282
サラ, A. 151-153
サンスティン, C. R. 257, 276
シェグロフ, E. A. ix, 49-54, 59, 90, 95, 101-108, 110, 113, 115-121, 123, 131
ジンマーマン, D. H. 112, 118
ストロッセン, N. 257
ソーンヒル, R. 17, 19, 25-27

た 行

角田由紀子 191, 192, 194
鶴田幸恵 32, 136
デュルケーム, E. 25, 60, 62, 64, 65, 100
デリダ, J. 3, 5, 6, 9, 10-12, 14, 33, 36-40, 42-45, 47, 55, 57,
ドゥウォーキン, R. x, 262-265, 267, 268, 270, 273, 274, 278, 280, 281, 283
ドゥルー, P. 216, 235, 236
トゥルーベック, D. 148, 149
トラヴァース, M. 153
トリヴァース, R. 17
ドリップス, D. 209

な 行

中里見博 257
中山竜一 187
成瀬幸典 201

西阪仰　32, 49, 94, 127, 131
ヌスバウム, M.　13

は　行

パーソンズ, T.　61-65, 67, 72
バーリン, I.　263
ハッキング, I.　15
バトラー, J.　iii, viii, 3, 4, 6-8, 11-15, 20, 21, 28-32, 55, 57, 97, 117
ハリントン, C.　151
パルマー, C. T.　22, 28
平井佐和子　242
ビリグ, M.　101, 108-111, 121-123
フェルスティナー, W.　152
ブラウンミラー, S.　25, 27
フリードマン, L.　147
フレイザー, N.　14
ベンハビブ, S.　14
ボーヴォワール, S. de　4, 5
ポメランツ, A.　181

ま　行

前田泰樹　22, 25

マコーミック, N.　156-160, 169, 170
マッキノン, C. A.　x, 241, 242, 245-256, 258, 260-262, 268, 270-275, 279-281, 284
松宮孝明　206
マトエシアン, G.　240
皆川満寿美　136
ムーア, G. E.　34, 129, 130
森川恭剛　195, 242

や　行

谷田川知恵　196, 205, 206

ら　行

ライル, G.　186, 247
ラディンスキー, J.　147
ラングトン, R.　258-261, 268, 270
リンチ, M.　218
ルーマン, N.　vi, viii, 59, 67-71, 73, 74, 76, 78, 82, 83, 85, 86, 93, 94, 100, 120, 136, 141, 142, 186

わ　行

和田仁孝　151

事項索引

あ 行

アイデンティティ（カテゴリー） iii, v, vi, vii, viii, x, 7, 12, 15, 25, 27, 29, 58, 145, 217, 219, 220, 240, 272 →パーソナリティ, 性別カテゴリー
  「女」という―― 8, 12,
  個人（という――） 242, 278-281, 283, 284
  ジェンダー・――／性別という―― iii, v, 7-9, 58, 117, 213, 217, 249
意味（ルーマンの概念としての） 69-73, 83, 85, 92, 93, 95, 101, 113, 116, 217, 219, 271, 272, 274, 284
因果説明 iii, vi, 16, 17, 20, 21, 25, 26, 29, 30
落ち度（被害者の） 197, 211

か 行

懐疑論 160-164, 167
解釈のドキュメンタリー・メソッド 239
解釈法社会学 151, 153, 155
会話分析 57, 88, 100, 105, 108-110, 112, 121, 123, 131, 135, 216
攪乱（フェミニズムの戦略としての） 8, 12
価値判断 97, 99, 100, 111, 121, 127, 132, 134, 135
カテゴリーと活動の結びつき 221, 227
可能な記述 132
  認識可能に正しい記述 219-222
慣習（オースティンの概念としての） 41, 44, 48, 52-56, 260, 261

間接的言語行為 48, 49, 50, 53
記述 x, 23, 26, 29, 56, 102, 134, 145, 183, 186, 217, 221-223, 231-235, 237, 238, 243, 247, 248
  ――のもとでの理解 22-24, 26, 248
規則のパラドクス 162-164, 174
共在 79, 85-87, 93
経験を語る権利 280, 283, 284
言語行為論 9, 11, 35, 40, 48, 53, 57, 258, 260, 261, 270
行為 255, 256, 268
行為（の）連鎖 51, 54, 56, 90, 91, 119, 123 →隣接ペア
  ――のフォーマット 54-56
行為遂行的（発言） 10, 33-35
強姦／レイプ x, 17-20, 22, 25, 27, 30, 242, 248
強姦罪（刑法 177 条） x, 172, 190-196, 198, 199, 201-206, 208, 210, 212, 215, 217, 243
  ――（旧刑法 348 条） 199-201, 203
コンテクストを作ること 57

さ 行

作動／構造 74-76, 78, 83, 84, 86, 87, 89, 90, 92, 95, 116
参与者の指向 95, 101, 103, 105, 107-111, 122, 123, 131, 132, 135
ジェンダー i, ii, iii, vii, viii, 3, 4, 5, 7, 21, 31, 65
事実確認的（発言） 33-35
思想の自由市場 253, 278

実践　x, 208, 213, 228
　規則にしたがうという——　166, 170, 175, 184
　行為／アイデンティティ理解の——　29
社会（の）成員　vii, 22, 24, 29, 30, 47, 55, 76, 104, 116, 130, 131, 134, 154, 219
社会構築／社会構築主義／構築主義　4, 15-17, 19, 20, 26, 29
社会システム　vii, 59, 62, 67, 71, 72, 74, 83, 85, 93, 95, 187
社会秩序　59-68, 71, 73, 85, 92, 94,
　——の統一性　73, 75, 76, 116
自由　198, 210, 212, 213, 242, 243
　性的——　x, 191, 192, 194, 196, 198, 200-203, 205, 206, 209, 212, 213, 215, 217, 228, 230, 240-243
　表現の——　249, 250, 255, 257, 260, 263-269, 273, 281, 283, 284
自由意志と決定論　15, 16, 20, 60, 65,
修正第一条（合衆国憲法）　249, 254, 261, 266-268, 278, 280, 281
主観的意味（行為の）／主観的観点（行為者の）　60, 61, 63, 65-68
準強姦罪（刑法178条）　171, 172, 178
順番交替　88-91, 93, 110, 111, 119, 121
消極的自由／積極的自由　263-266
常識的知識　x, 145, 146, 154, 156, 157, 159, 171, 177, 183, 185-190, 207, 210-212, 216, 217, 242
「女性の沈黙」論　255, 257, 258, 262-265, 267-270, 273, 274, 281, 282
進化心理学　17, 20, 22, 25, 26, 30, 248
（性）差別　viii, 273, 274, 282, 284
成員カテゴリー化装置　114, 133, 219
生活世界ペア　217, 218
性現象の社会性　vi, viii, x, 3, 4, 14, 16, 21, 30-32, 59, 65, 94,
正当性／正当化（法的実践の中の）　146, 156-162, 165-170, 185, 186, 189, 190, 207, 210, 213, 215, 218
性淘汰　17
生物学的説明　17, 19, 20
性別カテゴリー　x, 112, 220, 240, 273, 279, 282 →アイデンティティ
セクシュアル・ハラスメント　245-248, 271-275
セックス／ジェンダーという区別（二分法）　3, 16, 33, 43, 58
先行連鎖　50-52, 124, 125, 127, 130
専門的知識　173, 177, 213
相互行為システム　59, 78-84, 87
挿入連鎖　92, 118

た　行

中傷効果　247, 248, 284
沈黙　257, 258, 264, 275
貞操（観念）　x, 191-193, 197, 198, 205, 209, 212, 228, 230, 231, 240
適切性条件　10, 41, 42, 45
　意図＝志向（条件）　42, 44, 45
道徳的環境の形成　267, 278, 283
ドメスティック・ヴァイオレンス（DV）　27, 65, 246, 247, 272, 273, 274, 275

は　行

パーソナリティ（カテゴリー）　227-231, 238-240 →アイデンティティ
発語内行為　35, 53, 257-261, 270
発語媒介行為　35, 53, 258, 261
パフォーマティヴィティ　iii, viii, 3, 4, 6, 8, 9, 11, 12, 16, 30, 31, 33, 43, 58, 97, 136
繁殖速度　18
反ポルノグラフィ条例　249, 256, 268, 274
被害者の意思　x, 25, 28, 185, 198, 205-213, 215-217, 223, 227-229, 231, 239-242
批判的談話分析　101, 104, 105

批判法学　148, 150, 152, 153, 155
表現／行為　x, 253, 255-258, 262, 268, 276, 280, 284
平等　213, 242, 265, 266
フェミニズム理論　i, iii, viii, ix, 8, 14, 31
不発　45, 259, 261
分析的（モデル構築）　62, 66, 68, 72, 85, 127, 131, 135
暴行又は脅迫（強姦罪における）　192-194, 200, 203-206, 208, 211, 213
法的三段論法　158, 159, 161, 170, 185
法的実践　170, 189, 190, 207, 211, 215-217, 222
法的推論　x, 141, 145, 146, 157, 159, 164, 168-171, 174, 176, 184-187, 189, 207, 210, 212, 216, 229
法と社会（という思考法）　146, 147, 150, 152-155, 159
　「——」運動　147, 149, 150, 153
ホットロッダー　282, 283
ポルノグラフィ　x, 248, 250-261, 264-277, 279-284

ま　行

ミクロ‐マクロ問題　98, 111, 112, 115, 116, 120

ら　行

理解可能性　v, 21, 24, 57, 75, 95, 128, 135, 154-156, 184, 185, 187, 189, 217, 219, 223, 234, 239, 279
　行為やアイデンティティの——　21, 28, 86, 94, 119, 127
　——のマトリクス　29
リマインダー（概念の用法の）　128, 130, 131
隣接ペア　51, 90, 92, 109, 123-125, 130
レイプシールド法　224-226, 240

わ　行

和姦の論理　242

著者紹介

小宮友根（こみや　ともね）

略歴：1977年生まれ。東京都立大学大学院社会科学研究科社会学専攻博士課程修了。博士（社会学）。現在、日本学術振興会特別研究員（PD）。

専攻：エスノメソドロジー／会話分析、ジェンダー論、理論社会学。現在は、法的実践を作りあげている「人びとの方法論」により近づいたところで研究をおこなうため、模擬裁判を対象にした相互行為分析などに着手している。

著作：共著書に『ワードマップ　エスノメソドロジー』（新曜社、2007年）、『ブリッジブック社会学』（信山社、2008年）、『概念分析の社会学』（ナカニシヤ出版、2009年）
　　　共訳書にV.ブライソン『争点・フェミニズム』（勁草書房、2004年）など。

実践の中のジェンダー
法システムの社会学的記述

初版第1刷発行　2011年9月20日 ©

著　者　小宮友根
発行者　塩浦　暲
発行所　株式会社　新曜社

〒101-0051　東京都千代田区神田神保町2‐10
電話（03）3264-4973（代）・Fax（03）3239-2958
URL http://www.shin-yo-sha.co.jp/

印刷　銀河　　　　　　　　　　　　Printed in Japan
製本　イマヰ製本所
ISBN978-4-7885-1254-2　C3036

──── 新曜社の関連書 ────

前田泰樹 著　　　　　　　　　　　　　　　Ａ５判288頁／定価3200円
心の文法　医療実践の社会学
心を個人の持つ能力や性質と見なす分析を離れ、他者の感情を読み取る、動機を
推し量るなどのやりとりのなかにこそ現われる心の概念の実際を捉える。

Ｐ・ウィンチ 著／森川眞規雄 訳　　　　　　四六判184頁／定価2000円
社会科学の理念　ウィトゲンシュタイン哲学と社会研究
ウィトゲンシュタインの成果に照らし、「経験科学・実証科学としての社会科学」
という現代の通念に真向から対立する社会科学の理念を提出した古典的名著。

Ｊ・クルター 著／西阪　仰 訳　　　　　　四六判320頁／定価2900円（品切）
心の社会的構成　ヴィトゲンシュタイン派エスノメソドロジーの視点
心とはことばのやりとり、社会的相互作用から浮び上がるものである。ヴィトゲン
シュタイン派言語哲学に基づく日常言語分析をとおして、心のありかと本質を探究。

佐藤健二 著　　　　　　　　　　　　　　　Ａ５判606頁／定価5900円
社会調査史のリテラシー　方法を読む社会学的想像力
社会調査とは、社会調査史とは何か。その意義を観察や記述や分析の具体的な技法
からたどり、「量的／質的」などの不毛な二分法的カテゴリーを根源から問い直す。

前田泰樹・水川喜文・岡田光弘 編　　　　　四六判328頁／定価2400円
ワードマップ エスノメソドロジー　人びとの方法から学ぶ
日常場面をつくる「人びとのやり方」を細やかに描きとって理解するエスノメソ
ドロジー。難解と思われがちな方法論を初心者向けに解きほぐす、待望の入門書。

鈴木聡志 著　　　　　　　　　　　　　　　四六判234頁／定価2000円
ワードマップ 会話分析・ディスコース分析　ことばの織りなす世界を読み解く
カウンセリングや消費者行動研究などの幅広い分野で注目をあつめる会話分析と
ディスコース分析。その背景知識から応用可能性までをコンパクトに紹介。

（表示価格は税を含みません）